윤리경영수압과
倫 理 經 營 需 壓

개방체제실험
開 放 體 制 實 驗

<건국이념–천부경의 수치실험해석>

총서 제2권

뿌리깊은 良心 (誠) 샘이깊은 眞實

信·義·業

윤리경영수압과
倫 理 經 營 需 壓

개방체제실험
開 放 體 制 實 驗

<건국이념-천부경의 수치실험해석>

원당 이득희 저
즈네상스팀 편저

뿌리깊은 良心 (誠) 샘이깊은 眞實

信 · 義 · 業

　이 총서명은 원당 이득희 선생의 정년퇴임기념집(1997년, 건국대학교)의 제목이다. 이 기념집은 선생의 논문, 기고, 작사 작곡, 그림, 기타자료 등을 엮어 헌정한 책이다. 당시 원당 선생이 이 책의 제목을 [誠 : 信 · 義 · 業]으로 정하셨다. 이것은 선생의 모든 학문과 삶을 꿰뚫는 중요한 상징적 의미를 갖고 있는 것이다. 2020년, 선생의 논문을 재편집하여 새롭게 총서 형태로 출간을 기획함에 있어 선생의 뜻을 이어받아 제목을 정한 것이다.

- 즈네상스팀

誠 (言→成:創造) : 信 · 義 · 業
(廣深久의 焦核)　　　(敬天)　　(愛人)　　(實地)

　하늘의 뿌리 誠성(言언-成성 ; Logos), 사람의 뿌리 命核명핵(찌낍)을 살찌게 하는 샘끼, 그 근원은 신(경천) · 의(애인) · 업(실지) 결국의 근원이다. 사람과 하늘과 땅끼 사이, 이것의 久深廣구심광을 구슬방울로 가로질러 피어온 創生史창생사에 있어서 實地실지의 業업이 있는 곳에는 敬天경천의 信신이 있고, 愛人애인의 義의가 있는 곳에는 實地실지의 業업이 있다. 信義業신의업은 誠성, Logos의 tripod(鼎足정족)이다.

-1997년 정년퇴임기념집 [誠 : 信 · 義 · 業] 前記전기중에서

하얀 줄기

진부란 미궁 속에서
허무를 털고 나와
창공을 들이마시다 내뿜는
싱싱하던 날들을 심장처럼 지니고
숨겨져 있다니

그대 사랑을 우리는 숨쉬다
잠들며 그리워하며 가슴에 날아와
펄떡이는 내일들

우리의 영혼이라 하여 구태여
쉬다 지치어지지 않을 수 있는 것이니
그렇게 짓밟히기도 하여 온
너와 나의 얼의 다정한 틈
또 다정한 틈

그 틈을 솟구치듯이
어쩌 그리 우리 삶이란 것이
아름답기도 아름답게
보일 듯한 것 뿐이겠는가

우리의 영혼은 햇빛처럼 빛나고 또
그렇게 무지개처럼 비치는
오색이라는 것을!
이제 오천년 허무 속에서 깨어나자

하얀 핏줄이여
너와 내가 숨쉬는 것이 아닌가
하얀 핏줄이여
그토록 내일에 갇혀 온 세월의 편에서
그렇게 너와 나 서로 방긋 숨쉬며
온 것이란다

아득한 사막에서 오아시스를
즐기던 때도 있었건만
그렇게 메마른 고비사막을
넘어 온 적도 있었건만
무엇이 그렇게 아쉬워
신이 잠든 창에 파닥이는 나래여

언젠가는 너희들을 위해
문을 열어 줄 것인 즉
나의 핏줄기여
네가 간직한 미소
네 얼을 터나게 할지니
하얀 핏줄기여 먼저 내 창에
나래를 적셔라

나의 강산이여
내가 너에게 비단옷을 입혔나니
내가 너에게
생명과 땅을 준 자라
곧 금수강산의 하느님이라

1988. 8. 3.
일감호에서

「윤리경영수압과 개방체제실험」

<건국이념-천부경의 수치실험해석>

[誠성: 信신 · 義의 · 業업] 총서의 제2권의 제목은 「윤리경영수압과 개방체제실험」, 부제로 <건국이념-천부경의 수치실험해석>입니다. 원당源堂 이득희 선생이 회갑기념논문집(1991년)과 대학연구논문집(1992년)에 게재하셨던 두 논문을 중심으로 내용을 편집, 출판한 것입니다.

회갑기념논문집에 게재하신 글의 제목은 '建國理念건국이념-天符經천부경의 數値實驗解析수치실험해석'입니다. 그리고 대학연구논문집의 논문은 '윤리경영수압倫理經營需壓과 개방체제실험開放體制實驗(Ⅵ)'이 주제목이고 부제로 '건국이념-천부경의 수치실험해석(Ⅱ)'로 되어 있습니다. 두 논문이 서로 연계된 것이어서 제목과 내용을 고려하여 총서 제2권의 제목을 「윤리경영수압과 개방체제실험」 <건국이념-천부경의 수치실험해석>으로 정하였습니다.

총서 제2권은 제1권의 연구제목인 「윤리경영수압과 개방체계실험」의 본원적 가치체계를 연계한 연속 연구작품이라고 볼 수 있습니다. 이론적 핵심을 발전적으로 심화하면서 본격적으로 <건국이념 - 천부경의 수치실험해석>이라는 주제를 중심으로 논리를 전개하고 있습니다.

원당 선생은 직접 창출하신 [성 : 신·의·업], 윤리경영과 개방체계의 구조와 기능에 대한 수리적 상호관계를 인간의 감각에 투영되는 생리/심리적 특성, 물리/자연적 특성 및 영적/우주적 특성 등을 총망라하여 수리적으로 접근하였습니다.

이러한 수리적 접근은 궁극적으로 <건국이념-천부경>에서 사용된 수학적 질서에 대한 해석으로 귀결된다는 것을 설파하시고 있습니다. 역으로 보면 원당 선생의 연구는 우리나라의 건국이념이라고 하는 <천부경>의 수리적 질서에 대한 해석이라고 할 수 있을 것입니다.

원당 선생은 배달 민족에게 전해진 천부경을 '건국이념建國理念'으로 표현하고 그 중요성을 강조하고 있습니다. 천부경은 81자로 된 세계에서 가장 짧은 경전입니다. 그 81자 중 31자가 숫자로 되어 있으며 전체적 윤곽이나 근원적 질서가 숫자로 상호 연관되어 작성된 소중한 유산입니다.

로고스-알고(Logos-Algo)를 향해 천부경에 나타난 수리적 질서와 본래적 함의를 연구의 준거로 삼고, 그 수치실험해석으로서 배달 민족을 통해 새롭게 펼쳐야 할 새로운 패러다임을 정립하고자 하신 것은 매우 엄중하면서도 탁월한 업적이라고 사료됩니다.

제1장의 주요 내용은 다음과 같습니다.

원당 선생은 현대문명의 수학적 한계를 지적하시면서 교란된 수치체계 하에서 엄밀과학, 즉 로고스Logos를 탐구하는 알고Algo로서의 체계를 보완하려면 초자연超自然의 장場에 존재하는 우연의 수치를 필연화시키는 과정을 통해 새로운 수리시스템을 재조립해야 함을 전제하고 있습니다.

　대중 속에 들어 있는 『얼』의 진실이 초자연과 자연의 씨알에 조화되는 것, 정통적 유전성의 가치와 그 나라가 새겨온 실현성 있는 Logos의 Algo를 建經(건국이념-천부경)의 수치해석을 통해 새로운 좌표와 방향을 발견하는 것이 우리 민족에게 주어진 사명이라는 것입니다.

　건국이념 - 천부경을 오늘날의 발달된 컴퓨터/인성공학과 결부시키면 그 나라 사람의 얼이 정보과학을 통해 규명될 수 있고, 이것을 당대의 인류들에게 새로운 좌표로서 보급되어야 함을 강조하시면서, 인간과 물질이 넓고 깊고 장구한 의미에서 그 근저에 완벽한 수리적 알고리즘을 형성하고 있음을 명증하는 새로운 학문체계를 구축하고 있습니다.

　건국이념 - 천부경이 인간과 물질보다 더한 초연(超然) 지향점의 거의 완벽한 Algo를 수리적으로 해명하고 있음을 간파하시고 그 본질적 내용을 현대과학의 모든 실험연구의 결과들과 유비 시켜 본질적 원천과 원리에 접근하고자 한 연구는 독특성과 탁월성을 내포하고 있다고 할 것입니다.

　하늘과 자연 사이의 인간행동과 그 결과적인 능률을 위해 인간에게는 얼의 발생 과정과 그의 행동이 매우 중요하다는 것을 본 글에서는 초단파적인 개념으로 전개하면서, 그 구조의 이면에는 하늘의 Logos에 따르는 인간의 Algo가 엄밀하게 얽혀져 있다는 것을 규명하고자 한 연구 결과물이라 할 것입니다.

　인간의 얼을 중심으로 한 Logos의 인식과 방향을 Algo의 관점에서 접근하여 인식체계를 수리 논리적으로 해석하고, 그 해석의 근저에 천부경을 적용한 수리시스템을 구축함으로써 하늘과 땅과 인간의 조화를 통한 문명과 문화의 정도正道를 제시하고 있습니다.

인간과 인간을 둘러싼 모든 자연을 해석하기 위해서 턱(Node)과 터(Field)의 개념을 설정하여 인간의 인식구조를 구체화하였고, 인간 인식의 한계를 확대하고 장벽을 뚫어나는 행동 변화의 장을 구성함으로써 고유능력을 극대화 할 수 방안을 설정하였습니다.

건국이념-천부경에 나타난 일시무시일(一始無始一, 1.111111 · ·)을 파라미터parameter로써 g라 하고, 1.1을 q, 0.111을 Q, 오칠(五七)을 f, 기타 삼사(三四) 등의 천부경 수치들을 해석함으로서 석연釋然한 현상의 분석, 현대 물리 및 심리 현상 등의 수치와 함수를 연결시키는 통합적 해석 틀을 정립한 것은 개방체계의 지평을 구체화한 성과일 것입니다.

본서 제1장의 <해석의 서>에서는 건국이념 천부경의 수치실험해석에 필요한 수리시스템과 관련 수학의 원리들을 제시하고 있습니다. 노버트 위너N.wiener의 뇌파의 수리화와 자기상관 방정식, 에르고드ergod, 다양한 변환의 도구들(라플라스변환, 푸리에변환, Z변환), 정신물리학의 베버-페히너 법칙 등을 통해 원당 선생이 만든 '4ab 방정식'을 유비시켜 설명하고 있습니다.

제2장에서는 인간과 생산체계를 메타볼리즘Metabolism 관점에서 포착하여 인적 내생 현상과 물적 외생 현상을 기본요인으로 한 체계 변환과 항상성恒常性의 구조를 정립하고 기본요인들의 교류를 통한 활성화 방안을 제시하였습니다.

메타볼리즘의 활성과 균형이 생산성을 유발한다는 가정 하에 정보 과학적 이론을 원용, 현상의 해명, 응용방식의 개발이 생산적 개방윤리를 도출할 수 있다고 하셨습니다. Humanism, Mechanism의 창조적 교류를 뜻하는 정보과학의 방향은 물질, 에너지와 더불어 자연의 인식에 기주基柱의 역할을 하게 됨을 제시하시고 연천然泉: generated natural source의 발생좌표를 정보과학적 생산체계로 설명하고 있습니다.

정보과학적으로 연천과 현상을 연결하여 생산성을 촉진 시키는 조건은 $V{:}M \cdot C \cdot T$ 모형(구체적 내용은 총서 제1권 참조)을 근거로 한 과학, 경험, 선험, 연천의 종합적 피드백 정보feedback information 체계로 설정하였습니다. 이것을 연천성 개발을 위한 상향식 관리 피드백이라 명명하고 있습니다.

과학적 경험과 실험이 우연성을 내포하고 있음을 전제로 과학적 경험과 실험 만으로서가 아니라 내생, 외생, 상태의 장을 입체적으로 고려한 개방실험을 통해 현상의 근거를 찾아야 하므로 최장最長의 시간, 최광最廣의 공간을 고려한 근원 질서가 필요하다는 관점에서 건국이념-천부경을 해석하였습니다. 다시 말해 연천과 과학 현상을 포괄하는 인간의 감각과 인식을 수리적 체계로 해석하는데 중요한 근거로 천부경 수리를 응용하여, 개방체계의 실지 현상 해석에 새로운 길을 개척하였다고 해야 할 것입니다.

인간 전체의 조화성장의 근거는 천부경의 일시무시일一始無始一에서 구체화되고 체계화됨을 밝히고 이 천부함수天符函數 'g'를 중심으로 물상의 모든 현상들을 유도하여 설명하고 있습니다.

그리고 자연수를 등비等比적 기재의식基在意識에 존재하는 질서로 보고 이 규칙을 Logos의 Algo적 입장에서 서양의 메소포타미아 문명에서 유래된 황금분할이라고 하는 $0.6180(\alpha_0)$을 도출한 것 등은 원당 선생의 독특한 발상에 근거한 해석이라고 볼 수 있습니다.

나아가 이 α_0는 천부경의 g로부터 유도된다는 것을 수리적으로 해석하였습니다. g에서 α_0를 경유에서 유도된 여러 가지 숫자와 수치방정식 변환의 결과가 광속도, 원주율, 뇌파 방정식, 베버-페히너 법칙을 유도하는 근거로서 작용됨을 증명하고, 이 수치는 Logos의 Algo에서 유도되었다는 것을 논증하고 있습니다.

Logos의 Algo는 생산성을 조건으로 명증된 문명, 문화와 종교 교리의 기본 알고리듬이 통합적으로 표현되어야 얼, 도道의 승화가 가능함을 설명하시면서 생산성 근원의 수리시스템을 설계 하였습니다. 생산성, 인간성, 신앙성의 동근거同根據에 'g'가 작용한다는 것을 발견하고, 개방체계에 있어서 다양한 수치실험이 천부경 수리 질서의 외연과 내포가 됨을 밝히고, 관련 방정식을 도출하여 수치실험 해석을 연계하고 있습니다.

부록에서는 원당 선생이 연구 진행 과정에서 도출하신 중요한 개념을 구조화시킨 모델, 연구의 단편들, 그리고 사색의 발자취 등을 첨부하였습니다.

[誠성: 信신·義의·業업] 총서 제1권, 2권을 편집하는 과정에서 얻게 되는 깨달음이 적지 않습니다. 근원과 본유本攸를 향한 지향성志向性과 발생성發生性이 실實의 장場에서 자유롭게 펼쳐지고 조화로이 수렴되는 얼의 본자리를 $V{:}M \cdot C \cdot T$ 관점에서 설계한 통찰이 강한 울림을 가져다줍니다.

"인간이 인간일 수 있는 것은 천지인天地人이라는 개방상태에서의 참된 자아(얼)를 해발解發할 때이다", "본유에로의 통로가 살아 움직여야 한다"라는 내용이 수리시스템을 통해 완성되어가는 구조와 기능들을 다시 성찰하게 됩니다.

인간 편에서 하늘에 이르는 길, 하늘의 질서와 인간의 공명共鳴, 천지를 담은 그릇으로서의 인간, 우주 질서가 집약된 우주적 자아에로의 회귀 등에 관한 깊은 뜻을 열어주는 윤곽과 통로가 천부경입니다. 천부경을 이해하는데 원당 선생의 $V:M \cdot C \cdot T$ 적 구조와 해설은 매우 효과적입니다.

 "眞진에 耽溺탐닉된 삶과 知識지식은 때때로 人間인간의 '懷회'와 '얼'에 대흰다(총서 제1권 2장 중에서)".
 우연히 찾은 미술관에서 마음에 심금을 울리는 그림을 만나듯이, 우연히 맞닿은 노래의 가락과 가사가 깊음을 알리듯이 삶의 자리에서 삶의 율려律呂가 가득하기를 소망합니다.
 원당 선생의 연구 결과물인 본서가 시대적, 역사적 필연성을 담보로 한다고 믿기에, 새로운 길을 찾고 더듬으며 진리와 진실을 찾는 그 누군가에게 참된 이정표가 될 것을 믿어 의심치 않습니다. 숲속에서 길을 잃은 자에게 목동의 역할을 하는 지침서가 되기를 소원해 봅니다.
 문하생들로서 직접 가르침을 받고 배움의 자리에 있었던 그 향수와 모습이 선명한데 우리 곁을 떠나신 지 벌써 20년이 넘었습니다. 오직 로고스-알고를 추구하시며 한길을 걸어가셨던 그 발자취를 따라 흉내라도 내며 살고 싶은 마음뿐입니다.
 지금 이 시간 문득 선생님 곁에 늘 두고 애호하셨던 커피, 분위기 있는 카페에서 한잔 올려 드리고 싶습니다. 제자들에게 인생의 길과 학문의 길 모두 열어주신 선생님께 감사드립니다.

 총서 제2권이 출간되기까지 많은 사람들의 협력이 있었습니다.

시대적 환경과 여건이 우호롭지 않았지만 선생님이 전하고자 하셨던 내용들을 이해하고 서로 토의하는 가운데 많은 배움도 있었습니다. 참 소중한 시간들이었습니다.

특별히 총서 제2권은 수치해석이라는 엄청난 양의 수리방정식과 수치들이 망라되어 있고, 고등방정식에 대한 복잡성과 이해 부족으로 작업에 어려움이 많았습니다. 하나씩 수치 질서를 발견해 가면서 최대한 정확성을 기하려고 했지만 능력의 한계로 인한 완전하지 못한 점도 있었음을 밝혀 두고 싶습니다.

원당선생의 논문 원본은 한국교육학술정보원(KERIS)의 학술정보서비스(RISS)(www.riss.kr/index.do)에 디지털자료로 등록되어 있으므로 직접 확인할 수 있습니다. 다만 회갑기념논문은 학술지 공식 논문이 아닌 관계로 등록되어 있지 않습니다.

총서 제2권에 이어서 1996년, 1997년 발표하신 논문 두 편을 중심으로 재편집하여 총서 제3권으로 출간할 예정입니다. [誠성: 信신·義의·業업] 총서 1, 2, 3권은 원당선생의 주요 연구내용의 완결판이라 할 것입니다. 출판에 적극 응해 주신 한국학술정보(주)의 관계자 여러분께 감사드립니다.

2021년 12월
원당선생을 추모하게 되는 계절에
즈 네 상 스 팀
(Gene-Nascence Team)

목차

총서를 펴내며 / 4

자작시_하얀 줄기 / 5

머리말 / 6

1장 건국이념-천부경의 수치실험해석(Ⅰ)
- 윤리경영수압과 개방체제실험(Ⅴ) -

<원당 이득희 교수 화갑(華甲)기념논문집(1991년)>

1. Logos의 Algo _ 19

2. 턱(Node)과 터(Field) _ 48

3. 해석의 서緖 _ 75

   3-1. 4ab방정식을 통한 인간행동의
      기본표준모델 설정 _ 82

   3-2. 4ab방정식의 계량경제 분석모델 유비 _ 88

   3-3. 4ab 유도식에 관련된 수식의 고찰 _ 91

   3-4. 베버 - 페히너 법칙과 4ab(Sm) _ 106

   3-5. σ =2.718248591에 근거한 Z변환과 시간표준(T) _ 107

   3-6. 4ab 관련 참고자료 _ 116

4. 수치실험數値實驗과 모델(建經(건국이념-천부경)) _ 134

   4-1. 대수對數의 저低와 지수指數(1) _ 153

4-2. 대수對數의 저低와 지수指數(2) _ 159

5. 기호 _ 172

2장 건국이념-천부경의 수치실험해석(Ⅱ)
- 윤리경영수압과 개방체제실험(Ⅵ) -

<건국대학교 산업기술논문집 제17집(1992년)>

1. 서론 _ 191

2. 메타볼리즘metabolism 과정의 해석과
   정보과학적 생산체계 _ 194

3. 연천성然泉性 개발을 위한 상향식上向式 관리 피드백 _ 203

   3-1. 연천성然泉性과 관리시스템 _ 206

   3-2. 창조가치생산성創造價値生産性의
        발생좌표發生座標와 풍토 _ 213

4. 개방체제실험開放體制實驗과 建經(건국이념-천부경) _ 225

   4-1. 추리推理와 과학실험科學實驗의 우연성 _ 226

   4-2. 인간과 물질의 중첩重疊 _ 231

   4-3. 감각感覺과 천부경수리天符經數理 _ 236

5. 생산성 근원의 수리시스템 설계 _ 245

6. 결론 _ 269

참고 문헌 _ 273

부 록 _ 277

    1. 원래적 수학의 수리적 감각체계 _ 279

    2. 수식과 수치 관련 참고 자료 _ 293

    3. 현상학現象學 도해圖解 _ 300

    4. 실장實場의 그룹화 _ 301

    5. 자작시(無의 흡, 별똥별) _ 302

찾아보기 _ 305

    저자약력 / 312

誠 (言→成:創造) : 信 · 義 · 業
　　　(廣深久의 焦核)　　　(敬天)　(愛人)　(實地)

제1장

건국이념 - 천부경의 수치실험해석(Ⅰ)

- 윤리경영수압과 개방체제실험(Ⅴ) -

1. Logos의 Algo
2. 틱(Node)과 터(Field)
3. 해석의 서緖
　　3-1. 4ab방정식을 통한 인간행동의 기본표준모델 설정
　　3-2. 4ab방정식의 계량경제 분석모델 유비
　　3-3. 4ab 유도식에 관련된 수식의 고찰
　　3-4. 베버-페히너 법칙과 4ab(Sm)
　　3-5. ο=2.718248591에 근거한 Z변환과 시간표준(T)
　　3-6. 4ab 관련 참고자료
4. 수치실험數値實驗과 모델(建經(건국이념-천부경))
　　4-1. 대수對數의 저低와 지수指數(1)
　　4-2. 대수對數의 저低와 지수指數(2)
5. 기호

<원당(源堂) 이득희 교수 화갑기념논문집(1991년)>

1. Logos의 Algo

(1)

현대문명의 수학이 직면한 정글에서 물상物象의 테두리에 근거한 현대 수학은 날로 실험만으로 극복해야 할 장벽이 쌓여간다. 미래의 수학은 물상의 테두리를 포함한 초자연超自然의 현상을 고려할 수밖에 없는 수압需壓을 받고 있다. 교란된 수치체계數値體系하에서의 엄밀과학嚴密科學으로서, 또한 Logos를 탐구하는 Algo로서의 체계를 보완하려면 초자연의 장場에 존재하는 우연의 수치를 필연화시키는 과정을 통해 새로운 수리 시스템을 재조립해야 한다. 이렇게 되는 과정에서 자연과 초자연을 포함한 수리체계가 발견되어 감으로써 물론 물리학적 장벽도 투과pierce할 수 있는 가능성을 얻게 되고 새로운 생산성의 원래적 능률을 되돌릴 수 있을 뿐만 아니라, 원래적 Logos를 땅에 이룰 수 있는 자세나 방법을 깨달아낼 수 있다.

그러기 위해서는 인간의 감각感覺에서 포착되는 물상적 의식과 투영되는 대응관계를 고려해 보아야 한다. 예컨대 우뢰雨雷의 직사광이 지그재그(rhombic, 능형菱型, 사방형斜方型)로 인간의 세계에 투영되는 대응관계, 비가 오색 무지개로 투영되는 대응관계, 평면유리 안에 비춰진 전광電光이 누구에게나 곡선형 사각으로 또 그의 필드field에 타원형의 광채가 존재하는 것, 회전동체回轉動體가 엄밀한 수학적 관계로 인간에게 역동체逆動體로 나타나는 현상, 프리즘을 통한 광굴절이 각 색깔로 포착되는 것 등, 즉 발신체와 수신체, 그리고 외생현상外生現象 exogenous phenomenon과 내생현상內生現象 endogenous phenomenon, 그리고 대응된 상태현상狀態現象 status phenomenon의 장을 최대한 확대 적용해 볼 필요성이 있다. 물론 이것은 발신과 수신으로서, 인간을 조건으로 한 외계와의 뇌파현상腦波現象, 즉 정보처리학情報處理學 차원을 포함하는 것이다.

이렇게 보면 우리나라에 있어서 단군檀君이 정착해 건국하던 훨씬 그 이전에 아마 지금으로부터 8000년 이상 되는 때에 배달민족이 지녀온 산발적인 Logos의 Algo, 끈질기게 해 돌는 쪽으로 길을 찾아 이끌려 온 공집합적인 초감각이 없었다고 단정하기는 어렵다. 다행히 그 수천 년 후 통일신라시대의 최치원崔致遠 857~?이 은유적metaphorical으로 전해 온 것을 81자($3^4, 9^2$)($g = 1.11111 \cdots$; $C_p = 2.997924162 \cdots$) － g 와 C_p의 내용은 본 장의 '3. 해석의 서緖'에서 상술 － 의 장場으로 초자연 감각을 동원한 듯 체계화한 건국이념建國理念이라는 천부경天符經으로 전해지고 있어 이를 뒷받침하고 있다. 이런 의미에서 특히 우리나라에 있어서는 이것을 탐구하는 것이 유익할 것이다.

또한 여기에는 현대 물리학의 장벽barrier을 뚫어내어 새로운 생산성을 개발할 수 있는 초자연의 질서와 체계까지 얻을 수 있는 유익한 점이 있는 것 같다. 예를 들면 석기시대 이후 에밀레종(음音, 운율韻律에 지속적 암시) 등에 나타난 유물들의 제작 아이디어와 계산방법, 그 제작자의 Logos 앞에서의 자세와 아이디어, 그로부터 나타난 고대수학(괘卦), 그리고 특정 인간 집단의 Logos적인 유전감각을 지속적으로 살리고 듣고 말하며 발신과 수신을 기록하는 데 있어 원효元曉 617~686의 금강경 풀이와 설총薛聰 655~?의 이두문吏讀文을 한국적 유전성에 적용하고 폐기하지 않음으로써 현대 물리학적 테두리를 벗어날 수 있고 고도의 생산성을 미래에 보장할 수 있는 것이다.

앞에서 열거한 것 중 무지개의 경우 연속적으로 분산되어 있는 물방울들에 햇빛이 굴절되어 각각 다섯 가지 색이나 일곱 가지 색으로 눈에 비추어진다. 어떤 특수한 현상이 측면적으로 그러한 여러 마디나 턱node, threshold, section과 같은 단계로 구분되어 사람의 눈에 나타날 때 보이기 때문이다.

실제 물상에 있어서 빛은 하누($h\nu$)라는 단위로 불연속적으로 구성되고, 원자궤도나 핵에 있어서도 전자껍질 K, L, M, … T와 극대極大·극소極小로 대응되어 나타나는 것과 같다. 막스 플랑크Max Planck 1858~1947가 흑체복사(黑體輻射; 수열적 지그재그(rhombic, 능형菱型, 사방형斜方型)반응을 주는 것으로 차원적인 것을 실험했다)를 실험했을 경우나 창문에 비쳐진 전등 빛이 일그러진 사각형으로 보이는 것도, 보는 관점(차원의 변동)에 따라 측면적이든 평면적이든 입체적이든, 실제로는 심상心象이든 물상物象이든지 극한 − 0차원의 턱과 터~5차원의 턱과 터 − 에 있어서 불균형이 존재할 수 있다는 것을 뜻한다. 다만 그 불균형은 인간 차원의 근시적인 부분이다.

이렇게 비유해 보면 인간을 조건으로 한 체감體感과 영감靈感 사이에 혹은 오감五感과 심감心感, 요컨대 자연自然과 천연天然 사이에 여러 마디들이 존재한다. 자연의 입장에서 보면 체감, 오감, 심감(inspiration, imagination, illumination), 영감의 순서로 되어 있고, 체감과 오감 사이에는 육肉, 오감과 심감 사이에는 정신精神, 심감과 영감 사이에는 영靈으로, 또 관점에 따라 영, 정신, 육의 순서로 구분되어 있는 것으로 생각하면 편리하다.

그러한 모든 차원들의 바탕에「얼」이라는 Minus(−) 혹은 Plus(＋)의 5차원 이후의 장場 field이 있고, 그 얼의 반대편에는 신神이라는 Plus(＋) 혹은 Minus(−)의 0차원 이전의 장 - 이를테면 초자연超自然의 장 - 이 존재하는데 Plus(＋) 차원은 피투被投 Geworfenheit된 인간의 창조를 조건으로 한 행동의 장이고, 그 반대의 Minus(−)의 5차원에는 천天의 창조적創造的 섭리攝理의 장이 존재한다고 생각하면 될 것이다.

그러므로 대상을 보는 관점은 인간의 입장에서, 비유컨대 식물에서 동물, 동물에서 인간 혹은 정반대로 영계靈界에서 인간, 인간에서 동물, 동물에서 식물로 닮은 극한적인 관찰법도 있음직한 일이다.

하학적下學的 직유physics simile로 포착해 보면 물상과 생리가 바탕이 되는 관점이 있을 것이고, 상학적上學的 은유metaphysical metaphor로 포착해 보면 영성과 심상의 바탕이 되는 관점이 있을 것이다. 초자연과 과학 사이의 인간은 영과 정신과 육이 구분되는 현상으로 되어 있는 것이다. 그리고 이것의 극한역極限閾 Node 내부에는 초자연의 장이

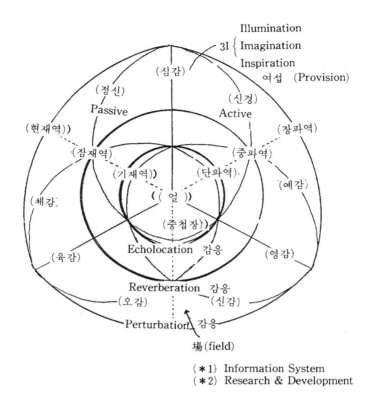

〈그림 1〉 IS$^{(*1)}$와 RD$^{(*2)}$ 역閾

창조성을 조건으로 하여 움직이고 있다고 보면 된다.

그러므로 상, 하 혹은 하, 상에는 육·정·영의 세 가지 장이 있고, 이것의 턱$_{Node}$으로 육감, 심감, 영감 등이 있다. 비유컨대 이것은 장파, 중파, 단파의 계층으로 구분되어 있을 것이다. 이 파동(물리학적)은 외계와의 상호작용을 한다. 그 파동이 조화를 형성하여 초고단위로 합성$_{合成 ; 重疊}$될 수도 있고, 혹은 극한적 부조화$_{perturbation}$로 인해 초단파와 중파가 교란되기도 하는데, 마치 훌륭한 음악과 시끄러운 소음과 같이 인간의 육감·심감·영감을 통해 흡수, 발산될 수 있는 것과 같다.

다시 말하면 외계와의 관계(외생작용)에서 받는 Perturbation(System violation), Reverberation(System compensation) 과정을 거쳐 중첩(Superposition)으로, 그리고 다시 역으로, 즉 외생장外生場에서 내생장內生場을 교차하여 상태장狀態場으로, 또 상태장에서 내생장과 외생장으로 공진하는 과정에서, 결국 중첩장重疊場으로 들어가고 여기서 다시 상태장을 거쳐 외생, 내생(영감으로 포착되기도, 혹은 체감으로 포착되기도 하는 대상)장으로 공진하게 된다. 이러한 과정에서 사람의 입장에서 본 불균형 파동으로 급기야 창조성이 발현되는 것이다.

여기서 내생endogenous이라는 것은 인간의 경우, 창조적 정통성과 그 유전성을 지닌 것으로 창조적 생명의 특질을 뜻하는 것이며 그 본질을 얼이라고 한다. 얼이란 현악기를 예로 들면 현을 구성하고 있는 화학성분과 성질에 비유된다. 음에는 각각 초단파와 초장파로 작용하는 대상이 있는데, 그 사이에서 여러 음계가 파동을 친다. 그래서 이 경우 도미솔과 같은 화음이 얼에 힘을 주는 것이라고 하면, 도레미와 같은 불협화음은 에너지를 파괴시키는 경우가 되는 것이다.

얼을 손에 비유하면 손가락을 보면서 손을 추정하고, 손등을 보고 손바닥을 보더라도, 즉 바닥과 등과 가락은 모두 손의 측면인 것이므로 역시 또한 손이라는 Algo는 같은 것으로 생명에 중첩되는 것이다.

역사적·시대적 대중의 속성적인 얼로서는 여러 종류가 있다손 치더라도 각각은 창조성을 조건으로 존재하므로 이러한 관점에서 보면 이질적이거나 불균형적인 것과의 상호작용은 높은 창조성을 가져올 수 있다. 그래서 감각은 안, 이, 비, 설, 신 내에 심감, 영감 등이 존재한다.

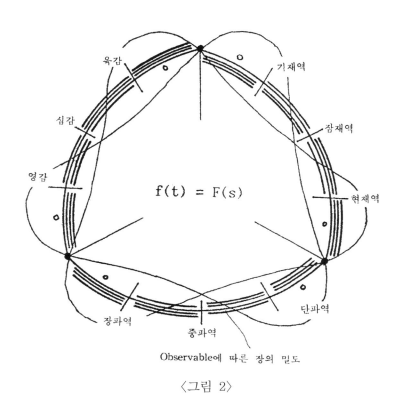

$$f(t) = F(s)$$

Observable에 따른 장의 밀도

〈그림 2〉

예컨대 음악과 미술, 기타의 예술 중에서도 고도의 것이 있고 저변의 것이 있고 또한 유행가나 만화 같은 것에 비유되는 것도 있다. 다만 이러한 모든 것이 창조를 전제로 했을 때 정통적인 얼이 정리된다.

흑체복사黑體輻射의 경우를 보면 대체로 어떠한 뜨거운 열이 전파되어 갈 때 직선으로 전파되는 것이 아니고 W자 모양으로 파동을 치며 일정한 규칙으로 이동한다. 그것은 마치 물결이 전달되는 것과 같은 현상인데 좀 더 정밀한 단파의 흑체열을 전달 받았을 때 이러한 규칙은 더욱더 정밀하다. 파동으로 보면 파동, 입자라면 입자인 것, 어느 것이 전달될 때 아무튼 직선으로 전달되는 경우가 없다는 것이다. 마치 과거 중세 15세기경 지구가 사각형이라고 생각한 잘못된 인간의 집념은 그 이후 지구가 둥글다는 사실과 또한 여러 종류의 무수한 규칙을 가지고 지구가 돌고 있다는 것으로 밝혀진 것과는 거리가 먼 생각인 것이다.

인간은 이처럼 직선으로 보려고 애쓴다. 그런 사이에 실험의 결과로 알아지는 것이 있고 이질적인 것과 모순의 균형을 통해 알게 되는 경우도 있다. 예컨대 라이프니츠Gottfried Wilhelm Leibniz 1646~1716가 수많은 직선을 연결시켜서 곡선을 만들고 그 과정에서 직선들에 피타고라스 정의에 나타나는 삼태극三太極을 극소화시켜 직교비례直交比例를 dy/dx라는 미분으로 만들어 곡선의 정점과 면적까지도 정확하게 만들어내는 과정을 통해 이것을 넘어서 초자연적인 조화진동이 알아지는 경우도 있다.

라이프니츠는 수학자 이전에 철학자였다. 그는 피타고라스의 정리로 대표되는 그리스 이전에서부터 전수되어 온 삼태극의 결합을 차원 변동시켰다. 이것은 우랄산맥에서 유래되었고, 90° 각도의 직교直交라는 것은 좌표 변환의 출발점으로서 이미 존재했던 것이다. 손가락 등을 이용하여 괘를 쉽게 계산할 수 있는 편리한 것이었다.

직교는 우랄산맥 당시에는 고차원적인 '피'를 뿌리는 의식, 오늘날로 말하면 십자형을 칼로 그리고 피를 뿌리는 의식에서도 나타나는데 아직도 우리나라에서는 이러한 무속이 있다. 피 대신 팥을 쓴다. 또한 겨울에 토굴 속에서 악신이나 악의를 물리치는 데에도 사용되었다. 사실 이것은 직선적인 직교 외에는 생명의 피도 존재하지 않는다는 식으로 고집하는 악의 무리와 악신에게 그것으로써 맞서는 생기生氣의 표현으로써 피를 뿌렸던 것이다. 십자형과 칼과 피의 상징적 수단으로서 직교는 그리스에서는 단자單子 Monos라 하여 알려져 있다. 이 출발점의 Monos와 그 Monos를 일으키는 기본 원소를 탐구해 가려고 했던 것이 근대의 라이프니츠였다.

미분학에서 면적이라는 것과 극점極點이라는 노드Node를 발견할 수 있었던 것은 그로부터 본격적인 Logos의 Algo를 찾아가는 계기를 준 것이라 볼 수 있다.

사실 그리스의 철학자 데모크리토스Democritus는 물질계에서만 이와 같은 것을 생각했지만 같은 원리로써 거대한 우주를 구성하고 있는 초미립자, 즉 지금에 일컬어지는 원소를 몇 개의 원소元素로 가정하고, 또한 운동 법칙으로써 에너지 보존의 법칙 등을 말했는데, 다만 그중 여섯 번째의 가정, '생명의 원자는 불꽃과 같고 무게가 없다'는 것 이외의 다섯 가지는 오늘날 물리학계에서 증명되었던 것이다.

가장 크게 편협된 인간중심주의의 출발점은 직선적인 합리주에서 비롯된다. 궁극에는 이것을 더 확대시켜 초자연적인 조화까지도 일직선으로 규정하려는 것이다. 0차원의 직선에서 5차원에 이르기까지의 과정을 부정하는 것, 즉 1차원적인 것에 편집偏執한다면 그것은 악을 행하는 결과를 가져오는 것이며 자기중심적 합리주의에 빠지게 된다.

그러므로 음, 양이 조화하여 5차원 이상의 극대와 1차원 이하의 극소 사이에 있는 인간 위치를, 5차원과 0차원을 부정하는 자신의 아집에 도취되는 것은 소위 죄악을 낳는 것이 된다. 예컨대 효도孝道라는 것도 0차의 턱을 존중하는 본능의 것, 다시 말해 본질의 바이오리듬biorhythm을 존중하는 온전한 본성인 것이다. 여러 차례의 합리주의가 근세에 있어서 무너진 것은 이 때문이다. 대중 속에 들어 있는 얼의 진실은 초자연과 자연의 씨알에 조화되어 결국 악을 물리치게 되는 것이다.

예컨대 양자물리학자 보아N. Bohr 1885~1962는 흑해 근처에서 자연적으로 전해져 온 우리나라의 태극太極과 똑같이 디자인된 옷을 자주 입고 다니다가 원자핵을 중심으로 전자의 음양이 회전하고 있는 것을 확신 있게 구상하였다고 한다. 이것은 오늘날 누구나 다 아는 원자폭탄이라는 것으로 발전되었다.

그러므로 1차원적인 직선을 아집하는 것은 사회 지배적인 계급에 물든 결과로 그 잘못된 시야는 오만과 더불어 인류를 해치는 악의 용기로 결과한다는 것을 스스로 반성할 수 있는 계기도 없어지게 한다.

플라톤, 데모크리토스, 피타고라스, 라이프니츠, 보아 등은 초자연의 이치를 깨달은 사람들로서 그 업적도 크다. 그러나 오늘날 사람들은 물질 이외의 것을 경시하는 1차원적인 지배성을 강조하고 있다. 그리고 내재적인 지배경쟁을 원인으로 하여 1차원에서 5차원까지의 세계를 경시할 뿐 아니라 물질 위주에 치우쳐 이들의 위대한 업적을 물질적인 차원의 것으로만 절대시하려고 고집한다. 그럼으로써 물질 자체가 쇠퇴하는 원인이 된다.

이렇게 하여 **Algo**의 역사, 플라톤, 피타고라스, 라이프니츠에 이르는 수학이 경시되었다. 이른바 동양에서 공자孔子 B.C.551~479의 수학까지도 부정하면서 혜시惠施 B.C.370년경~310년경. 전국시대의 사상가류의 수학으로 기울고, 그리스 당시의 파르메니데스Parmenides B.C.5세기경 엘레아(Elea)학파의 대표적 철학자류의 수학으로 기울어, 이른바 서양의 현자賢者와 심지어 신학도神學徒마저 지구가 직선적이고 사각형이라고 고집하고, 그것을 깨달은 표상으로 사각모를 쓰게 하는 사상이 팽배하였다.

결과적으로 악을 물리쳤던 직각直角의 십자형의 피, 이것에 따르는 삼태극三太極의 원리를 말살시켰다. 최근에는 그 경향이 더 본격화된 것이다. "현대의 수학은 이론의 장벽에 부딪혀 있다"는 아인슈타인의 말대로 사실 오늘날의 모든 물질 현상의 추구는 거창한 수리이론을 부각시키면서 실제는 실험에 의존하는 정도가 날로 커져 가고 있다. 이것은 잘못된 수학에 의한 자승자박自繩自縛 현상인 것이다.

그러므로 원자를 중심으로 한 초超Active 세계와 초超Passive 세계를 향한 구심력으로써 받아들여져야 마땅하고 그것이 강하면 강할수록 물질의 생산성도 생명도 되살릴 수 있는 것이다. 현대는 플라톤, 데모크리토스, 피타고라스, 라이프니츠, 보아 등의 업적을 일차원적인 물질주의로 강조, 매도해 온 것에 대해 물질의 창조를 위

해서라도 원점 지향적인 반성이 필요하다. 이런 의미에서 우리나라
의 建經(建國理念-天符經)을 탐구하는 것은 깊은 뜻을 갖고 있다.

(2)

Perturbation(교란攪亂)에서 Reverberation(배열排列)으로, Reverberation
에서 중첩重疊 상태에 이르러 공명되어 발생된 Echolocation(반향정위反響
定位)은 내부 혹은 외부를 새로운 상태로 차원을 이동시킨다.

지금까지 뇌 작용의 기계적인 모델이 가지는 최저한의 조건은 몇
개로 구성된 신경세포가 하나의 신경세포에 신호를 전달할 경우,
그 신호의 크기는 신호를 발생하는 신경세포의 상태변수의 하중합
荷重合이 된다는 것이다.

예컨대, $y = w_1 x_1 + w_2 x_2$ 에서 x_1 과 x_2 는 세포의 제1, 제2 상
태, w_1, w_2 는 그의 파波이고, 이들의 하중합과 역작용閾作用을 생각
하여 세포 3에 전달하는 자극의 총량이 y 이다. 제3세포의 상태를
x_3, 역치閾値 node, threshold를 θ 라고 하면, $y \geq \theta$ 이면 $x_3 = 1$,
$y < \theta$ 이면 $x_3 = 0$ 이다. 그래서 이 y 는 역치 이상과 이하에 따라
주어진 한계 내에서 홍분 상태나 정지 상태가 되는 하중합과 역閾
작용의 기본동작이 된다.

최종적으로 이 모델은 외부자극
에 따라 발생되는 홍분파의 운동에
의해 그 내부구조가 점차 변화되어
가는데 보통은 신경세포 동지同志, 무
리 결합 방법에 따라 변화하는 것이

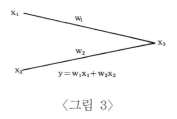

$$x_1 \qquad w_1$$
$$x_3$$
$$w_2$$
$$x_2 \qquad y = w_1 x_1 + w_2 x_2$$

〈그림 3〉

다. 그러므로 이것은 하중합과 역작용에 하중계수가 변화한다고 본다. 대표적인 가설은 어떤 시각에서 신경세포가 흥분하고 계속 이 신경세포와 접촉한 또 다른 세포가 흥분하면 전자前者에서 후자後者에로의 신호가 통하기 쉽게 된다는 것이다. 그러나 이와 같은 것은 계속 발생되는 것이 아니기 때문에 잠정적으로는 원상으로 되돌아간다고 한다.

동물의 감각은 고감도高感度, 효율效率, 특성特性, 동작범위動作範圍 등에 있어서 어떠한 정밀기계도 초월한다. 다시 이 동물감각을 자극원에 따라 작용, 반작용, 즉 외계로부터 작용을 받고 또한 외계에 작용을 하는 탐색활동의 원천源泉으로 분류하면 화학감각, 기계감각, 광감각, 열감각, 기타 특수감각 등으로 나눌 수 있다.

여기서 작용·반작용은 외계에서의 입력기관을 경유, 제어판정制御判定작용, 그리고 동시에 신경회로작용, 뒤에 출력기관을 매개로 다시 송출되는 것으로 나타난다. 위의 네가지 요소 중 입출기관이 곧 여기서는 육감력, 심감력, 영감력 등이다. 이렇게 보면 직접 또는 제어판정을 통해 입력되는 이 두가지 입력은 신경회로망 사이에서 상호작용을 하여 결과적으로 연합작용을 발생시킨다.

이것이 곧 자연스러운 현상이다. 다만, 여기서 비교적 1, 2차 역의 짧은 구간만으로 처리되는 신경회로작용도 있고, 1, 2차 역뿐만 아니라 3, 4 이상의 구간으로 파급되어 처리되는 신경회로작용도 있다. 다시 말해 장구간과 단구간을 비교해 보는 것이 편리하다. 대체로 네가지 요소로 분류해서 보면

① 신경회로의 Activity에 직접 작용하는 입력요소
② 신경회로의 Activity를 제어 및 판정하는 요소

③ 신경회로 기능

④ 출력기능 요소

여기에서 제어기능은 그 상태를 지속하게 하는 신호를 신경회로
망에 보내는 요소로서 입력작용과 출력작용을 거듭하면서 제어판정
요소의 상태를 보존, 지속하는 신호를 신경회로망에 보낸다. 이것
은 기능의 정상 상태가 유지될 때까지 계속 탐색행동을 하는 것이
다. 이런 경우 외계와의 사이의 구간에서 예비적인 Perceptron의 장
이 존재하는 것으로 보면 유익할 것이다. 이것을 단편적인 것으로
상징하여 표현하면 <그림 4>와 같다.

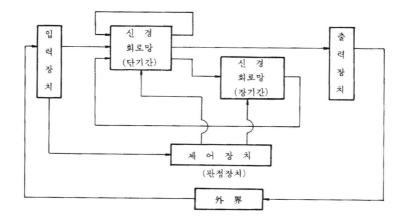

비교적 단기간에 끝나는 문제를 처리하기 위한 신경회로망과 장시간에 이르는
문제에 대한 신경회로망을 가진 기계

〈참고〉 情報科學에의 道, 北川敏男, page 137.

〈그림 4〉

한편 앞에서 동물의 감각을 작용·반작용의 원源으로 분류하여 화학감각, 기계감각, 광감각, 열감각, 기타 특수감각 등으로 나눌 수 있음을 살펴보았는데 그중에서 먼저, 화학감각을 보면 미각, 후각, 습각濕覺 등으로 작용하는 외부감각과 내부화학감각이 있다. 어떤 종의 숫모기는 암모기가 내는 이성류異性類의 물질을 몇 킬로미터 떨어져서도 검출하는 후각기를 가지고 있다고 한다. 또 연어나 숭어는 멀리서 자기가 태어난 곳을 찾아 산란한다. 이 경우 그들이 가지고 있는 화학감각이 작용하는 것이다.

둘째, 기계감각으로 통각痛覺, 촉각, 청각, 유동각流動覺 등의 외부감각과 평형각平衡覺, 장력각張力覺 등의 내부감각(고유감각)이 있는데 박쥐는 50kHz 정도의 초음파를 1~2m/sec의 펄스pulse로 변조하고 경우에 따라 10~100kHz 정도의 펄스 주파수로 발사하여 Echolocation을 발생시키는데, 이때 큰 잡음 속에서도 작은 반사 신호를 흡수하는 것은 직경 3mm의 바늘을 2m 거리에서 인지認知 가능한 정도라고 한다. 돌고래나 고래도 또한 초음파에 의한 Echolocation을 행하고 있다고 한다.

이 경우 생명체의 작용·반작용은 베버 - 페히너 법칙Weber-Fechner Gesetz의 실험식 $S = k \log R + C$의 개념으로 고찰할 필요성이 있다. 이 경우에서도 외생의 변환에 대한 내생의 작용·반작용은 Perturbation, Reverberation을 경유하여 중첩重疊 상태에 공명되어 발생된 Echolocation과 또 이것을 거듭하여 그때 그때의 시간·공간의 편차를 조화시키는 과정으로 해석할 때, 새로운 창조를 조건으로 생명체의 생기生氣 vitality는 나타난다.

심리공학적인 입장을 고려하면, 육과 정신과 영의 감각에는 현재성顯在性, 잠재성潛在性, 기재성基在性이 잠재해서 육肉의 역閾 Threshold의 경우에도 현재성, 잠재성, 기재성이 있고, 정신精神과 영靈의 역閾에서도 현재성, 잠재성, 기재성이 나타나는 것이다. 다만 이 역의 세 감각의 주파수가 단계적으로 현재성에서 기재성으로 향함으로써 단파가 되어가는 것이다.

이 기재성은 전 논문에서도 고찰한 바 있는 것으로[1] 기재성에서 발현되는 초단파는 현재성과 잠재성을 경유하는 것으로서 마치 외계에 작용한 Perturbation, Reverberation 그리고 중첩重疊의 장場에 공명되어 발생하는 Echolocation으로 나타난다.

이 기재감각의 역閾 Node 속에는 시간과 공간의 수리적 Algo로서 접근하는 고유파가 있다. 이것은 역사적인 인류와 시대적인 인류의 공집합성 속에서 발현되는 것이다. 그만큼 기재성은 그 지역 특유의 전통적인 유전인자를 내포하고 있는 것이다.

가령 산업에 있어서도 3차 산업보다는 2차 산업으로, 2차 산업보다는 1차 산업으로 농도 깊은 초단파가 존재하는 것이 마땅한 것과 같은 의미이다.

이러한 것이 생기vitality와 결부되어 우리나라에서는 얼로써 표현되는바 창조적 특질을 발현시키는 근거가 되기도 한다.

원자핵에 비유해서 말하면 이것은 중성자와 양성자를 초고속으로 교체시키는 중간자中間子 meson의 의미를 갖는다고 할 수 있다. 다시 말하면 육과 정신, 혹은 정신과 영 사이를 매개하는 역사적·시대적 고유인자固有因子를 가정하면 그것이 결부된 생기vitality는 특출한

---

1) 이득희 저, 즈네상스팀 편저, [성: 신·의·업] 총서 제1권, 『윤리경영수압과 개방체제실험』, 한국학술정보(주), 2020, p.125(편저자 주).

창조성을 나타내는 인자이기도 하다. 수학적으로는 1단계, 2단계, 3단계의 각 역闕을 마치 라플라스 변환Laplace transformation을 거듭하여 에르고드Ergod에 정착하는 것과 같이 된다.

Algo의 시간(X)과 공간(Y)변동 개념, 즉 시간의 평균이 변하더라도 혹은 공간의 평균이 변하더라도 이것은 궁극적으로 면적의 평균을 조건으로 하는 시간의 평균과 공간의 평균이 일정한 ㅁ(네모)의 면적을 지킨다는 것을 조건으로 하는 것이 된다. 그러나 그 면적은 일정한 한계를 지킨다는 조건을 준 것뿐이다. 그러므로 인간이 신이라는 조건과 동물이라는 조건이 될 수 없는 것이다. 역사와 인류 속의 인간은 시간과 공간의 곱이 흐른다 하더라도 인간은 0차원과 5차원의 사이를 조건으로 한 인간일 뿐이다.

가장 가치 있는 사람의 본성은 사회의 문화나 종교나 산업을 넓히며 키워간다. 거기에다 예지叡智가 곁들여질수록 많은 사람들이 가치 있는 본성을 부활시켜 나간다.

부득이한 힘으로 주변의 공격적 강대국에 의해 지배되어 온 나라에 있어서의 가치 있는 개성들은 은폐되고 왜곡되어 온 것이지만, 그러나 그들의 보다 깊은 곳에 전통적 유전성이 자리하고 있고 또한 그 후예에게 가장 오래된 하늘의 Logos가 새겨져 있다면 비록 왜곡되고 은폐된 계승이지만 때가 오면, 다시 말해서 그들을 둘러싸고 있는 강자들의 폐쇄적 집단주의가 인류 앞에 노출되면 될수록 그 나라 사람들의 은폐되고 왜곡되어 나타난 개성보다는 정통적 유전성의 가치와 그 나라가 새겨온 실현성 있는 Logos의 Algo를 더욱더 갈구하기 마련이다.

두텁게 은폐되고 두텁게 왜곡된 속에서도 피침략국의 역사를 가진, 다시 말해서 어떤 면에서는 오히려 부득이하게 비공격적인 역사를 가진 나라의 사람들에게 있어서는 지금 시대의 개방화 물결은 은폐와 왜곡을 털고 그 얼을 소생케 하는 기회가 운명적 수압_{需壓} - 수요의 압력으로 다가오게 될 것이다.

지금으로부터 수천 년(약 8000년 전), 아니 그보다 훨씬 이전에 배달_{倍達}의 백성이 하늘의 어떤 지시를 받았고 어떠한 Logos의 Algo를 받았는지는 모르지만 그들은 따스하고 풍요로운 땅인 유프라테스강과 티그리스강 사이를 유유히 지나쳤다. 그 훨씬 이후에 다른 여러 민족들은 젖과 꿀이 흐른다는 메소포타미아의 그 두 줄기의 강 사이에 정착했을 정도로 그곳은 매우 따스하고 풍요로운 곳이었다는 것이 후에 밝혀졌다.

수천 년 전 배달의 백성이 그곳을 지날 때에도 젖과 꿀이 흐름직한 곳이었고 또한 그들이 앎 직도 했지만 해 돋는 곳을 찾아 그곳을 의연히 지나쳐 스스로 고행_{苦行}의 길을 떠났던 것이다. 더욱더 북쪽에 있는 냉혹한 땅을 헤치고, 잔혹한 원주민들 사이를, 때로는 사막을 넘으며 한 해 두 해가 아닌 수천 년 이상이나 부성_{父性}, 모성_{母性}의 본능도 뛰어넘어 자손대대를 희생시킨 것, 그래서 해 돋는 곳에서 창조의 의지를 흡수하여 태양의 기_氣를 한반도에 머물게 한 것은 비록 기록이 없다손 치더라도 끈질기게 찾아온 그 까닭은 분명히 있을 것이다.

Algo를 가진 이 민족의 슬기로움은 석기시대에서 삼한시대에 이르는 유물을 본다 하더라도, 또한 고려시대의 문화적인 고려청자, 조선시대 이전에 문화적인 금속활자를 만들었다는데서 나타난다. 오늘날의 공업이 원래 비금속과 금속을 도구로 해서 시작된 것으로 본다면 원천적인 공업기술과 창의력이 세계사에 으뜸가는 것이었음을 반증한다. 이것은 드라비다족의 모헨조다로와 하라파 등과는 비교할 수 없을 정도로 우수했다는 것을 보여준다. 인도를 거쳐 태평양을 건너 하와이에 이르렀던 폴리네시아족에 비해 '하늘의 창조성'을 찾아갔다는 점과 청자와 활자문자에 이르는 기술과 고안이 계속됐다는 점으로 보아 비교될 수 없는 것이다.

8000년 이상이나 되는 장구한 세월을 태양이 뜨는 한반도에 머물 수 있었다는 것은 그때그때 당면하는 여러 나라의 침략을 받았더라도 수천 년이 지난 오늘날 문제가 되는 것은 아니다. 다만 우랄산맥에서 어떠한 기술과 고안을 가진 슬기로써, 더욱이 목표를 가진 장구성 있는 강인한 의지를 겸비하여 하늘로부터 받아왔던 Logos의 Algo와 하늘의 지시, 그리고 그 충성됨이 어느 정도였다는 것은 서책의 기록상에는 명확하게 나타나 있진 않다. 그러나 建經(건국이념-천부경)이 남아 있는 것만 하더라도 그것이 얼마나 귀중한가 하는 것을 뜻하는 것이 된다. 그리고 오늘날 발달된 컴퓨터와 결부되어 그 나라 사람의 얼이 정보과학을 통해 당대의 인류에게 보급되어야 한다는 것을 생각하면 이 나라에 주어진 하늘의 소명도 적지 않다는 것을 깨닫게 된다.

어떠한 이유든지 간에 배달민족은 청교도들이 미국을 찾았던 것에 비교가 되지 않을 정도이다. 죽음의 저항을 무수히 뚫고 끈질기게 해 돋는 쪽의 대륙으로 길을 찾아온, 이미 메소포타미아인의 그 훨씬 이전의 따뜻하던 우랄산맥의 아랫목마저 쉽게 버릴 수 있었던 사람들의 의지의 뒤에는 고차원적인 무엇인가가 인도하고 있었던 것임에 틀림없을 것이다.

예수, 공자, 석가보다도 수천 년 이전에 그들이 산발적으로나마 받아온 Logos의 Algo는 무엇이었겠는가, 결코 막연할 리는 없을 것이다.

당시의 경륜經綸을 수징문자數徵文字로 기록하였다면, 누군가가 천기天氣를 받아 할 수 있는 한의 종합을 통해 오늘날의 수학, 다시 말해서 그 지역민의 근원적 유전성을 공명共鳴시켜 현대의 수치數値와 함수函數로서 인간 본연의 감각을 살려 추적해 볼 수 있다. 그것을 오히려 성현이라 일컬어지는 그 수천 년 후의 성인들(석가, 공자, 예수, 마호메트 등)의 말을 근거 있게, 또한 더 나아가 현대 물리학적 실험을 비유로 곁들여 확인, 추정할 수 있을 것이다.

만일 그렇게 되면 — 더욱이 창조성의 책임보다는 지구촌의 개방화를 보다 강조하고 있는 오늘날에는 그 실현성 있는 개방, 실현성 있는 산업의 개발을 위해서 물리학적 실험 데이터를 비유로 곁들인 확인을 통해 — Logos의 결과로써 행동하는 인간의 근원적 헤아림(수학, Logos, Algo)이 구체적으로 나타나는 것이다. 이것은 앞서 이야기했듯이 Logos의 Algo가 단군이 했다고 하는 배달의 건국이념建國理念으로 수렴되고 신라시대에 와서는 최치원 선생이 나름대로 체계화시킨 것이다.

이제는 국토가 어디에 위치했든지 크기가 어떠하든지 그리고 그 지역민이 보기에 어떤 비굴한 역사를 거듭했다 하더라도 그것은 인류를 키우는 데 있어서 아무런 문제가 되지 않는 것이다. 다만 그들의 얼이 정통적 유전성의 근저에 살아 있는 한 현실적으로 수천 년 전의 건국 당시의 예지가 나타날 때 어쩌면 개방화만을 위해 방종하는 시대인에게는 오히려 그들이 소중하게 되는 것이다.

이런 의미에서 오늘날 문명의 이기利器로서 컴퓨터와 실험기기 및 데이터를 이용할 수 있는 것만 하더라도 하늘이 준 때라는 것을 앎 직한 것이다. 이제는 소아小我를 버리고 대도大道를 행하는 것이 오히 려 자기 희열과 행복의 길이 되어가고 있는 것이라고 봐도 된다. 몇 개의 씨알이 이렇게 해서 누리에 구조적으로 연계되어 순식간에 펼쳐지는 시대가 곧 오늘날이다.

(3)

모든 자연현상은 어떠한 것이든지, 즉 미세한 것이든지 거대한 것이든지, 찰나적인 것이든지 영원한 것이든지 그 움직임은 완벽한 수리數理적 공식의 풀이로 나타낼 수 있다.

그러나 그것을 단순한 방법으로써는 통계적으로 포착하려고 하 고 더 나아가서는 엄밀함이라고 일컬으며 이른바 기존 수학의 공식 으로 적응하려고 한다. 그래서 근시적이고 찰나적인 통계나 수식을 스스로 절대시함으로써 상대적 내지는 초자연적 - 초절대적 - 인 것이 가지고 있는 완전한 것을 부정하는 결과를 가져오고 있는 것 이다.

그럼으로써 폐쇄적인 현존Seiende의 필연을 지나치게 강조하여 완 벽한 자연의 공식이나 우연한 현상으로 비쳐지는 개방적인 초자연 의 공식(초절대성)을 종속시켜 등한시하려 한다. 이것이 지나치면 자기의 폐쇄적 수용의 한계를 더욱더 초월함으로써 결국 초자연의 완벽한 현상에 의해 스스로를 파괴시키는 위험을 모면할 수 없게 된다.

폐쇄적 안일이 받아야 할, 그러한 일차적인 우연한 에포케(Node,

Threshold, 현상학적 에포케)를, 나아가 최종적으로 맞이할 초超우연한 에포케(Epoch, 신기원新紀元)의 장벽을 뚫어 갈 수 있는 초연한 본성과 예지가 인간에게 있는 것이다.

역사의 그러한 강요에도 불구하고 인간은 그것이 있기 때문에 수많은 위기를 뚫어 나온 것이 아닐까. 인간은 그때마다 초연超然의 Logos의 Algo를 오성悟性으로 깨달아(현상학적 노에시스Noesis, 노에마Noema) 온 것이다.2)

만물은 계속 유전流轉하고 유전은 쌓여가고 있다. 인구는 팽창해 가고 지각은 변동해 가고 그가 완벽을 향하지 않더라도 인간 스스로가 만든 역사의 장벽은 쌓여가는 것이다. 불완전을 완전으로 착각한 것으로부터 벗어나는 것이 동기가 되어야 한다. 이것은 여름철에 겨울철을 예비한 것과 같이 된다. 서양 사회에서 알렉산더 대왕의 초기, 나폴레옹 혁명 등을 노에마Noema적인 계획이라 한다면 석가나 예수, 마호메트의 경우는 노에시스Noesis적인 출발을 준다.

Logos의 Algo를 찾아감에 있어 수학의 기초식을 실험에 의해 찾아가는 것과, 기초모델을 창조해 가는 것을 전제함에 있어서 기존의 공식, 즉 보수적 공식은 미래의 보완을 위해 도움이 된다. 이런 의미에서 실험에 의해 보수적 기존 Logos에 따른 Algo를 찾아 실험을 거듭하는 것은 충분한 접근으로써 수용해야 한다.

그래서 현상이 내포內包 connotation하는 표준 수식의 발견은 표준 수치체계 구조에서 응용에로 또한 응용에서 새로운 표준 수식의 발견으로 피드백 되는 것의 내생과 외생 그리고 신상태新狀態에서 외내생으로 거듭되는 과정이 천부天符한 실험행동이라 보는 것이다. 더 나

---

2) 이 책의 부록, 현상학 도해 참조(편저자 주).

아가 나라라는 의미의 건국이념이 탄생할 수 있는 것으로 보면 건국이념-천부경(建國理念 - 天符經)의 뜻과 존재 이유가 풀이된다.

(4)

청교도 가정의 후예인 테일러F. W. Taylor 1856~1915, 경영관리 연구의 선구자이자 과학적 관리의 제창자는 ASMEThe American Society of Mechanical Engineers를 통해 과학적 경영에 있어서 인간가치와 진리성眞理性을 존중한 기技, 예藝 art를 강조했다.

근세 이래 본격화되어 온 인간과 물질의 괴리는 최근에 와서 극단에 다다르고 그 결과로 산업질서의 교란과 더불어 생산성의 저하는 오히려 물질과 인간과의 접근을 시도하도록 만들게 하고 있다. 정보과학의 발전은 조직 내부에 있어서 다양한 개성의 상향적 조합을 요청하고 있다.

연구개발을 효시로 민활해져 가는 그 자료의 정보교환과 다양한 소비체제의 정보에 이르기까지 다양, 속변해 가는 극단적인 한계점에서, 표준화와 그 상향화를 요청하고 있다. 만능자동화로써의 인간 초超super computer, 또한 computer man system 등으로써의 인간의 뇌심腦心의 역할이 전향적으로 절실해지고 있다는 것이다.

그래서 최근에는 프랑스의 데카르트René Descartes, 파스칼Blaise Pascal에서 영감을 얻은 페욜Henri Fayol의 관리바탕과 실제의 경영 방법을 되살리려는 듯 프랑스를 중심으로 문예와 결부된 산업(메세나Mecenat)에 초점이 모여지고, 이를 위해 실제와 경륜經綸을 쌓은 자문위원들(멘토라Mentorat)의 활동이 폭을 넓혀가고 있다. 이것의 원천적인 것으로서 프레그넌스~Pregnance[3]의 개발이 촉진되고 있을 정도이다.

앞에서 열거한 테일러의 이야기는 물질을 중심으로 일하는 인간을 물질과 더불어 더욱 중시하고 있는 것을 뜻한다. 그것은 실제상에 생산적 능률을 올리기 위한 수단이라고 볼 수 있지만 경영의 현실을 인간의 내면성과 기능을 동시에, 또한 창조적으로 결부시켜 고찰하고 작용을 시켜야 한다.

그러나 인간과 물질이 넓고 깊고 장구한 의미로서 보다 그 근저에 완벽한 수리적 Algo의 관계가 존재한다는 것을 고려하지 않으면 근시적이나 찰나적인 것에 기울어지기 마련이다. 그래서 작업에 있어서나 혹은 생산에 있어서나 인간과 물질이 괴리 내지 배반되는 것을 당연한 것인 양 강조한다.

그 결과 목적과 정반대의 현상으로 나타나는 예가 많다. 시스템적 관점에서 보면 어떠한 구조이든지 간에 관찰자에 의해서 Subsystem만 강조됨으로써 그 한계에서 벗어나지 못하는 것은 Total system을 놓쳐 전반적 구조의 교란攪亂 violation을 가져온 경우가 많았다. 나아가 Total system이라 하더라도 한쪽에 치우쳐서 한쪽을 폐기하게 된 것은 그 양 System을 연결하는 구조적 인소因素를 발견하지 못함으로써 일어나는 현상들이었다. 편중된 물질주의자의 폐단을 벗어나려는 성향도 중요하지만 그보다는 구조기능의 인소를 찾아내어 읽는 것이 우선되어야 한다.

Total system의 성과는 system compensation process(시스템 보

3) 湯淺泰雄 解說, 朴熙俊 옮김, 『科學技術과 精神世界』, 범양사출판사, p.174. "르네 톰은 그의 논문에서 인간을 포함한 모든 생명체의 운동(혹은 행동)의 근저에는 생명에 대하여 어떤 의미를 가지고 있는 일정한 형태에로 향해 가고자 하는 본능적 경향이 내재해 있다고 하면서 이러한 경향성을 프레그넌스(pregnance)라고 命名하였다"(이 책 제 2장 참고, 편저자 주).

완과정),4) 즉 이것은 배달민족의 그 얼의 氣^{기}(因^{인})와 얼의 徵^{징}(果^{과})이 교차되는 과정에서 결실한다.

建經(건국이념-천부경)은 인간과 물질보다 더한 초연$_{超然}$ 지향점의 완벽한 **Algo**를 수리적으로 해명하고 있다고 보는 관점에서 탐구할 만한 가치가 있다.

전술한 바와 같이 원자핵에 있어서 중성자와 양성자 사이를 초당 수천 번 피드백$_{feedback}$ 하면서 (+)와 0을 교체시키며, (-)전자궤도와 조화를 이루어 나가는 중간자$_{中間子}$에 우리나라의 얼을 우연적으로 비유시켰다.

그 얼이 창조적인 결과를 가져오기 위한 엄밀한 방법을 유전적인 적성을 고려, 암시하고 있는 것이라고 보는 그 나라 사람들의 자세는 그 동기에 있어서 가치가 있다고 봐야 한다. 더욱이 산업사회가 전개되는 상황에서 비능률적인 국제전쟁을 스스로 강화시킬수록 이러한 접근은 더욱더 절실하다.

현대의 관점에서 보았을 때 建經(건국이념-천부경)에서는 10진법, 12진법도 동시에 사용했을 것으로 보인다. 그래서 소수점 이하 아래의 것 혹은 소수점 이상의 자릿수를 고려하지 않고 해석해야 할

---

4) 이득희, [誠: 信・義・業], 정년퇴임기념집, 녹색신문사, 1997, p.143(편저자 주).
<시스템 보완과정 system compensation process)>

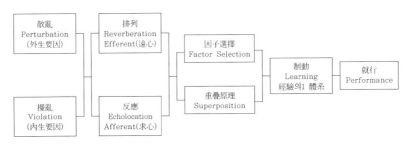

것 같다. 다만 예컨대 $\sqrt{100}$이 10인 반면 $\sqrt{10}$은 **3.16227766**에 대응되다시피, 인접자리 또한 더 깊은 인접자리에는 이른바 각각 음과 양이 좌표를 전환하면서 작용하고 있다는 것을 고려만 하면 이해하기 쉬울 것 같다.

그리고 建經은 처음으로 나오는 "일시무시일―始無始―"부터 마지막 "일종무종일―終無終―"까지 81자로 되어 있고 이것을 $3^4 = 81$로 보고 3의 뜻을 깊게 고려하면서 오칠五七, 삼사三四 등을 여기에 결부시켜 고려하면 유익할 것 같다.

그러나 이 모든 것이 생산성과 인간성과 신앙성을 동시에 발생시키는, 중성자와 양성자 사이의 중간자적 역할을 하는 것인 근원적인 얼로써 고려된다. 그러므로 이 얼은 깁스Josiah Willard Gibbs 1839~1903, 미국의 이론물리학자·화학자의 에르고드Ergod 함수를 뜻하는 시간과 공간성의 일치점을 향해서 모든 현상 등이 시공時空으로, 뜻하건대 라플라스Laplace 변환을 한다고 보면 더욱 편리하다.

그리고 이 얼은 이 시공간의 씨알로써 작용한다고 볼 수 있다. 이런 관점에서 중용中庸에 나오는 "道可道도가도는 非常道비상도, 名可名명가명은 非常名비상명"을 고려할 수 있다. 여기서 도道를 시간성에 따라 말하면 모든 것이 시간적 상도常道를 향해 때때로 변화하면서 적응하고, 명名은 공간적으로 지역과 그 경우에 따라 변화한다고 말할 수 있다. 시간과 공간 차원에서 해석하면 상명常名을 향한다는 것으로 해석하고 이 시간적인 도道와 공간적인 명名은 항상적일 수는 없지만 항상적인 도, 항상적인 명의 구심력을 확대해 가는 시간과 공간 속에도 유지한다는 것으로 이해하는 것이 유익하다. 이러한 맥락에서 상도常道, 상명常名이 근거가 동일한 곳에서 발생한 이형상異形

像이란 입장에서 보면 진리는 상도常道라고 할 수 있고 상명常名이라고도 할 수 있는 것이 된다.

그러므로 원효의 글에 비유하면 시간의 현상은 시간이 아니고 또 공간의 현상도 공간이 아니고 항상적인 도道와 명名을 거듭 확대해 가는 시간 속에서 날로 강하게 찾고 있을 얼이 사람의 생명 특유의 정통유전적인 것으로 존재한다는 전제가 되어 있다.

찰나적인 것과 당연한 것을 키우기 위해서는 넓고 깊고 장구한 항상적인 도와 명의 본능적인 얼에 강인하게 결부되어 있어야 실현성이 있다는 얘기가 된다.

항상적인 시공의 씨알의 얼로써 정신과 영을 경유한 물질을 재조명하여 인간과 분열되어 가는 오늘날 물질적 질서에 대응시켜 인간과 물질이 결부된 생산성을 실현시킬 수 있는 소망을 가지게 될 수도 있다.

이러한 뜻에서 본 연구는 현대 과학이 남겨놓은 심리과학, 더 나아가 정보과학적 입장에서 초자연성과 물질현상의 실험적인 데이터를 결부시키고 상고대上古代의 建經에 나타난 숫자를 추구하고자 한다.

데이터를 결부시킴에 있어서는 이른바 우연 속에 흩어져 있는 순수 수치의 자료를 실험하여 Algo의 순수모델을 찾을 필요가 있다. 여러 경서(불경, 성경, 코란경 등)에 나타난 공통적인 수치와 현대적 심리반응 테스트상의 여러 실험 데이터를 결부시키는 작업이 소중할 것이다. 여기서는 그동안 물질에만 치우쳐서 놓쳐버린 정신적인 직감과 결부된 물리현상을 고려할 수 있다. 예컨대 뇌광雷光, 섬광閃光 기타 회전체의 속도와 직감, 무지개, 창에 어린 전광電光과 직감 등을 결부시키는 관점에서 建經(건국이념 - 천부경)을 고려하는 것이 유익할 것 같다.

이러한 의미에서 建經을 찾아가는 데 있어서는 체험으로 일반화된 기술자적인 탐구 자세가 소중하다. 근원적으로 이야기해서 사람이 진리를 위한다거나 인류를 위해 애쓴다는 것은 헛된 일이다. 원래 사람은 누구를 위하게 되어 있는 것이 아니다. 그가 어떤 희로애락喜怒哀樂의 극단적인 체험을 한다 하더라도 그보다 강인한 것은 - 본성 속에 들어 있는 많은 체험은 한층 더 마음에 드는 것의 만족을 위해 더 많은 것에 심취되어 살아간다면 자기의 생명이 떳떳하고 흐뭇하고 그윽한 것이 된다. 어떠한 시련을 마다하지 않고 가장 타당하고 올바른 것을 나름대로 찾고 또 찾아 보다 떳떳하고 흐뭇하고 그윽한 것을 내세에 이르기까지 찾아가는 것이다. 결과적으로 영원한 진리와 하나님을 기쁘게 하는 것이 되고 인류와 나라의 수신제가修身齊家가 되어야 하는 것이다.

이러한 의로운 자기도취는 수신제가가 파괴되고 나라나 인류가 자기를 벌하더라도, 또한 어떠한 시련에서 보복을 당하는 경우가 있더라도, 그러한 것을 마다할 만한 정도는 넘는 것이다. 그러므로 기술자적 근성이라 할지라도 적어도 8천 년 이전에 주어진 부정될 수 없는 역사적인 진리를 찾아 헤매는 것은 정통적인 희열이 있는 것이다.

이들은 석연釋然을 뚫어 초연超然함으로써 얻어진다.

참을 지향한 얼의 목적이 결과적으로는 악惡 지향적인 것이 되어버리는 이유는 경쟁이라는 매개체 때문이다. 그 경쟁은 참을 지향하는 성실성이 결핍된 데서 오는 것이다. 타자他者와의 경쟁 가운데는 인류적인 것을 경유하면서 최고의 Logos의 Algo를 지향하는 것과 더불어, 과정의 사기+氣평가도 결과에 고려해야 한다. Algo의 지향력이 약화되고 지배·피지배를 결과하는 탐욕성을 강조하게 되면 그러한 자기반성이 방임되어 버린다. 그래서 철없는 낙관론의 결과로써 얻어지는 벌을 당하게 되는 경우가 대부분이다.

이러한 것이 만연한 나라에서는 그 미래가 어두워진다. 그래서 대체로 Algo 지향적인 일을 양적으로 많이 거듭하는 나라가 인류를 위해 그 나라를 깨우쳐 주기도 하고 그 나라를 다스리게 되는 경우가 있기 마련이다. 그러나 이러한 경우에는 Logos 지향적인 가치와 평가가 사회적으로 극도로 높아지기 때문에 오히려 그것이 그 나라나 인류를, 비록 충분하지 않은 Logos의 양量을 가지고 있는 나라까지도 깨우쳐 주는 효과를 가져오는 것이다.

과거의 성현들이 한 예가 그러한 것이다. 그러므로 경쟁 앞에 섰을 때 인간은 「신과 칼과 얼」을 대하게 되는 운명하에 있는 존재인 것이다. 신神의 칼은 인간의 얼과 자기를 지구가 존속하는 한 결부시키는 것이고 때로는 추상적일 때도 있는 것이다. 그것은 악의 경쟁인 탐욕을 내포한 결과이기 때문이다.

2. 턱(Node)과 터(Field)

---

(1)

공간적으로 보면 식물, 동물, 인간이 세 가지 턱이 된다. 시간 차원의 예를 들어 인간은 아이를 잉태해서 정확하게 10개월이 되면 출산하게 된다. 만일 그렇지 못할 때는 정상이 아니어서 병원에서 특별 처리를 해야 된다. 그다음 아이가 출산한 후 23세가 되면 더 키가 자라지 않을 뿐만 아니라 정반대가 되어 서서히 늙기 시작한다.

그러므로 모태母胎 속의 아이가 10개월을 턱으로 해서 존재하는 제2차 턱Node과 1차 터Field, 23세까지의 제3차 턱까지가 제2차의 터가 되고, 그 이후 3차의 터를 넘으면 4차의 턱이 되는데, 4차의 턱을 40(혹은 60)세라 치면 23세에서 40(혹은 60)세까지가 제3차의 터인 것이다. 홀수끼리의 턱과 터, 짝수끼리의 턱과 터를 고려할 필요가 있고 또한 지그재그(rhombic, 능형菱形, 사방형斜方型)의 관계를 고려할 필요가 있다.

40(혹은 60)세부터는 스태미나stamina의 급격한 변곡점變曲點이다. 그래서 40(혹은 60)세 이상은 제4의 터로 들어가게 된다. 이것은 1년이 4계절을 뜻하는 것으로 비유될 수 있는데 과학이 발달함에 따라 DNA와 RNA의 기능을 할 수 있는 한 개발시키는 중이어서 제5의 턱이 어느 때인지는 모르지만 아무튼 영원한 것은 아니다.

그러므로 제5의 턱은 다음, 이른바 내세이고, 그리고 모태에서 수정되는 제1차의 턱 전에는 가령 남자와 여자, Active(+)와 Passive(-. Negative, Positive를 유보하고 있다), 즉 이것은 관점에 따라서 대응되는 두 가지인데 남성과 여성에 비유된다. 구체적인 예로써 남성호르몬인 안드로겐androgen과 여성호르몬인 에스트로겐estrogen을 중심으로 분산되어 있는 성분들의 체내 분산도와 농도에 따라 관점은 달리 해석된다.

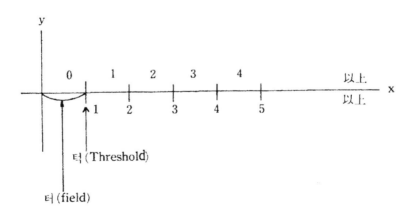

〈그림 5〉

아무튼 직감에 포착되는 것인 1차 턱을 넘기 전후의 음양의 구별도와 2차 턱을 넘었을 때의 구별도와는 판이하게 다르다. 즉 1차 턱 이전의 음양은 직감적으로 포착될 수 없다. 그러나 1차 턱을 넘으면 직감적으로 포착될 수 있다. 물론 여기서는 특수한 영감이나 특수한 과학에 의해서 판단되기 마련이다.

그러므로 직감적으로 보면 1차 턱만 하더라도 판이하게 대응되는 직감적 이변異變이 있는 것이다. 물론 더 이전의 것을 본다면 제0차의 것을 고려할 수 있는데 이것은 한층 더 나아가 말하자면 전생前生과 후생後生의 출입문(턱, Threshold, Node, 역閾)이 되어 있는 것이다.

이러한 턱과 터를 구별하여 이 전체에 대응해서 굳혀져 가는 공간적인 측면을 육체적인 장에서 고려해 보면 시간적으로 1차의 턱을 넘어 탯줄을 대하듯이 모체에서 정제된 공기와 자연물을 대하게 된다. 육체로 배태된 이후 독자적인 자연과 호흡을 하게 되기 마련이다. 자율적인 직감이 생기기에는 아직 이르다. 순수한 본능적인 차원이다. 이것이 2차, 3차로 경유하면서 태생 때의 본성을 물질적으로나 정신적으로나 정제하여 나아가게 된다. 시간적으로 제5차 턱의 입구에는 그러한 것이 없어지는 것으로 되어 있지만 0차 이전, 제5차 이후의 턱에 이르기까지 무한대無限大, 무한소無限小를 경유하여 포괄되는 물질의 장에서 육감肉感과 심감心感과 영감靈感이 교차하게 된다.

공간의 제1차 턱을 육감肉感으로 치자면 안, 이, 비, 설, 신, 오감으로써 직접 물질과 대하게 되고 이것을 Active라 한다면 Passive는 체감인 것이다. 이것은 심감 측면과 접촉되는 의식인 것이다.

공간의 제2차의 턱은 심감心感이다. 심감이 육감과의 직접적인 관계에서 DNA, RNA, 시냅스synapse, 뉴런neuron, 뇌파(심파)와 관계되는 생리적인 교류의 장, 즉 신경이 있고 Passive-Active 측면에서 영감과의 관계되는 정신이 있다. 이 정신은 Positive, 지知, 정情, 의意(칸트. Kant설)가 있고, Active-Passive의 3I(Inspiration, Illumination, Imagination)가 있다.

공간의 제3차의 턱은 영감靈感이다. 이 영감의 Positive 차원에는 예감豫感이 있는데 이것은 심감 측면에서의 것이라 보면 또 초영超靈과의 관계가 있는 초영감超靈感이 있는데 이것은 하나님의 신감神感이라고 할 수 있다. 이 전체는 시간·공간이 일치하는 출발점이 유전적으로 다져온 것, 즉 개체발생은 계통발생을 되풀이한다는 입장에서 보면 배태하기 이전의 1차의 턱 성질과 사후死後의 5차의 턱 이후의 성질이 접근하는 것이 강조되어 온 인간 생명 특유의 유전성이 있다. 이것이 최후의 물질과 관계된 생활이 구속되는 한계점이다(<그림 1> 참조).

이 삼태극三太極은 하늘과 땅 사이의 1차원의 터, 3차원의 터, 5차원의 터로 결합하여 석연釋然해 나가는 것이 유익하다. 이러한 모든 사실들은 사람이 0차원에서 5차원 사이의 과정에서 희로애락喜怒哀樂을 느끼고 그 사이에서 체험(실험)하고 깨달(이론)는 과정에서 충분히 느낄 수 있는 것이다. 사람은 그러한 사이에서 죽고 싶다, 살고 싶다, 모르겠다 사이를 누비면서 떳떳하고 흐뭇하고 그윽한 자기의 삶을 살아가는 과정이다.

리미트limit상의 Active와 Passive의 간격 - 현격懸隔이다. 그러므로 이것은 0차원과 5차원을 넘는 곳에서 영향을 받는다는 조건을 가진 장$_{field}$이다. 이 영향을 주는 자와 교류하는 자, 그것은 직접적으로 영감의 장에서 다루게 되고 수학적 의미로써 간접적으로 유도되어 작용하는 차원은 심감을 경유한 육감을 통해서이다. 즉 하늘을 가정한다면 하늘은 역사와 시대와 인류와 자연을 도구로 직접적으로뿐 아니라 간접적으로 섭리하기도 한다.

지금까지의 것을 우연적인 입장에서 말한다면 파동으로 설명하는 것이 편리하다. 하기야 물결도 입자적 에너지하에서 이는 것이라고 보이지만 중첩重疊이라는 용어로 합리화된다. 그런데 이 파동 중에 단파와 장파만을 취급하여, 시간적으로 0차원과 5차원 사이의 이유 있는 평균치의 뜻으로 해석하면 이 평균치는 0차원에서 5차원까지로 통하지만 0차원에서 5차원까지의 공간적 감각, 즉 거기에 끼어 있는 5-2=3, 즉 육감과 심감과 영감의 파동이 평균장平均場으로 서로가 공명, 다시 말하면 시간과 공간 사이의 에르고드$_{Ergod}$함수의 범주에 있는 것이다.

이 장場 안에는 다음 말하는바 얼을 상징하여 표현할 수 있다. 비유컨대 중성자와 양성자와 음자(陰子: 저자 가정) 사이를 5차원적인 속도로 드나드는 얼이 있다. 이 얼의 활동에 인간의 행동이 접근하는 것은 역사적 시대, 인류적 대중과 공명되는 최대한의 호흡이 되는 것이다.

그러므로 이것을 Perceptron이라는 개념으로 고려해 보면 Perceptron은 육감, 심감, 영감의 장파를 중파로, 또 중파를 단파로, 창조적인 가정상의 천天의 의지를 가정하는 상에서 보면 0차에서 5차원의 평균치 감각으로 초단파로 접근하는 external return을 하는 과정에서 우연적으로 포착되는 자연과 인류의 움직임에 대해서 장파는 중파로, 중파는 단파로 이끌게 된다(<그림 1, 2> 참고).

이상의 것을 정보과학적으로 관찰하면 Perturbation, Reverberation 그리고 초자연적인 초단파의 접근에 따른 중첩重疊에서 공명되어 발생되는 Echolocation을 통해 다시 이것은 Reverberation, Perturbation 에 접근하게 된다.

턱이나 새로운 장벽을 뚫어나는 Perturbation, Reverberation이 공명된 Echolocation을 바탕으로 역학을 비유해서 말하면 스칼라scalar, 벡터vector, 텐서tensor의 힘의 과정이 원점을 지향함으로써 턱이나 새로운 장벽을 뚫어나는 것이 되는 셈이다.

Reverberation을 통과한 것은 중첩과정을 거쳐 Echolocation 내에서 다시 외생과의 Echolocation으로 발전한다. 그러므로 극과 극에는 Echolocation이 존재한다. 사람으로 치면 중첩장重疊場의 매개체가 얼이다. 중첩장에는 평면적인 승수乘數작용을 하는 것과 가감加減작용을 하는 것, 입체적 지수指數작용을 하는 것이 있다. 예를 들면 동물이나 식물의 세계가 승수적이고 미생물이 가감작용을 하고 인간의 세계가 지수작용을 한다. 이러한 세 가지 작용이 에르고드Ergod이고 중첩의 영향을 받는다.

지금부터 수십억 년 전의 사람은 무색無色이라고 하자. 일찍이 우랄산맥에서 남하하여 열대지방으로 간 사람은 햇볕에 쪼여 피부에 멜라닌이 쌓여갔고 또 적자생존을 위한 환경적 영향에 작용하며 또 작용을 받으며 체력이나 몸 크기도 각각 달라졌다는 것을 진화론적으로 설명할 수 있다. 그렇게 시간적으로 보면 열대지방의 흑색, 아열대지방의 황색, 그리고 가장 뒤에 남하한 종족 중에 백색이 존재한 것이고 지역에 따라서 공간적으로 체력도 여러 단계로 나뉘어

진화하여 온 것이다.

그러나 최근에 와서 성현聖賢들이 배출되는 지역이 대체로 아열대 지방이며 거의 황색 내지는 중황색中黃色의 인종이었다는 점은 적정 온도와 적정 환경에서 생활했기 때문이 아니겠는가 추정된다. 더욱 이 물질문명이 발생할 때부터 이상한 것은 백색, 황색, 흑색 계열이 같은 학습과 실험결과를 비교해 볼 때 그 창조성이나 연구개발성이 거의 동일하다는 것이다. 시간과 공간이 아무리 뒤바뀌고 피부색이나 몸체와 체력과 성격마저 달라진다고 하더라도 심성의 근저根底와 대뇌피질의 근저는 완전히 동일하다는 결론은 현대 과학을 비웃는 것이 된다.

이러한 사실은 논리적으로나 공학적으로 증명할 수 없다. 이런 의미에서 현대 과학에 지나치게 편집偏執한다는 것은 역사적 시대와 지역의 인류들에게 근시적이고 편협된 편집을 하는 것이고 넓고 깊은 것이 내포하고 있다는 것을 부정하고 스스로 파멸을 불러일으키는 원인이 되기도 한다.

동물은 유전을 아무리 거듭하더라도 대뇌피질이 쌓여가거나 균형감각이 튼튼해지지는 않는다. 그러므로 동물은 수십억 년 이전의 것이나 이후의 것이나 그 뇌의 운동이 상수常數라고 한다면 인간의 심성과 뇌성腦性은 그의 지수指數를 고정시켜 움직여지는 이른바 로가리듬Logarithm으로 연역되는 존재인 것이다. 다시 말해 동물은 산술적인 존재이고 사람은 로가리듬에 의해서 움직여지는 지수의 조건, 즉 인간의 상징적인 가치를 조건으로 한 원리적인 값을 갖는다.

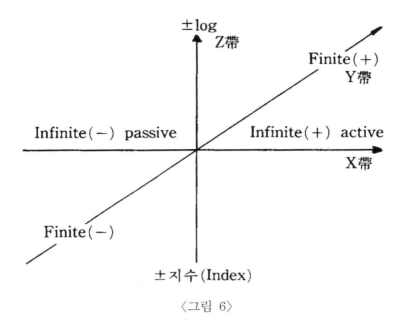

<그림 6>

　단, 이 로가리듬은 1차 턱, 3차 턱(홀수)과 0, 2, 4차 턱(짝수), 홀수열과 짝수열이 Active, Passive로 작용하면서 동적, 정적으로 움직이는 로가리듬적인 운동을 하는 셈이 된다. 그럼으로써 지수를 조건으로 한다 하더라도 승수를 조건으로 한 인간의 저력은 인구가 증대하고 인구의 유입이 증가하는 사이에서 최대의 고유능력을 발휘하며 살아가는 것이다.

　여기에서 참다운 창조성의 기준을 수학적으로 말하면 갖가지 행동의 변환 가운데서도 지수를 조건으로 한 시간과 공간의 Algo적인 장을 내포하는 것이다. 그럼으로써 중첩에서 공명된 Echolocation이 다시 중첩과정을 거쳐 공명되어 Echolocation이 됨으로써 Active와

Passive로 교체되어서 발전되는 것이 인간 생명의 특징이다.

이것을 원자의 전자궤도에 비유하면 처음에는 천위전자transition electron가 퇴축degeneration되어 가는 external return이고, 그다음에는 천위전자에 들어가는 internal return이다.

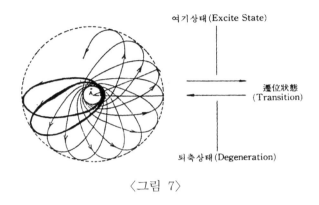

여기상태(Excite State)

遷位狀態
(Transition)

퇴축상태(Degeneration)

〈그림 7〉

기초적인 전자궤도를 표준으로 삼아 말하면 궤도를 도는 전자가 보다 높은 단위의 전위에 뛰어올라서 돌 때도 있고 혹은 높은 전위의 궤도에서 떨어져서 낮은 궤도의 전위의 궤도로 돌 때가 있다. 이러한 현상을 턱Node으로 비유해 보면 0차의 턱, 제1차의 턱, 제2차의 턱… 이러한 순서로 되어 있지만 때때로 0차에서 2차로 도약하는 것도 있고 3차에서 2차로 퇴축할 때도 있다는 것이다.

이것은 단파와 장파가 직선으로, 즉 연속적으로 에너지 레벨이 구성되어 있는 것이 아니라, 불연속적인 마디를 뛰어올랐다 떨어졌다 하는 것을 말한다. 마찬가지로 전술한바 각각의 턱은 경우에 따라 실질 변동을 할 때도 있다. 그렇게 해서 평준한 물방울이 에너지 차이가 뚜렷한 것으로 보이는 무지개가 되는 수도 있다. 번개의 경우도 같다. 번개의 전압이 평준한데도 미묘한 레벨의 턱 때문에 rhombic(능형菱形, 사방형斜方型: 전자나 방사능 붕괴과정의 경우 이러한 과정을 겪는 것도 있다)이 발생하기도 한다.

이것은 장구한 시간으로 비유하면 서서히 일어나는 원자의 융합fission과 분열fusion, 즉 동위원소isotope가 하는 현상이다. 그러므로 이러한 현상을 통해 하늘과 자연 사이의 인간 행동과 그 결과적인 능률을 위해 인간에게는 얼의 과정과 그의 행동이 얼마나 귀중한가 하는 것을 초단파적인 개념으로 이해할 수 있다. 그것이 천天의 Logos에 따르는 인간의 Algo가 얼마나 엄밀하게 얽혀 있는 것인가를 상상하고도 남음이 있게 한다.

그런 의미에서 얼의 초단파를 고려하면 장파의 행동이동은 창조성이라기보다는 사회적으로 말해 변혁에 해당되고 이와 대응하여 초단파의 얼을 지향하는 행동이라는 것은 수학적 탐구까지 포함하여 창조적이라는 것을 알게 된다.

진정한 의미의 혁명revolution, 혁신innovation이란 실제적으로는 방향감각이 문제이다. 이것은 얼의 본성을 가진 인간의 이기적인 행동은 오히려 천진한 창조성을 낳기도 한다는 것을 뜻한다.

사람의 참다운 이기주의가 현자적인 것에 해당되는 것이라면 성인聖人은 현자賢者로서도 접근할 수 없는 0차원이나 5차원에의 턱에서 행동하고 말하는 초단파적인 존재인 것이다. 얼은 그런 의미로서 중간자적인 매개체인 것이다.

그러므로 "誠者天之道성자천지도, 誠之者人之道성지자인지도"라는 중용의 글귀는, '誠(言 → 成)은 Logos(말씀)를 일구는 천天의 섭리攝理의 길

道이고, **Logos**에 이르는 **Algo**를 찾아 행하는 것이 사람의 길이다'라고 해석하면 편리하다.

0차원과 5차원 사이에 존재하는 시간과 공간의 턱과 장을 Active한 '큰 터'라고 하고 여기에 대응해서 보는 관점에 따라 5차원의 차원을 넘어 무한차원일지는 모르는 것에서 0차원에 이르는 Passive의 큰 터가 있다면, Active 큰 터와 Passive 큰 터 사이에서 이루어가는 큰 창조 사이에는 초차원超次元의 입체적 파동이 누비고 있다.

이것은 운명이라고 받아들여지기도 하고 직접 육감, 심감, 영감으로써 인식되고 느껴지기도 하는 것이다. 우리는 이러한 차원의 것을 사회질서의 과정적인 방법상 부정하려고 애쓴다. 가령 비근한 예로 꿈의 해석과 같은 것도 이질적인 역사와 공간 사이에서도 암암리에 인정되고 있는 것으로 관련 데이터도 무수히 많다.

마찬가지로 운명의 감정鑑定에 사용되는 수학도 투입되는 데이터에 따라 실험물리학적인 현상으로도 나타난다. 상대성이론의 광속도라는 것도 실제로 일곱 자릿수 이상이 운명감정에도 사용될 뿐만 아니라 화학약품 배합에도 사용되고 또 초단파에 접근해 가는 벡터로도 이용된다.

위험한 것은 근원적인 유도함수체誘導函數體를 모르기 때문에 막대한 수십 년의 세월과 막대한 비용과 노력을 기울여 측정한 결과라고 하여 그 외의 것을 원칙적으로 부정해서는 안 된다. 부정하려면 그것은 부정할 만한 역사적·시대적 증명이 있어야 한다.

어떤 실험치를 근거로 세운 모델도 시대에 따라 때로는 정반대일 수 있다. 절대성이라고 하는 역할이 무너질 줄이야 상상 밖의 것이었다. 이것보다 더 앞서 토마스 아퀴나스Thomas Aquinas적 중세의 물질관이 산소도 부정했을 뿐만 아니라 모든 우주가 예루살렘을 중심으로 순환하고 있다고 한 것은 지금에 와서 보면 아퀴나스가 신을 예속화시킨 것이 된다.

가령 물리학에 있어서 중력가속도와 전자파 이론에 4π를 활용하여서 표준치를 설정하는 것, 정보과학에 있어서 뇌파활동의 표준치를 설정하는 것, 그 뒤에 새로운 현실적 신뢰도가 높은 표준치 설정의 개척에 유익한 로가리듬Logarithm의 밑, 즉 네이피어Napier e: 2.718281828를 기호 σ : 2.718248591(저자 발견: 유도함수로부터 도출된 수치)로 바꾼다든가 하는 것들은 수치 차이는 지극히 적지만 활용도구로써의 표준지수의 가치는 훨씬 높다. 그럼으로써 이러한 현실적인 체계의 모델들의 개척은 불필요한 시간과 비용을 절감하는 것이 된다.

Logos의 Algo를 찾아 창조적 자기 혁명을 찾는 가운데서는 종속적으로 발생되는 것이 내킴(사기+氣)인 것이다. 그렇지 않은 사기진작의 방법은 결과적으로는 역효과를 가져오게 된다. 어떤 나라든 극소수의 사람이 그러한 동기를 일으킬 수 있다면 말초적인 것에서 동기動機; +氣를 진작시키다가 지친 나라에서 더 가능성이 농후하다. 더욱이 피압박을 거듭한 나라에서는 그 가능성이 높다. 이렇게 해서 살아 있는 얼로써 하는 작업 자체가 스스로 작업자의 오락이 되는 것이며 또한 그 비용은 기업이 부담하게 되고 그 가운데 산업이 건전하게 커가는 이러한 역설적인 희열도 된다. 지난날의 현자들이나 발명가들과 여러 개척자들은 나름대로 희열喜悅이 가득했다.

그러므로 Logos의 Algo를 따르는 작업은 미래를 향한 변곡점變曲

點에 서 있다. 극단적 이기주의이고 남이 보기에는 땀 흘려 고생하는 것이지만 자신은 기쁨의 희열인 것이다. 그래서 그의 희열은 오히려 세상을 키우는 것이 되고 그의 대가도 있다.

그래서 사람 자체는 5차원 이상의 초Active한 존재이지만 사실은 초Passive의 세계와 인간의 Active의 세계를 창조한 존재가 아니고 피조被造되어 서식하는 존재이다. 다시 말해서 초Active한 세계와 초Passive로 분열된 자기 이기로써(분열된 자기 공상, 자기 신념) 피조된 현실에 던져져(피투성被投性 Geworfenheit) 서식하고 있는 자아를 망각한다. 그래서 찰나와 말초감각적 조직을 위해 선과 악의 판단을 조작하며 군림하려 하고 진리에 이끌리며 희열에 사는 사람을 간접적으로 제거하게 된다.

그러면서 비본래非本來적인 자아가 충만되면 그 내면적 허무와 공허의 자기 부조리를 은폐시키기 위해 카리스마적인 정당성을 내세울 수밖에 없는 처지에 놓이게 된다. 자칫 모든 학문의 탐구도 진리의 것이 아니고 쾌감과 계층의 편승을 위한 결과가 된다.

인간의 편에서 본 양陽의 우주(Active)와 음陰의 우주(Passive)에는 그러한 내용이 짐작되는 극대와 극소의 힘이 작용하고 그의 시녀로써 운명도 다스려지고 있다. 이것을 깨우치는 Logos의 Algo의 작업은 그럴수록 가중되어야 할 핵核이 필요하게 된다. 음과 양의 우주에는 상賞과 벌罰에 가까운 것도 짐작하는 사람이 있다. 정통의 얼을 가진 궁극의 민족에게는 Algo를 찾아가는 희열에 넘치는 것이 유익하다. 이것은 그 나라와 인류를 위해서도 그렇다.

운명과 같이 받아들여지는 초연超然의 섭리攝理가 현실을 풀어나가는 데 석연치 못해 Logos의 Algo가 헝클어져 장벽이 되었을 때는 시간적 역사의 흐름이라고 볼 수 있는 것이다. 공간적으로 인류의 현실에서는 사람들이 자연을 뚫어가는 석연釋然이 미흡해서 방황하게 된다. 그래서 찰나적이고 단차원에 머물러 허덕이게 된다. 이럴 경우 최소한 생리적으로 주어진 1차원에서 5차원의 Active한 구조마저도 헝클어져 드디어 궁지에 몰려 석연을 포기한 찰나적인 것이 만연해 갈 뿐이다. 궁窮 즉 통通, 궁하면 통한다는 말처럼 Passive한 입장에서 보면 통하려면 궁해야 한다는 역설적인 얘기도 된다.

그러나 Active든지 Passive든지 간에 궁지에 빠지게 된 자체가 위험한 에포크Epoch를 맞이하게 된다. 이러한 에포크(Node, Threshold)를 투관透貫 penetration하는 과정에는 새로운 역사의 전개를 위한 극소수의 석연한 자가 가냘픈 등불을 켜게 된다. 에포크의 앞에 머무는 것은 거의 눈이 어두워진 상태이다. 즉 심감과 영감이 어두워 육감만이 있을 따름이다. 이것은 자연과 초자연, 우주와 초우주에 생동을 유지하는 것, 마치 바다로 비유하면 해일만이 존재하는 것이 아니라 급기야는 파동은 정상을 이루기 마련인 것과 같다.

그러므로 Active한 현실에서 Logos의 Algo와 연결되는 자연현실의 석연역釋然閾 Node은 급기야 그런 난파를 뚫어나 새로운 정상파定常波에로 조용해진다. 이것은 시간적이고 역사적인 에포크뿐만 아니라 당대의 지역적인 개방화 물결 속의 갈등의 턱이 동시에 해결되어 가는 시간과 공간에 일치점으로 중첩重疊된다. 그래서 새로운 의義의 빛을 발한다.

이러한 과정에서 1, 2차원에 집착하여 심감, 영감이 마비된 상태의 사람들을 보기에는 자승자박自繩自縛인 양 참혹을 면치 못할 경우가 있다. 이러한 희생 위에서도 원래적인 초음양超陰陽의 정상은 회복되기 마련인 것이다. 이것이 곧 '항상스러운 도$_{道}$'이고 '항상스러운 명$_{名}$'이라고 일컬어지고 있다. 즉 사람 차원에서 볼 때 통하려면 궁해야 한다는 것이 되어버리고 만다.

예컨대 홍수의 경우, 우리나라에서 보더라도 신라시대 때까지는 100년에 한 번 정도 홍수가 났다고 한다. 고려시대 때는 10년에 한 번씩, 조선시대 때는 1년에 한 번씩, 오늘날에는 1년에 여러 번 홍수를 막기에 많은 희생을 치르고 있다. 이것은 원시림을 개척하며 문화의 창달을 기여한다는 과정에서 숲을 지나치게 희생시킨 대가라고 볼 수 있다.

또 하나의 상징을 보면 사람을 해치는 천적$_{天敵}$을 없애기 위해 개발한 많은 약품이 오히려 천적보다 더한 스스로의 해를 가져왔기 때문에 오늘날은 숲을 기르고자 하고 천적을 되살리려고 하고 사람도 원시림 속의 자연식을 찾아 건강을 되살리려 한다. 그러나 파괴되어 가는 숲으로 인해 발생하는 양분과 산소의 양이 날로 부족해져 가고 있다. 빙하시대 이래 이와 같은 식으로 수십억 년이라 일컬어지고 있는 역사가 자연에 의한 회복, 인간에 의한 파괴 등을 되풀이하고 있다. 즉 인간이 파괴시켜도 초자연계의 힘은 인간을 다시 키우는 것이다.

이와 같이 산업시대의 생산성도 스스로에 의해서 스스로를 막는 것으로 유도되는 경우가 많은 것이다. 좁고 얕은 방법이 궁지에 몰리면 넓고 깊은 것의 산업이 파급되어 그를 구출해 온 것처럼 앞으로의 국제산업의 와동$_{渦動}$ perturbation, disturbance도 그러할 것이다. 그러기에는 많은 희생이 치러진다. 때로는 간접적으로나마 실제상, 예컨대 로열티$_{royalty}$라는 조공$_{朝貢}$도 바치며 남의 나라의 원료를 팔아주면서 경륜을 쌓은 40대가 희생되는 등 암담함도 있을 수 있다. 따라서 모두가 정통의 얼을 Logos의 Algo에 공명되는 Echolocation에 따라 넓고 깊고 장구한 것으로 준비해야만 국제산업의 적성국敵性國을 만들지 않는 스스로의 기틀을 굳힐 수 있다는 것이 된다. 그럼에도 원래적 질서는 파란만장한 격랑 속을 누비며 거대한 하늘과 땅의 바이오리듬Biorhythm의 과정을 운행해 갈 것이다.

(2)

파악하고 조작操作해야 할 대상에 대해서 실험 시뮬레이션simulation으로 접근한다는 것은

첫째, 시간과 노력과 비용을 지나치게 낭비한다는 것

둘째, 성공 확률도 불확실하다는 것

셋째, 성공했다 하더라도 새로운 실험, 시뮬레이션의 능률 향상을 위해 큰 도움이 되지 않는다.

따라서 접근 방법을 바꾸어 기존의 실험치나 전래해 온 신빙성 있는 숫자, 예컨대 建經(建國理念-天符經)에 나타난 숫자들을 연결시켜 함수체函數體의 방정식을 모델화 하는 것은 이런 의미에서 효과적일 것이다.

이것은 시간, 노력, 비용을 절감한다는 것과 사전事前의 성공 가능성 및 시간, 노력, 비용을 예측할 수 있다는 것이지만 그보다 근본적인 Algo를 파악하는 과정이라는 의미를 갖는다. 넓고 깊고 장구한 근원적인 원리를 파악하고 부활시켜 창조성의 본래의 바탕을 구축하는 데 도움이 된다. 수징數徵적 차원에 있어서 초자연을 포함한 인간 심상의 바탕을 파악하고 조작함으로써 오히려 물상적 현상의

실험을 예측해 나가는 데 더 큰 도움이 된다. 또한 오랜 물상조작의 역사를 고려해 보는데도 신빙성이 있다는 것을 알게 된다.

우리나라 建經에 나타난 일시무시일(一始無始一 1.11111⋯)을 파라미터parameter로써 g 라 하고, 1.1을 q, 0.111을 Q, 오칠五七을 f, 기타 삼사三四 등(기호 및 수치 해석은 후술)의 순서로 석연釋然한 현상의 분석, 현대까지의 물리 및 심리현상 등에 나타난 여러 수치와 함수를 연결시키는 방향으로 연구해 가는 것은 유익하다. 이것을 생산작업 분석에 있어서 PTSPredetermined Time Standard에 닮게 PNSPredetermined Number Standard로 이름 붙여 전개한다. 화학반응 과정을 예를 들면 이온화 경향, 주기율표, 분자군의 분류 등에 비유된다.

예컨대 초자연적인 수가 종교에 결부되어 사용된 것 중에는 가령 샛별이라든가 3괘卦 혹은 삼위일체三位一體라 하여 무속과 결부시킨 것도 있다. 또한 7, 즉 lucky seven이라는 말도 있거니와 이른바 주역周易이라 해서 이색적인 천간지지天干地支의 조합과 우연, 필연을 결부시켜 계산하는 사주四柱라는 것도 있다.

잘 알려진 것은 정오각형 내부에 대각선을 그으면 나타나는 별표(모양)이다. 이것은 오색구름이라는 말처럼 대칭적인 다섯 가지로서 행운의 표시로 쓰기도 한다. 군사軍事에서는 무운武運의 표시로 쓰기도 하고 건축 예술 등에서는 미美의 상징으로 알려져 있다. 정오각형의 한 변과 대각선의 비율은 6180이란 숫자로 나타나고 이것은 황금분할golden section이라 일컬어져 왔다. 산업에서는 예컨대 담배의 종류에 따른 소비량을 조사한 결과 우연히도 이 6180의 배수로 배열되어 있다는 신비스러운 발견을 통해 실제 생산계획에도 사용된다. 기타 건축이나 포아송poisson분포나 베타분포의 확률을 그래프상에 담게 하여 사용하는 예도 있다.

구체적으로 황금분할을 통해 인간의 의식과 직감을 수학적으로 증명할 수 있음을 전前 논문에 게재하여 그 수가 0.6180339…라는 것을 밝힌 바 있다.[5] 이 내용을 해부해 보면 실험으로 증명된 광속도와 가까운 숫자가 나오기도 하고, 사이버네틱스Cybernetics; N. Wiener의 중심 방정식인 $4ab$가 유도되고, 나아가 베버-페히너Weber-Fechner법칙의 실험 방정식에 이 $4ab$라는 함수가 매개되어 있다는 것도 알 수 있을 것 같다.

더욱이 지수指數함수로 변형시켜 보면 깁스J. Willard Gibbs의 에르고드Ergod함수에 접근하는 라플라스Laplace 변환도 현실적으로 이해되는 것 같다. 하늘이 지배한다는 초연超然한 수로써의 $\alpha_0 = 0.6180339$가 인간의 감각의식과 물질적 대상과의 관계로써 구체적인 것, 나아가 정밀하게 현실적으로 나타나는 현상, 그리고 그것을 과학이나 생산에 이용하고 있다는 것이 현실이다. 이것은 어쩌면 자기도취적인 실험, 시뮬레이션simulation 안에 집착되어 있는 현대 과학도科學徒들에게 실제적 능률을 통해 반성케 하고 있다.

사람에 있어서 태어나기 전, 즉 나무심기 배열의 계산을 하면 0차원에서 5차원 사이에는 홀수인 제1의 턱, 제3의 턱, 제5의 턱이 있는데 다음 그림에서 Active의 경우는 움직이는 파동운동에 있어서 고찰하면 그 벡터가 짝수인 경우 첫째 0에서 1의 하, 둘째 1의 하 3의 상, 다음 1의 상에서 제5로 벡터가 그어지고, Passive의 경우는 4 이상에서 2의 하, 2의 하에서 2의 상, 그래서 0으로 빠지게

---

5) 원당 이득희 저, 즈네상스팀 편저, [誠 信·義·業] 총서 제1권,『윤리경영수압과 개방체제실험』, 한국학술정보(주), 2020, p.337.

된다.

이렇게 추상하면 DNA 구조에 있어서 m-RNA의 벡터가 아데닌, 구아닌, 시토신, 티민과 같이 지그재그(rhombic, 능형菱型, 사방형斜方型)로 작용한다고 생각할 만하다.

그래서 이것이 음과 양으로, 다시 말하면 Active와 Passive로, 동動에서 정靜으로, 정에서 동으로 비교 교체하면서 물질과 교체하는 것같이 외생과 내생 사이에서 Perturbation, Reverberation을 거쳐 중첩에 공명된 Echolocation으로 새로운 차원을 거듭한다.

나아가 $x_1(0.297156508)$을 제2의 턱으로 하여 제1의 턱을 x_p, 제2의 턱을 x_u로 상정하든지 혹은 x_p를 중심으로 x_1 턱과 x_0의 턱을 비교해서 수를 배열해 보면 그 함수의 관련된 관계를 구도할 수 있다. 그림으로 표시하면 다음과 같다.

<참고>

$x_Y = 0.1638476508$
$x_0 = 0.266044443$
$x_p = 0.28622338371$
$x_1 = 0.297156508$
$x_u = 0.5$
$\alpha_0 = 0.6180339$

(여기서 언급된 방정식, 수치, 기호 등에 관한 유도근거와 풀이는 [誠: 信・義・業] 총서 제1권, 『윤리경영수압과 개방체제실험』(원당 이득희 저, 즈네상스팀 편저, 한국학술정보(주), 2020)에 있다. 구체적인 수치실험해석은 이 책의 다음 단원 '3. 해석의 서(緖)'에서 상술한다<편저자 주>.)

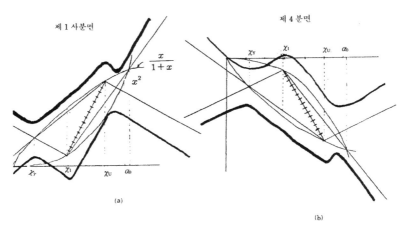

제 1 사분면

$$\frac{x}{1+x}$$

$$x^2$$

χ_Y χ_1 χ_U a_0

(a)

제 4 분면

χ_Y χ_1 χ_U a_0

(b)

윗 두 그림을 합친 모양

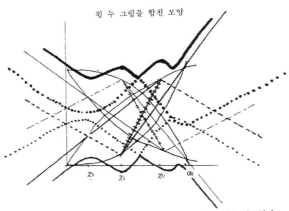

χ_Y χ_1 χ_U a_0

X축의 직선이동으로, 즉 주기의 절반만큼 이동하면, 그림은 전도된다.

(c)

〈그림 8〉

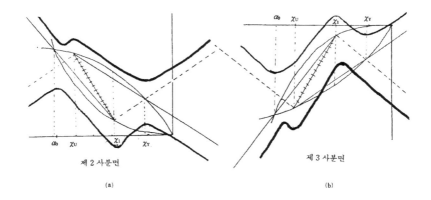

제 2 사분면

(a)

제 3 사분면

(b)

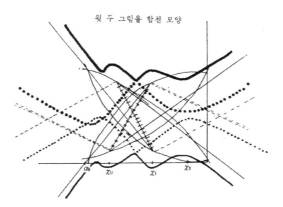

윗 두 그림을 합친 모양

X축의 직선이동으로, 주기의 절반만큼 이동하면, 그림은 전도된다.

(c)

〈그림 9〉

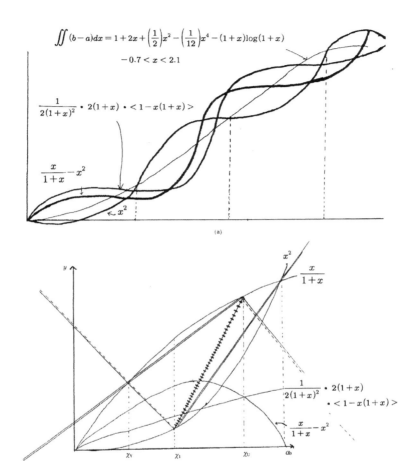

$$\iint (b-a)dx = 1 + 2x + \left(\frac{1}{2}\right)x^2 - \left(\frac{1}{12}\right)x^4 - (1+x)\log(1+x)$$

$$-0.7 < x < 2.1$$

$\dfrac{1}{2(1+x)^2} \cdot 2(1+x) \cdot < 1 - x(1+x) >$

$\dfrac{x}{1+x} - x^2$

$\swarrow x^2$

(a)

x^2

$\dfrac{x}{1+x}$

$\dfrac{1}{2(1+x)^2} \cdot 2(1+x)$

$\cdot < 1 - x(1+x) >$

$\dfrac{x}{1+x} - x^2$

x_N x_1 x_U a_0

(b)

〈그림 10〉

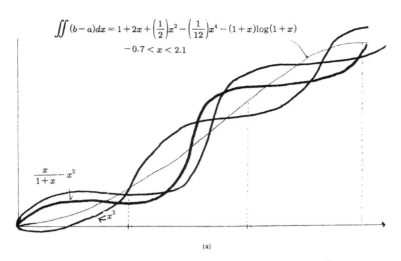

$$\iint (b-a)dx = 1 + 2x + \left(\frac{1}{2}\right)x^2 - \left(\frac{1}{12}\right)x^4 - (1+x)\log(1+x)$$

$$-0.7 < x < 2.1$$

$\frac{x}{1+x} - x^2$

x^2

(a)

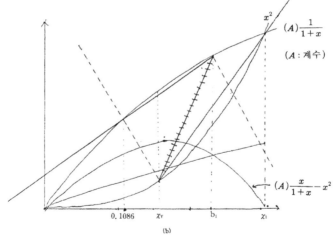

x^2

$(A)\frac{1}{1+x}$

$(A : 계수)$

$(A)\frac{x}{1+x} - x^2$

0.1086 x_Y b_1 x_1

(b)

〈그림 11〉

앞에서도 말한바 원자핵의 중성자의 기$_氣$, 양성자의 기, 앞으로 발견되리라고 가정한 '제3의 기'로 해석할 수 있는 자연과 초자연 사이의 물질 측면의 기로 비유해서 보면, 이 제3의 기를 인간의 얼에 매개활동을 하는 기로 상정할 수 있다. 제3의 기에서 그리고 시간과 공간의 기에서 얼과 작용되고 있는 자연과 초자연의 생명체를 상징할 수 있다.

이 얼은 각 나라마다 정통에 따른 특성$_{trait}$을 발생시킬 수 있는 것이지만 특히 우리나라의 경우 특유의 배달의 얼로서 특정지어진다.

스스로 '기술자'라고 불리기를 원했던 구조주의자 레비스트로스 Claude Lévi-Strauss 1908~2009는 "내 가슴의 바탕은 태양보다 더 밝다(Le jour nést pas plus pur que le fond de mon coeur)"라고 말하기도 했는데, 아마 행동하는 생활의 생명의 얼이 모든 구조를 기능화하는 원천이라는 것을 밝히려 했던 것 같다. 그는 광물구조를 조사하던 중 시베리아와 미시시피강, 또 뉴질랜드 마오마오족 등 소위 야생인종들이 몸을 치장하는 문양법$_{文樣法}$이 묘하게도 같다는 것을 보고 놀랐던 것이다.

모든 사람은 원천적인 구조를 가지고 태어나 나타나는 행동과 사고가 원천적으로 동일하고 하물며 태양보다 더 맑다는 것을 발견했다.

그래서 그는 현대인이 자칭 발전을 향한 시간성을 타고 있다는 설을 부정했다. 이것을 더 강조하기 위해 시간은 존재하지 않는다고 하여 사르트르$_{Jean-Paul\ Sartre\ 1905\sim1980}$와 논쟁한 적도 있다.

시간부정을 강조하는 예로써 이렇게 말한다. 즉 발전의 이유는 인간의 진정한 행복에 있는데 원시생활을 하고 있다고 일컬어지는

야만족 중에는 오히려 더 맑고 참된 생활을 영위하고 있는 것을 발견한 것이다. 아마 그는 이른바 선악과善惡果를 따 먹기 그 이전의 에덴동산을 고려한 것인지도 모른다.

그러나 레비스트로스는 원천에서 발생하는 인간의 순수성과 소박성뿐만 아니라 한편으로 인간의 성실한 능력의 본능도 강조함으로써 인간이 만든 현대문명의 긍정적인 측면 또한 부정하지는 않는다.

사실 시간이란 공간의 누적으로서 공간함수의 차원변동에 지나지 않는 것이다.

이렇게 보면 사람의 원천적인 얼은 인간에 의해서가 아니고 엉뚱하게 완전한 타자(他者; 창조자)로부터 생기生氣가 불어 넣어진 것이라 말할 수 있고, 이른바 선악과를 따 먹기 이전의 생활이 상징적이나마 오늘날 시스템의 원천적인 표준이 되었다는 것을 뜻한다.

그래서 단일 배달민족에게는 표상적인 유도誘導로써는 거리가 먼 그 저변에 전통적인 유전遺傳의 장場, 그 특성의 중첩장重疊場이 불변하게 존재한다는 것이다. 이것은 때로는 오늘날의 문명하에서 볼 때 시간의 원천, 공간의 원천 혹은 제3의 원천으로 보이기도 하는 것이고 소박하고 청순한 것일 수도 있다.

여기서 공명共鳴되어 드나드는 작용인 Echolocation은 이런 의미에서 중요한 역할을 하는 뜻을 지닌다. 이것은 建經에서 시간성과 공간성의 Logos와 Algo를 이용하여 시간성 등을 발생시키는 기본함수의 존재를 발전시켜 나가면 더 구체화될 것이다.

Logos의 Algo에 따른 기본 함수를 통해 상대성 이론과 정보 이론의 실험식과 실험치를 해석 전개함에 있어서, 먼저 실험 물리의 기초가 되어 있는 아인슈타인A. Einstein 1879~1955의 상대성 광속도의 유도 근거를 밝히고자 한다. 이 광속도 측정 실험 수치는 갈릴레이 G. Galilei 1564~1642로부터 시작하여 마이컬슨 - 몰리Michelson-Morley의 측정, 그 이후 오늘날까지 최장의 시간과 최대의 비용과 노력을 기울인 것이다.

<표 1>

光速-몇 가지의 정선된 측정[a]

연 도	실험자	나라 이름	방 법	속력(km/s)	불확실성 (km/s)
1600(?)	Galieo	이태리	등 불	"순간적이 아닌 것이 굉장히 빠르다."	-
1676	Romemer	프랑스	목성의 위성	214,000	-
1729	Bradley	영 국	별빛의 광행차	304,000	-
1849	Fizeau	프랑스	톱니바퀴	315,300	-
1862	Foucault	프랑스	회전거울	298,000	±500
1879	Michelson	미 국	회전거울	299,910	±50
1906	Rosa and Dorsey	미 국	$c=1/\sqrt{\varepsilon_0\mu_0}$	299,781	±10
1927	Michelson	미 국	회전거울	299,798	±4
1950	Essen	영 국	마이크로파	299,792.5	±3
1950	Bergstrand	스웨덴	지오디미터	299,793.1	±0.25
1958	Froome	영 국	마이크로파 간섭계	299,792.5	±0.1
1965	Kolibuyev	소 련	지오디미터	299,792.6	±0.06
1972	Bay et al.	미 국	$c=\lambda\nu$(레이저 광선)	299,792.462	±0.018
1973	Evenson et al.	미 국	$c=\lambda\nu$(레이저 광선)	299,792.4574	±0.0012
1974	Blaney et al.	영 국	$c=\lambda\nu$(레이저 광선)	299,792.4590	±0.0008

주[a] "Some Recent Determinations of the Velocity of Light. III"
by Joseph F. Mulligan, *American Journal of Physics*, 10월호 1976년 참조.

광속도 C의 실험, 측정 데이터와 C_p의 관계를 보면, 최근의 측정값은 $2.997924590 \times 10^8 m/sec$ 이고, 1927년 마이컬슨이 측정한 값은 $299,798 \, km/\sec$였다. **Algo** 함수에 의한 C_p의 값은 $2.997924162 \times 10^8 m/\sec$이다.

$$C = 299,792,458 = (10^8 \times C_p) - C_p \times i^4$$

다음은 정보과학의 핵이 되어온 노버트 위너의 사이버네틱스_{Cybernetics}의 실험치 **4ab**(建經에서는 **0.0809139404**, $a_u^{-1}a_1b_1$을 표준; 비선형파_{非線型波}의 특성 분석식), 이와 더불어 베버 - 페히너 _{Weber-Fechner} 실험식 $S = k\log R + C$를 검토한다. 또한 $4\pi_p$(建經 기호 $4\pi\phi \times \varPhi = 1/a_p \times b_p$ $(1/Q_u \times Q_ub_1/Q_ub_p \times 1/b_1) = 54.85310435$), 중력가속도 **980dyne** $(0.098061738 \times 10^4 = G_p)$, 기타 시간 표준으로써 **T(5.999729984)**와 같이 이미 증명된 실험치를 해부하면서 建經의 질서에 접근한다.

3. 해석의 서

해석解析의 서緒

유有 · 무한無限과 턱threshold 터(장場)
유有 · 무無에는 A유有 P유有 A무無 P무無
턱·터에는 A턱 P턱 A터 P터

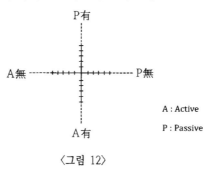

〈그림 12〉

유有는 A에서 P에로 턱 · 터가 펼쳐져 있다.
무無도 A에서 P에로 턱 · 터가 펼쳐져 있다.

<부가>

1. 그리고 각 A와 P사이에는 feedback 계系의 교류가 존재한다.

有A ⇌ 有P　　　無A ⇌ 無P

有A・P, 無A・P를 변으로 한 큰 터와 턱을 고려한다.

유한의 끝을 $\sigma = 2.718248591$

$$\frac{e = 2.718281828}{\sigma = 2.718248591} = 1.000012228^{-1} = 0.999987772 = \tau^{1.091688582}$$

2. 그리고 각 ㅅ과 ㄱ사이에도 feedback 계系의 교류가 존재한다. ㅅ에도 "+", "-", ㄱ에도 "+", "-"가 있다. 여기서도 ㅅ과 ㄱ사이의 중심을 ㅁ으로 잡는다. 이 경우 ㄱ에서 ㅅ은 지수指數관계, 수렴과정 (index number)이고, ㅅ에서 ㄱ은 로그log 관계, 발산과정(log number) 이다.

발산과정, log number

log 관계

지수 관계

수렴과정, index number

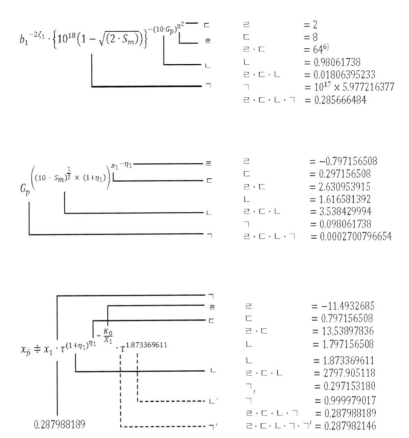

$$b_1^{-2\zeta_1} \cdot \left\{ 10^{18} \left(1 - \sqrt{(2 \cdot S_m)} \right) \right\}^{-(10 \cdot G_p)^{8^2}}$$

ㄹ	=	2
ㄷ	=	8
ㄹ · ㄷ	=	64[6]
ㄴ	=	0.98061738
ㄹ · ㄷ · ㄴ	=	0.01806395233
ㄱ	=	$10^{17} \times 5.977216377$
ㄹ · ㄷ · ㄴ · ㄱ	=	0.285666484

$$G_p^{\left((10 \cdot S_m)^{\frac{1}{2}} \times (1+\eta_1) \right)^{x_1^{-\eta_1}}}$$

ㄹ	=	−0.797156508
ㄷ	=	0.297156508
ㄹ · ㄷ	=	2.630953915
ㄴ	=	1.616581392
ㄹ · ㄷ · ㄴ	=	3.538429994
ㄱ	=	0.098061738
ㄹ · ㄷ · ㄴ · ㄱ	=	0.0002700796654

$$x_{\tilde{p}} \doteqdot x_1 \cdot \tau^{(1+\eta_1)^{\eta_1}} \cdot \tau^{-\frac{K_0}{X_1}^{1.873369611}}$$

0.287988189

ㄹ	=	−11.4932685
ㄷ	=	0.797156508
ㄹ · ㄷ	=	13.53897836
ㄴ	=	1.797156508
ㄴ	=	1.873369611
ㄹ · ㄷ · ㄴ	=	2797.905118
ㄱ'	=	0.297153180
ㄱ	=	0.999979017
ㄹ · ㄷ · ㄴ · ㄱ	=	0.287988189
ㄹ · ㄷ · ㄴ · ㄱ · ㄱ'	=	0.287982146

---

6) 라스웰(H.D.Lasswell)은 사회 내에서 세력의 종류를 8개 군으로 분류했다. 세력의 여러 형태를 $8^2 = 64 = (4^3) = (2^6)$ 즉, $8^2 = 64$의 범주로 분류 정리했다.(4^3은 중요한 것이다.)

1) $\dfrac{m}{m_0} = \sqrt{\dfrac{1}{1-\left(\frac{v}{c}\right)^2}}$

$$m_0 = 0.942727406$$
$$m = 2.826225271$$
$$C_p = 2.9979241625$$
$$E_p = 25.40083892$$

2) A: $\left[\dfrac{m}{m_0}\right]^2 = \dfrac{1}{1-\left(\frac{v}{c}\right)^2}$

$$\dfrac{\dfrac{(2.826225271)^2}{C_p{}^2}}{1-\dfrac{(2.826225271)^2}{C_p{}^2}} = (2.826225271)^2$$

B: $\dfrac{1}{1-\dfrac{(2.826225271)^2}{C_p{}^2}} = 8.987549332 = (2.997924171)^2$

$m_0 = \sqrt{0.888734963} = 0.942727406$

$m = 2.826225271$

C: $E_p = mC_p{}^2$

$= (2.826225271) \cdot (2.9979241625)^2 = 25.40083892$

$= (5.039924495)^2$

$= 10 \cdot (1 + 2 \cdot 0.296882032)^2 = 10 \cdot (1.593764065)^2$

$\qquad\qquad\qquad\qquad\quad \dfrac{}{} = \dfrac{1 - 0.385458497}{0.385458497}$

$S_m = 0.0809139404621088 = (a_1 + b_1)^2 - (a_1 - b_1)^2$

$x_1 = 0.29715650817742436$

$\zeta_1 = 0.729083003 = 1 - \{x_1(1 - x_1{}^2)\}$

$\eta_1 = 0.797156508 = x_1 + x_1(1 + x_1)^2$

$X_1 = 0.1407810126 = b_1 - a_1$

$G_p = 0.098061738$

$K_0 = 1.6180339887 = a_0{}^{-1}$

$\tau = 0.999988799$

$$1 - a_1/b_1$$

$$\uparrow$$

$$\frac{1 - 0.385458497}{0.385458497} = \frac{b_1 - a_1}{a_1} = \frac{b_1}{a_1} - 1$$

$$\downarrow$$

$$a_1/b_1$$

$$= \frac{C_p}{\alpha_0 - 0.5} = 25.39882104 = E_p = mC_p{}^2$$

$$0.1180339 = \alpha_0 - 0.499927592$$

$$\longrightarrow = 0.5 - (13810.62866)^{-1}$$

- $$\frac{C_p}{[(20 \times 4a_1b_1)^{-1} - 0.5]} = 25.41895725$$

- $$\frac{25.41895725}{2.997924163} = 8.478852654 \left(역 : 0.117940485\right)$$

- $$\sqrt{\frac{3}{(25.40083892)^2}} = 0.068188724 = x_1b_1$$

$$\longrightarrow = e^{3.234782201} = e^{1/0.309139823} = e^{2/0.618279647}$$

참고) $\dfrac{1.618279647}{2} = 0.809139823 = 10 \times 4a_1b_1{}^-$

$$\longrightarrow \left(역\right) 1.235880341 = 1.1 + 0.135880341$$

- $(7.236)^{-1} = 0.138197899$

- $\dfrac{\alpha_0{}^3}{1 - \alpha_0{}^3} = 0.309016819(역 : 3.236069806)$

$\bullet \ \dfrac{1}{4a_1 b_1} = 12.35880971$

$a_0 = 0.07077964565$

$1 + x_0 = 1.26604444 \Rightarrow \sqrt{(1 + x_0)} = 1.125186404$

$\dfrac{\alpha_0 - x_1}{(0.08091394047)^2} = (7.000777344)^2 = 49.01088342$

$\dfrac{\alpha_0 - x_1}{(0.5K_0)^2} = 0.700183666^2 = 0.490257166$

$\dfrac{(\alpha_0 - x_1) \times 2.236068}{2} = 0.35875193 = \dfrac{\alpha_0 - x_1}{\sqrt{0.8}} \ (\text{역}: 2.78744145)$

$\dfrac{a_p}{2b_p} = 0.184073604 = \alpha_0 x_1 = 0.183652822$

$\dfrac{\frac{2}{2.236060}}{(\alpha_0 - x_1)^2} = \dfrac{2}{(\alpha_0 - x_1) \times 2.236060} = 0.35875065^{-1} = 2.787451396$

$\dfrac{1}{(\alpha_0 - x_1)^2} = 9.712287299$

$x_p = (\alpha_0 - x_1)\sqrt{\emptyset} = 0.403280582$

$\qquad\qquad \longrightarrow (0.4008)^{-\frac{1}{4}} = 1.256805498$

$$\dfrac{a_u b_1}{a_p b_p} = 3.141477417 = \pi_p$$

$$\qquad\qquad \ulcorner\!\!\rightarrow b_x \doteqdot X_1$$

$$\left(10^7 \cdot C_p\right)^{-0.14097295} = a_1$$

$$\qquad\qquad\qquad \ulcorner\!\!\rightarrow (-0.59382)^4$$

$$\left(10^8 \cdot C_p\right)^{-0.12434255} = a_1$$

$$\left[\frac{1}{(25.4008-1)}-1\right]^8 = 0.715506121$$

$$(1-0.715506121)^2 = 0.080936767$$

$$\frac{2C_p}{\alpha_0{}^3} = 25.39882106$$

$$\frac{2}{25.4\cdot\sqrt{0.111265}} = 0.236049263$$

$$3\cdot 25.40083892^{-2} = 0.068188724^2 = x_1 b_1$$

$$\frac{2}{25.40083892} = 0.078737556 = 0.280606766^2 \doteqdot x_p$$

$$\sqrt{0.8}\cdot(\alpha_0-x_1)\cdot 0.8823698^{\frac{1}{2}} = 0.269593583$$

$$K_0 = \frac{2.236028}{1.3819} = 1.61808235$$

$$(\alpha_0-0.5)^{-(1+x_{\hat{p}})^{10x_Y}} = 25.40083892$$

$$x_{\hat{p}} = 0.287982146$$

$$\left(1+x_{\hat{p}}\right)^{10x_Y} = 1.513856449$$

$$x_{\hat{p}} = x_p \cdot 1.006144719$$

$$x_{\hat{p}} = x_1 \cdot 0.969126161$$

3-1 4ab 방정식을 통한 인간행동의 기본표준모델 설정

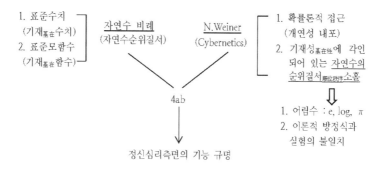

(인간행동의 기본표준(모델) 설정)

〈자연수의 비례관계로부터 $a, b, 4ab$ 방정식의 유도〉[7]

자연수 $1, 2, 3 \cdots n-1, n, n+1 \cdots$ 에서 인접한 두 수간의 연속비례를 상향 혹은 하향으로 취할 때 그 비례계수는 일정하지 않고 자연수 n의 함수로서 표현될 수 있다. 상향비례간의 관계를 k라는 계수로 파악하면,

$$\frac{n}{n-1} = k\frac{n+1}{n} \quad -------------------(1)$$

$$k = \frac{n^2}{n^2-1} = 1 + \frac{1}{n^2-1} \quad ----------------(2)$$

이 되고, 이를 다시 $\frac{k}{k-1} = n^2$이라는 형태로 변형시킬 수 있다. 여기서 k와 n을 동일 수직선상의 변수로 생각하여 x로 치환하면

$$\frac{x}{x-1} = x^2 \quad ----------------------------(3)$$

---

7) 원당 이득희저(즈네상스팀 편저), 윤리경영수압과 개방체제실험 - [誠 : 信·義·業]총서 제1권, 한국학술정보㈜, 2020, pp.334-339.(편저자 주)

이라는 식으로 표현할 수 있고, 등호의 양변을 y_0, y_1으로 놓고, 각각 x의 함수로 생각하면,

$$y_1 = \frac{x}{x-1} = 1 - \frac{1}{1-x}$$

$$y_0 = x^2$$

이 된다. 이를 그래프화 하면 〈그림 13〉으로 나타낼 수 있으며, y축에 대해 대칭 이동시키면 $y_2 = \frac{x}{1-x}$로 나타낼 수 있다. 이때 y_2 와 y_1은 $1 - \frac{1}{1 \pm x}$의 관계로 대응되는 방정식이다.

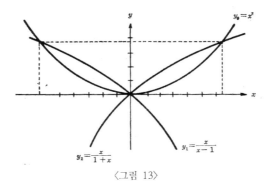

〈그림 13〉

이제 제 1 상한에서 y_0와 y_2방정식을 각각 $y_0 = a$, $y_2 = b$라 두고 두 방정식의 관계를 〈그림 14〉를 통해 검토해 보기로 하자.

여기서 두 개의 중요한 계수係數를 도출할 수 있는 바 그 하나는 b방정식 $\frac{x}{1+x}$에서 현대수학이나 물리학이 이론적 근거 없이 다만 계산의 편의상 많이 사용하는 이론상수理論常數인 네이피어Napier 대수對數 e를 도출할 수 있다는 것으로 일반적으로

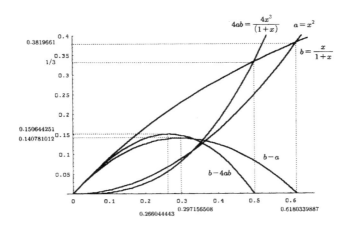

〈그림 14〉

$$\lim_{n \to \infty} \left(1 + \frac{1}{n}\right)^n = e$$

로 정의되는 e를 b방정식으로 표시하면,

$$\lim_{x \to \infty} \left(\frac{x}{1+x}\right)^{-x} = \lim_{x \to \infty} \left(1 + \frac{1}{x}\right)^x = e \quad ------------(4)$$

로서 유도될 수 있다.

여기서 네이피어 대수 e는 $\left(1 + \frac{1}{n}\right)^n$의 전개에서 얻어지는 비례급수比例級數이고, 이것이 실제상 자연현상의 수리적 포착에 자주 활용되고 있으나 이는 자연수의 연속비례계수의 단편이라 할 수 있는 것이다.

다른 또 하나의 계수는 황금장방형黃金長方形의 단변의 장변에 대한 비인 황금평균黃金平均인 0.6180339 … $\left(\frac{\sqrt{5}-1}{2}\right)$이다.

이 계수는 신비스러운 자연현상의 질서와 관련된 수열에 관계가 깊다. 예를 들면 식물학에서 잎의 배열순서가 피보나치ᵢFibonacci 수열을 따른다든가 달팽이와 같은 생물의 성장과 관련되는 대수나선형對數螺旋形 도형, 심리학자 페히너Fechner G.T.가 "생물의 자극에 대한 반응의 강도는 그 자극강도의 대수對數와 같이 비례한다"는 법칙 등에 모두 이러한 황금장방형의 비례관계가 관여되고 있다.

이 황금평균은 a 와 b 방정식의 교점에 있어 x 좌표값이며, y 좌표값은 0.3819661로서 이는 1에 대한 x 값의 보수補數이다. 즉, 0.6180339 + 0.381966012 = 1 이며, 또 0.6180339 의 제곱은 0.3819661 이 된다. 앞으로의 설명을 위해 황금평균 0.6180339 를 α_0 로 표시하기로 하면 이 α_0 값에서 여러 가지 의미 있는 계수의 관계식들을 도출할 수 있다.

$$1 + \alpha_0 = \frac{1}{\alpha_0} \ ----------------------- (5)$$

$$(1 + \alpha_0)^2 = 2 + \alpha_0 \ ---------------------(6)$$

$$\alpha_0(1 + \alpha_0) = 1 ---------------------- (7)$$

여기서 (5) 식에서 $1 + \alpha_0$ 혹은 α_0 의 역수를 앞으로 K_0 로 표시하고자 한다. 이 K_0 값은 1변이 단위 1인 정오각형의 대각선의 길이에 해당되는 값이며, 선분의 길이를 약 1 : 1.618 의 비로 나눈다는 황금분할의 개념은 이름 그대로 가장 아름다운 선분의 분할방법으로서 건축 · 회화 · 조각 등에서 널리 이용되어 왔다.

또 정오각형은 정 12면체의 단면을 구성하는 도형으로 그리스인은 정 12면체를 대우주의 상징으로 생각했고, 정오각형의 각 변을 연장하여 이루어지는 ☆형Pentagram을 신성시하여 왔다.

그 이외에도 〈그림 14〉 의 a, b방정식에서 앞으로의 수리전개에 관계되는 여러 가지 의미 있는 계수나 관계식을 도출할 수 있는바 중요한 것만 정리해 보면 아래와 같다.

$(b-a)$방정식에서 $b-a$가 극대치를 갖는 점의 x값과 y값은 각각

$$x_1 = 0.297156508$$

$$b_1 - a_1 = X_1 = 0.140781012$$

$$a_1 = x_1{}^2 = 0.08830199$$

$$b_1 = \frac{x_1}{1+x_1} = 0.229083002$$

$$4a_1b_1 = 0.080913937$$

이 된다, 또

$$x_1 = \frac{b_1}{1-b_1} \leftrightarrow b_1 = \frac{x_1}{1+x_1} \ - - - - - - - - - - - - - \ (8)$$

$$x_1 b_1 = x_1 - b_1 = 0.068073504 - - - - - - - - - - - - - (9)$$

$$\frac{1}{2x_1} = (1+x_1)^2 = 1.682615006 - - - - - - - - - - - - -(10)$$

$$X_1 = x_1{}^2 + b_1{}^2 \ - - - - - - - - - - - - - - - - - - -(11)$$

$$1 + x_1 = \frac{1}{1-b_1} \ - - - - - - - - - - - - - - - - - - -(12)$$

$$\eta_1 = x_1(1+x_1)^2 = 0.5 \ - - - - - - - - - - - - - - - - (13)$$

와 같은 관계식이 성립한다.

또 후술하게 될 $4ab$의 방정식과 b방정식의 관계에서 얻어지는 계수들을 정리하면 $b - 4ab$가 극대치를 취하는 점의 x값과 y값은 각각

$$x_0 = 0.266044443$$

$$b_0 - 4a_0b_0 = 0.150644252$$

$$b_0 = 0.210138312$$

$$4a_0b_0 = 0.059494061$$

이 된다. 또 $4ab$와 b의 교점의 x좌표는 0.5 가 된다.

3-2 4ab방정식의 계량경제 분석모델 유비

자연수$_{自然數}$의 순위$_{順位}$로부터 유도된 $4ab$와 a, b, $b - a$, $b - 4ab$ 방정식은 현상계의 분석모델에 유비시켜 볼 수 있다.[8] 이를 관리경제학에서 자주 사용하는 변량$_{變量}$들간의 기하학적 도시$_{圖示}$모델에 유비시켜, $b - a$ 곡선을 한계이익곡선(MR)이라 두고 평균이익곡선(AR)을 작도해 보면 〈그림 15〉와 〈그림 16〉과 같다.

여기서 AR 방정식은

$$\frac{x}{2(1+x)^2} \cdot 2(1+x) < 1 - x(1+x) >$$

이고 $< 1 - x(1 + x) >$는 $x = 0.4$일 때 0.44의 값을 갖는 상수이다. x좌표가 변화함에 따라 나오는 b, a, $b - a$, AR의 값은 〈표 2〉와 같다.

〈표 2〉

x	0.1	0.2	0.3
b	0.0909090901	0.16666667	0.2307692308
a	0.01	0.04	0.09
$b - a$	0.08090909091	0.126666667	0.1407692308
$\frac{x}{2(1+x)^2} \cdot 2(1+x)$ $< 1 - x(1+x) >$	0.04	0.073333333	0.1015384615
x	0.4	0.5	0.6180339
b	0.2857142857	0.333333333	0.3819660113
a	0.16	0.25	0.3819660113
$b - a$	0.1257142857	0.083333333	0.0
$\frac{x}{2(1+x)^2} \cdot 2(1+x)$ $< 1 - x(1+x) >$	0.1257142857	0.146666667	0.168065045

---

[8] 원당 이득희저(즈네상스팀 편저), 윤리경영수압과 개방체제실험 - [誠 : 信·義·業]총서 제1권, 한국학술정보㈜, 2020, p.334.(편저자 주)

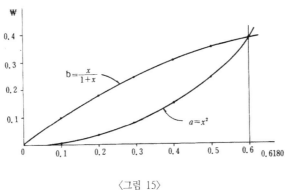

〈그림 15〉

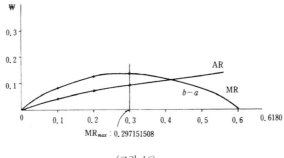

〈그림 16〉

한편 $b - 4ab$ 곡선을 한계이익곡선(MR)이라 하여 평균이익곡선(AR)을 작도하면 〈그림 17〉, 〈그림 18〉이 된다. 이 때 AR방정식은

$$\frac{x}{2(1+x)^2} \cdot 2(1+x) < 1 - 4ab >$$

이고, $< 1 - 4ab) >$는 $x = 0.351$일 때 0.507196을 갖는 상수이다. 각각의 x 좌표치에 대한 $4ab$, $b - 4ab$, AR값은 〈표 3〉과 같다.

x	0.1	0.2	0.3
$4ab$	0.0036363636	0.026666	0.083076923
$b - 4ab$	0.0872727272	0.14	0.147692308
$\dfrac{x}{2(1+x)^2} \cdot 2(1+x)$ $< 1 - 4ab >$	0.0461087272	0.08452366668	0.1170452308
x	0.4	0.5	
$4ab$	0.1828571429	0.33333	
$b - 4ab$	0.1028571428	0.0	
$\dfrac{x}{2(1+x)^2} \cdot 2(1+x)$ $< 1 - 4ab >$	0.1449131429	0.1690653333	

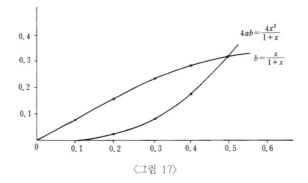

〈그림 17〉

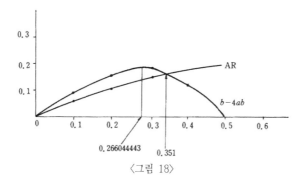

〈그림 18〉

3-3 4ab 유도식에 관련된 수식들의 고찰

(1) 회귀방정식의 잔차殘差 residuum와 **4ab**

자연수의 순위順位로부터 유도한 **4ab** 유도식에서[9] 의미있는 수리방정식이나 수치를 구할 수 있다. 다음식

$$\frac{1-b_1}{2}x_1(1-b_1) = x_1(1-b_1) - \left\{(1-b_1)x_1(1-b_1) - \frac{1}{2}(1-3b_1)x_1(1-b_1)\right\} \cdots (14)$$

에서, 좌변

$$\frac{1-b_1}{2}x_1(1-b_1) = u$$

우변,

$$x_1(1-b_1) = y$$

$$(1-b_1)x_1(1-b_1) = mx$$

$$\frac{1}{2}(1-3b_1)x_1(1-b_1) = c$$

라 두면 식(14)는 $u = y - (mx + c)$, 즉 $y = mx + c + u$ 의 회귀방정식으로 표현된다. 그리고

$$u = \frac{1-b_1}{2}x_1(1-b_1) = x_1{}^2 = 0.08830199035$$

$$y = x_1(1-b_1) = b_1 = 0.2290830029$$

$$mx = (1-b_1)x_1(1-b_1) = 0.1766039807$$

$$c = \frac{1}{2}(1-3b_1)x_1(1-b_1) = 0.03582296812$$

---

9) 원당 이득희저(즈네상스팀 편저), 윤리경영수압과 개방체제실험 - [誠 : 信·義·業] 총서 제1권, 한국학술정보㈜, 2020, pp.334~336.(편저자 주)

가 되고, c 에서

$$\frac{c}{x_1} = \frac{\frac{1}{2}(1-3b_1)x_1(1-b_1)}{x_1} = \frac{1}{2}(1-3b_1)(1-b_1) = 0.1205525275$$

$$(a_1+b_1)^2 + (a_1-b_1)^2 = \frac{c}{x_1} = 0.1205525275$$

가 도출된다.

또한, 일반식 $y = mx + c + u$ 에서

$c\ or\ u = \beta(\beta-1)$

1) $c = 0.0358$

$\quad$ ① $= x_1 S_p = \zeta_1 \cdot \tau^{\left(10^{11} \cdot h\right)^{\frac{1}{2}}} = 0.03582870$

$\quad$ ② $= \left(x_1{}^{\eta_1} + b_1{}^{\zeta_1}\right) \cdot \tau^{\left(10^{11} \cdot h\right)^{\frac{1}{2}} \cdot \tau^{(1+b_p)^{32}}}$

2) $u = a_1 = x_1{}^2$

$\quad$ ① $= \zeta_1 \cdot \sigma^{-(1+g)}, \qquad 1 + g = \log_\sigma \left(\frac{u}{\zeta_1}\right)^{-1}$

$\quad$ ② $= \left(x_1{}^{\eta_1} + b_1{}^{\zeta_1}\right) \cdot \sigma^{-(1+q)}, \qquad 1 + q = \log_\sigma \left(\frac{u}{\left(x_1{}^{\eta_1} + b_1{}^{\zeta_1}\right)}\right)^{-1}$

$\qquad$ 참고) ㉠ $10^{11} \cdot h = \sigma^{25} = 7.2$

$\qquad\qquad$ ㉡ $\tau^{(1+b_p)^{32}} = (0.8)^{\frac{1}{32}} = 0.9930$

$\qquad\qquad$ ㉢ $h = \sigma^{\frac{1}{10 X_E}}$

$\qquad\qquad$ ㉣ $\left(10^{11} \cdot h\right)^{\frac{1}{2}} \cdot \tau^{(1+b_p)^{32}} = \left(10^{11} \cdot h\right)^{\tau^{(10 \cdot a_p)^{-11}}}$

상수 $c(c \; or \; u)$는 변수 x의 함수로서 표시되는 바 일반적인 방정식,[10]

$$c = \pm\alpha(\alpha \pm 1) = N_\alpha - |i^{2n} \cdot D_\alpha|$$

$$\alpha = \pm\beta(\beta \pm 1) = N_\beta - |i^{2n} \cdot D_\beta|$$

$$\beta = \pm\gamma(\gamma \pm 1) = N_\gamma - |i^{2n} \cdot D_\gamma|$$

등으로 c가 순차적으로 무한無限 원점原點에 환원되는 변수들의 함수와 관계되고 있기 때문에 형식상 $c = f(\alpha, \beta, \gamma, \cdots)$로 모사模寫해 볼 수 있다. 이는 후술하게 될 τ의 특성과 관계되고 있는 성격인 바 c는 일차선형회귀방정식이나 2 차 이상의 비선형방정식의 y절편에 해당되는 것으로 볼 수 있다.

차원변동에 있어서는 계수의 변동과 $(+ \leftrightarrows i \leftrightarrows -)$의 부호변동을 수반한다고 볼 수 있으며 그 과정의 일부로서

$$c = \pm\alpha(\alpha \pm 1) = N_\alpha - |i^{2n} \cdot D_\alpha|$$

를 취해 보면 임의의 상수 c는 α의 2 차방정식형으로 표시될 수 있고 이의 변화는 N 과 D 라는 정수 integer 의 변동으로 파악될 수 있다. 이 때 이 정수변동의 근원적 단위수를 τ로 표시하면 이 τ값은

$$\tau = \frac{\log_e x_0 / \log_e x_1}{\{1 + (X_0 - 4a_0 b_0)\}} = 0.999988797$$

로서 나타낼 수 있고, $C \rightleftarrows \alpha \rightleftarrows \beta \leftrightarrows \gamma \cdots$ 의 전개과정에서 τ 값이 항상 관계하게 된다. 그리고 τ의 함수로서 $i^{2n}D$가 지그재그 운동에 관계된다고 볼 수 있으며 그 관계식은

---

10) 원당 이득희저(즈네상스팀 편저), 윤리경영수압과 개방체제실험 - [誠 : 信・義・業] 총서 제1권, 한국학술정보㈜, 2020, pp.348-350.(편저자 주)

$$\frac{\log\left(1-\tau^{ni^{2n}}\right)}{\log\tau} - \frac{\log\left(\log\tau^{ni^{2n}}\right)}{\log\tau} = i^{2n}D \qquad \left(단, n = 2D + \frac{1+i^{2n+2}}{2}, i^{2n}D = 지수\right)$$

으로 표시된다. 이 때의 n과 D, 그리고 지수변화의 일부를 계산해 보면 〈표 4〉과 같고, n의 차원변동에 따라 지수 $i^{2n}D$는 지그재그 운동을 한다고 볼 수 있다. 이 때 D를 불변수 δ를[11] 이용하여 종속변수화 시키면,

$$1 = \tau^{ni^{2n}} + i^{2n}\tau^r \log\tau^{ni^{2n}} \ - - - - - - - - - - - - - - - - - (15)$$

에서 똑같이 지그재그형의 지수를 도출할 수 있고 이 때 〈식 15〉의 r은

$$r = \left\{\left(\delta l + i^{2\left(n+\frac{1+i^{2n}}{2}\right)}\delta l\right) + i^{2\left(n+\frac{1+i^{2n}}{2}\right)}\delta l\right\} + \left\{(\delta l + i^{2n}\delta l) + i^{2n}\delta l\right\}\left(\frac{1+i^{2n}}{2}\right)$$

이다. (단, $l = 0.5$이고, n이 짝수이면 $\delta = -0.5$, n이 홀수이면 $\delta = 1$)

〈표 4〉 n, D, 지수의 관계

n	D	지수
1	0.5	0.5
2	1	+1
3	1	−1
4	2	+2
5	2	−2
6	3	+3
7	3	−3
.	.	.
.	.	.

---

11) 기호 δ는 <4-1 대수의 저와 지수(1)>에 나오는 δ와는 다름(편저자 주).

(2) 0.5와 $4ab$의 관계

$$(a_1 + b_1)^2 - (a_1 - b_1)^2 = 4a_1b_1 = 0.08091394047$$

$$2b_1{}'x_1 + b_1{}''x_1 = 4a_1b_1$$

$$b_1{}' = \frac{1}{(1 + x_1)^2} = 0.5943130166$$

$$b_1{}'' = \frac{1}{(1 + x_1)^3} = -0.9163320121$$

이 된다. 여기서 〈그림 17〉을 보면 x좌표치 0.5에서 $4ab$와 b가 교차하므로,

$$4a_ub_u = b_u = 0.3333 \cdots$$

이 되고

$$< a_u > = \frac{1}{4}$$

을 상수라 두면, $4ab$는 $(\frac{1}{a_u})ab$ 로도 나타낼 수 있다. 그리고 $4a_ub_u$로부터

$$4a_ub_u = b_u = \frac{1}{(1 + 0.5)^{2.709511364}} = 0.3333 \cdots$$

$$(2x_1b_1)^{\frac{1}{2}} \cdot \tau^{\left\{\frac{1}{-10(x_1b_1)^2}\right\}} = 0.3690702366 = \frac{1}{2.709511364}$$

$$(2x_1b_1)^{\frac{1}{2}} = 0.3689810436$$

$$\tau^{\left\{\frac{1}{-10(x_1b_1)^2}\right\}} = 1.000241728$$

을 알 수 있고, 0.3690702366과 유사한 값으로서

$$(2x_1b_1)^{0.5 - q^2} = 0.3690700807$$

$$q = 1.1, \qquad q = 0.11, \qquad q = 0.011$$

도 구해 볼 수 있다.

그리고

$$\alpha_0 = \frac{4\pi \int_0^{\alpha_0} \int_0^{\alpha_0} \int_0^{\alpha_0} (b_1 - a_1)\,dxdxdx}{4\pi \int_0^{\alpha_0} \int_0^{\alpha_0} (b_1 - a_1)dxdx} = 0.618033988$$

$$4\pi \int_0^{\alpha_0} \int_0^{\alpha_0} (b_1 - a_1)dxdx = 0.6757385073$$

$$4\pi \int_0^{\alpha_0} \int_0^{\alpha_0} \int_0^{\alpha_0} (b_1 - a_1)\,dxdxdx = 0.417629365$$

이 된다.

(3) x_4와 $4ab$

한편 〈그림 19〉에서 나타냈듯이 $x_4 = 0.2862697577$ 라 두면,

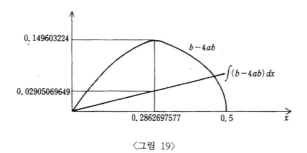

〈그림 19〉

$$(b_4 - 4a_4b_4) - \int_0^{x_4} (b - 4ab)\,dx = (a_1 + b_1)^2 + (a_1 - b_1)^2 = 0.1205525275$$

$$(b_4 - 4a_4b_4) = 0.149603224$$

$$\int_0^{x_4} (b - 4ab)\,dx = 0.02905069649$$

가 됨을 알 수 있다.

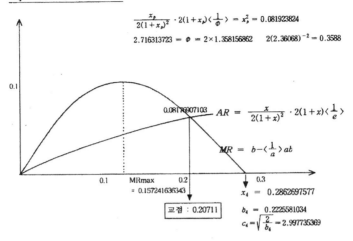

x_4 그래프와 平均方程式

$$\frac{x_p}{2(1+x_p)^2} \cdot 2(1+x_p)\langle\frac{1}{\phi}\rangle = x_p^2 = 0.081923824$$

$$2.716313723 = \phi = 2 \times 1.358156862 \qquad 2(2.36068)^{-2} = 0.3588$$

0.1

0.08176907103 $AR = \frac{x}{2(1+x)^2} \cdot 2(1+x)\langle\frac{1}{e}\rangle$

$$MR = b - \langle\frac{1}{a}\rangle ab$$

0.1 MRmax 0.2 0.3
= 0.157241636343 $x_4 = 0.2862697577$

교점 : 0.20711 $b_4 = 0.2225581034$
$c_4 = \sqrt{\frac{2}{b_4}} = 2.997735369$

〈그림 20〉[12]

(4) x_p와 광속도 C

광속계수光速係數 C와 그에 관련되는 x, b에 대해서 고찰해 보면,

$$x_p = \sqrt{\frac{Y_1}{2}} = 0.28622338371$$

일 때,

$$C_p = \sqrt{\frac{2}{b_p}} = 2.997924162$$

---

12) 원당 이득희저,[誠 : 信・義・業] - 정년퇴임기념집, 녹색신문사, 1997, p.295.

가 된다. 이 때

$$Y = \frac{X_1}{1 - X_1} = 0.1638476507$$

$$b_p = \frac{x_p}{1 + x_p} = 0.2225300732$$

이 된다.

$$x_M = 0.2862432788$$

일 때

$$C_M = \sqrt{\frac{2}{b_M}} = 2.997843161$$

이고

$$b_M = 0.2225420988$$

$$b_M{}^{-C_M} = 90.43903812 = (0.011057172)^{-1}$$

$$e^{0.011057172} \fallingdotseq 1.02236067978 = 1 + (\frac{1}{10})\{0.1\alpha_0{}^3 + 0.2\}$$

가 된다.

$$x_z = 0.2862694766$$

일 때

$$C_z = \sqrt{\frac{2}{b_z}} = 2.9977365134, \quad b_z = 0.2225579335$$

이고,

$$(C_z - 2)^{\frac{1}{4}} = \frac{x_1}{0.29732489894} = 0.9994336474$$

$$\frac{0.2 + 0.1 \cdot {\alpha_0}^3}{{\alpha_0}^2} = 0.9472135935 = \{10(0.29732489894 - 0.2)\}^2$$

또한

$$x_z = \frac{1.011126583}{4 \times 10{x_1}^2}$$

$$\frac{(1.011126583)^2 - 1}{0.2376967} = \frac{(10x_1 - 2)^2}{10.0268779} = 0.09414083999$$

가 됨을 알 수 있다.

여기서 구한 광속계수 C_p, C_M, C_z의 값은 진공 중에서 실측된 광속도로서 현재까지 가장 정확하다고 하는 $(2.997902 \pm 0.000009) \cdot 10 cm/sec$ 와 비교할 때 오차는 소수점 이하 4위나 5위에서 나타날 정도이다.

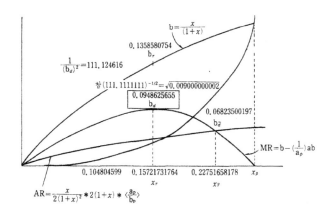

〈그림 21〉 x_p 그래프

$$x_u x_y = {x_p}^2 \qquad\qquad x_u b_p = -\frac{1}{{C_p}^2} \qquad\qquad \frac{(\alpha_0 - x_1)}{(0.080914)} = 7.00077126$$

$$\frac{(\alpha_0 - x_1)}{(0.5\alpha)^2} = (0.700917)^2 \qquad\qquad b_p = a_1 b_1 \times 11.001$$

$$a_p = 0.3681472091 \cdot b_p = 2.716304716 \qquad\qquad \frac{x_1}{a_1} = 1 + 2x_1$$

$$\langle\tfrac{1}{a_p}\rangle a_r b_r = 0.040989817 = (0.202459421)^2 \qquad a_1 b_1 = 0.020228028$$

$$\frac{b_r}{a_r} = 1 - \frac{1}{1+b_p} = 0.1819346026 \qquad\qquad \left(\frac{b_p}{a_p}\right)^2 = 0.135532367$$

$$\llcorner\!\!-\!\!- 0.1820242118$$

$$\frac{x_p}{10} = 0.0286227 = \langle\tfrac{1}{a_p}\rangle a_r b_d \qquad (3 + 10X_1)^2 = 35.6595895 \qquad C_p \cdot \tau = \frac{b_d}{x_r}$$

$$0.4008^{\frac{1}{8}}(\alpha_0 - x_1) = x_p \qquad a_0 x_r = 0.0111277 \qquad a_r = 0.024717284$$

$$1.1 + a_0 x_r = 1.1111277 \qquad \frac{x_r}{10} = 0.022751658178$$

$$\frac{b_r}{C_p} = 0.022760745 \qquad 4 - x_{Y^{\frac{1}{2}}} = \left(\frac{x_p}{1000}\right)^{-1} \qquad \frac{g}{1+\frac{1}{C_p{}^2}} = \frac{g}{1.111265} = 1.0001385$$

$$1 - \frac{a_p}{b_p} = 0.631852791 = 4 \times 0.157963197 \qquad \langle\tfrac{1}{a_p}\rangle a_r b_d = 0.028622772$$

$$\div \frac{1}{\sqrt{500 a_0}} = 0.631839478 \ (a_0 = 0.0707796222)$$

$$\frac{1}{0.631852791} = 1.5826471$$

$$\frac{a_p}{b_p} = 1 - 0.631852791 = 0.368147209(역 : 2.716304716)$$

$$0.08410517$$
$$\uparrow$$
$$\frac{b_x m}{a_Y m} = 9.973981486(역 : 0.100260863) \qquad\qquad \frac{1}{x_{Y^2} m} = 118.589398$$
$$\downarrow$$
$$0.00843245798$$

$$\frac{1}{b_x m} = 11.8898755$$

$$0.631872791 \cdot \alpha_0 = 22.36020864^{-1}$$

$$1 - \frac{a_y m}{b_x m} = 0.89973913 \qquad\qquad \div \sqrt{499.9789301}$$

$$b_x m X_1 = \frac{1}{40.0121659} \qquad\qquad \div \sqrt{500}$$

$$\frac{a_Y}{b_x} = 0.1906759 \qquad\qquad a_0{}^2 = 0.005009758238$$

$$1 - \frac{a_Y}{b_x} = 0.8093241 \qquad\qquad \frac{x_r}{a_0} = 1.11061145 \times 2$$

$$0.8093241^{-\frac{1}{2}} = 1.11178586 \qquad\qquad \frac{a_0}{x_r} = 0.450202613$$

$$(1.236060)^{-1} = 0.809017 \qquad\qquad (25.4)^{\frac{1}{5}} = 1.9097070$$

$$10^{-1} \times 0.30809^2 = 0.009 \qquad \frac{2}{24.41212262} \div x_p{}^2 \quad (25.4)^{\frac{1}{12}} = 1.30939$$

(5) gradient 함수와 $4ab^+(S_p)$

gradient 함수

$$\frac{\partial V}{\partial M} + \frac{\partial V}{\partial C} + \frac{\partial V}{\partial T} = -grad V^{13)}$$

를 a, b등의 계수들로서 나타나면

$$grad\varphi_1 = \frac{\partial bx_1}{\partial u} + \frac{\partial bx_1}{\partial a_1} + \frac{\partial bx_1}{\partial b_1}$$

$$= (a_1 + b_1)^2 + (a_1 - b_1)^2 = S_p$$

---

13) 井上敏 外 3人編, 理化學辭典, 岩波書店, 1958, p.365.

gradient : scalar量 V 場의 임의의 한 점 P에서 $V = const$ 면에 수직이고, V가 증가하는 방향(이 방향의 단위 벡터를 n)으로 $\frac{\partial V}{\partial n}$의 크기를 갖는 벡터를 V의 gradient 라 하고 $grad\,V$ 또는 ∇V로 나타낸다. n과 θ의 각도를 이루는 방향 δs에의 $grad\,V$ 의 성분은 $\frac{\partial V}{\partial n}cos\theta$인데, 이것은 $\partial V/\partial S$와 같다. 따라서 $grad\,V$의 x, y, z 좌표성분은 $\left(\frac{\partial V}{\partial x}, \frac{\partial V}{\partial y}, \frac{\partial V}{\partial z}\right)$ 가 된다.

$$bx_1 = -(10 \cdot a_u) \times (1 + b_u)^{-10} = 0.140783788$$

$$a_u = 0.25, \qquad b_u = 0.333333$$

$$u = (1 + b_u)^{-10} = 0.056313515$$

$$\frac{\partial bx_1}{\partial u} = -2.5067 \qquad\qquad 참) \; \frac{bx_1}{u} = 2.5$$

$$b_1 = 2a_1 + 2a_1^{\frac{3}{2}} = 0.2290830029$$

$$\frac{\partial bx_1}{\partial a_1} = 2 + 3a_1^{\frac{1}{2}} = 2.891495245$$

$$a_1 = \frac{1}{2}\left(b_1 - b_1{}^2\right) = 0.08830199035$$

$$\frac{\partial bx_1}{\partial b_1} = \frac{1}{2}(1 - 2b_1) = 0.2709169971$$

가 된다.

(6) $f(T) \cdot f(T + r)$형태로부터 $4ab(Sm)$의 유도

노버트 위너는 시간차의 적산積算, 즉 $f(T) \cdot f(T + r)$ 형으로서 비선형파의 특성분석식 $4ab = (a + b)^2 - (a - b)^2$을 구하였는데, 여기서 a, b등을 포함 여러 계수들을 $f(T) \cdot f(T + r)$형에 맞추어 사용하여 $4ab(S_m)$을 유도해 보고자 한다.

1. $K = 0.729542016$ $\qquad\qquad$ 참고) $\zeta_1 = 0.729083002$

$\quad r = a_1$

$\quad T = 2a_1$

$\quad T + r = 2a_1 + a_1$

$$f(T) = \langle \frac{1}{2(1+K)} \rangle (2a_1)$$

$$f(T+r) = \langle \frac{1}{2}(1+K)^2 \rangle (2a_1 + a_1)$$

$$1 + K = \frac{2}{3}\frac{b_1}{a_1} = 6 \cdot g \frac{b_1}{a_1} = 6 \cdot g \frac{1}{x_1(1+x_1)} = \underline{1.729542016}$$

참고) g = 0.11111111i̇

(1) $4f(T+r) \cdot f(T) = 4\left\{\langle \frac{1}{2}(1+K)^2 \rangle \cdot (2a_1 + a_1)\right\} \cdot \left\{\langle \frac{1}{2(1+K)} \rangle \cdot (2a_1)\right\}$

$$= 0.080913940$$

$$= 4a_1 b_1$$

$$= \frac{1}{a_u} a_1 b_1$$

$$= S_m$$

(2) $\dfrac{f(T+r) - f(T)}{r} = \dfrac{\left\{\langle \frac{1}{2}(1+K)^2 \rangle \cdot (2a_1 + a_1)\right\} - \left\{\langle \frac{1}{2(1+K)} \rangle \cdot (2a_1)\right\}}{a_1}$

$$= \underline{7.817571257}$$

$$= \underset{\underset{Z}{\downarrow}}{(\underline{0.357654814})^{-2}}$$

참고) $\frac{Z}{x_1} = 1.203590715$

$\qquad \fallingdotseq \{(a_1 + b_1)^2 + (a_1 - b_1)^2\} \times 9.983951271$

$\qquad = 1.20359056$

$\qquad\quad 1.20359056 \times (x_1^{-1}) = 4.050359079$

참고) $\frac{0.358}{x_1} = 1.204752346$

$$1.204752346 \times (x_1^{-1}) = 4.054268756$$

참고) $|(a_1 + b_1)^2 + (a_1 - b_1)^2|^2 \cdot a_1 = 0.001283285039$

$$= (779.2501039)^{-1}$$

$$= (7.792501039)^{-1} \times 100^{-1}$$

$$= (0.3582296804)^2 \times 100^{-1}$$

$$\frac{X_1}{0.01800} = 7.821167333$$

$$= 0.3575725825^{-2}$$

〈표 5〉

$$\langle \frac{1}{a_u} \rangle = 4 : \text{상수}$$

T, $T+r$	$f(T)$	$f(T+r)$	$4f(T+r) \cdot f(T)$	$\dfrac{f(T+r) - f(T)}{r}$
$T = X_1$ $T+r =$ $X_1 + a_1$	$X_1 - b_1{}^2 = a_1$	$X_1 + a_1 = b_1$	$4(X_1 + a_1) \cdot \big(X_1 - b_1{}^2 \big) = 4a_1 b_1 = \langle \frac{1}{a_u} \rangle a_1 b_1$	$3.188626032^{(1)}$
$T = X_1$ $T+r =$ $X_1 + b_1{}^2$	$X_1 - b_1{}^2 = a_1$	$X_1 + b_1{}^2$ $+ \big(X_1 - 2b_1{}^2\big) = b_1$	$4\{X_1 + b_1{}^2(X_1 - 2b_1{}^2)\} \cdot (X_1 - b_1{}^2) = \langle \frac{1}{a_u} \rangle a_1 b_1$	$5.365230015^{(2)}$
  $T+r =$ $x_1 + x_1{}^2$	$\frac{1}{\{2(1+x_1{}^2)\}} \cdot x_1$	$\frac{1}{\{(1+x_1{}^2)\}} \cdot (x_1 + x_1{}^2)$	$4\left\{ \frac{1}{\{(1+x_1{}^2)\}} \cdot (x_1 + x_1{}^2) \right\} \cdot \left\{ \frac{1}{\{2(1+x_1{}^2)\}} \cdot x_1 \right\} = \langle \frac{1}{a_u} \rangle a_1 b_1$	$3.188626032^{(3)}$

(1) $\dfrac{f(T+r)-f(T)}{r} = \dfrac{2(X_1+a_1)-2(X_1-b_1{}^2)}{a_1}$

$= \dfrac{2(b_1-a_1)}{a_1}$

$= \dfrac{2(1+2x_1)a_1}{a_1}$ 참고) $b_1 - a_1 = (1+2x_1)\dfrac{x_1}{2(1+x_1)^2}$

$= 2(1+2x_1)$ $= 0.140781012$

                  $1 + 2x_1 = 1.594313016$

$= 4\eta_1$ $\dfrac{x_1}{2(1+x_1)^2} = a_1 = 0.08830199$

$= 3.188626032$

(2) $\dfrac{f(T+r)-f(T)}{r} = \dfrac{2\{(X_1+b_1{}^2)+(X_1-2b_1{}^2)\}-2(X_1-b_1{}^2)}{b_1{}^2}$

$= \dfrac{2(b_1-a_1)}{b_1{}^2}$

$= 5.365230015$

$= \dfrac{1+2x_1}{x_1}$

(3) $\dfrac{f(T+r)-f(T)}{r} = \dfrac{2b_1-2a_1}{x_1{}^2}$

$= \dfrac{2(b_1-a_1)}{x_1{}^2}$

$= 4\eta_1$

$= 3.188626032$

3-4 베버 – 페히너 법칙과 $4ab(Sm)$

베버–페히너 법칙 _{Weber-Fechner Gesetz} : 감각강도의 식별識別에 관한 법칙

$S = k \log R + C$ 　S : 감각의 변수

R : 자극의 크기

k, C 는 정수

$S = k \log R + C$

$$\boxed{S - C = k \cdot \log R}$$

$$\boxed{\frac{S - C}{k} = \log R}$$

$S = \langle \frac{1}{a_u} \rangle ab \cdot 10 \cdot x_1{}^{\eta_1}$

참고) $10 \cdot x_1{}^{\eta_1} = 3.800902761$

$\quad = S_m \cdot 10 \cdot x_1{}^{\eta_1}$

$$\frac{1}{\sqrt{-x_0 \cdot \log(1 - b_1)}} = 3.800935364$$

$\quad = 0.3075460197$

$$\frac{S_m}{\sqrt{-x_0 \cdot \log(1 - b_1)}} = 0.3075486612$$

$C = \dfrac{\Lambda_1}{1 - b_1} = \dfrac{\frac{x_1 \cdot b_1}{2}}{1 - b_1}$

$\quad = \dfrac{0.03403675246}{0.770916998}$

$\quad = 0.04415099432$

$S - C = k \cdot \log R$

$\quad = 0.2633950254$

$k \cdot \log_\sigma R = x_0^{\frac{1}{2}} \cdot \{-\log_\sigma(1 - b_1)\}^{\frac{1}{2}}$

참고) $\dfrac{1}{1 + x_1} = 0.7709169972$

$k = x_0^{\frac{1}{2}} = 0.5157949622$

$1 - b_1 = 0.770916998$

$\log_\sigma R = \{-\log_\sigma(1 - b_1)\}^{\frac{1}{2}} \cdot \tau^{-101.8448202}$

$\quad = 0.5106583908 \downarrow$ $\xrightarrow{\hspace{1cm}} 1.001141343$

$(0.2601777475)^{\frac{1}{2}} = 0.5100762173$

3-5 $\sigma = 2.7182485591$에 근거한 Z변환과 시간표준(T)

$$E(S) = \frac{1}{1-e^{-ST}}, \quad z = e^{ST} \Rightarrow E(z) = \frac{z}{z-1} = \frac{1}{1-z^{-1}} = \frac{1}{1-b_1} = 1 + x_1$$

$b_1 = \sigma^{-S_N \cdot T_m}$ $\longrightarrow$ 「$b_1 = e^{-ST}$ 에서 e 대신 σ 사용,

$\quad = \sigma^{0.2453926114 \times 6.005431431426}$ $\quad (\sigma = 2.718248591)$.

$\quad = \sigma^{-1.4736885}$ $\quad$ e는 비례급수의 극한치라는 조작을

통해 얻어진 상수로서 불확실」

$$S_N = \zeta_1 \cdot \left(b_p^{-\zeta_p}\right)^{-1} = \tau^{256 \cdot g} \qquad\qquad \zeta_p = 0.7225300732$$

$\qquad\qquad \hookrightarrow 0.3365775253 \qquad 0.9968192022 \qquad b_p = 0.2225300732$

$$= \zeta_1 \cdot (1.723683228)^{-2}$$

$$= 0.2453926114$$

참고) $0.722865967 = (10^{-4} \cdot x_E)^{-32}$

$$= \left(10^{-4} \cdot \frac{1}{\log_\sigma E_p}\right)^{-32}$$

S_N과 비교되는 수치값

① $\dfrac{\zeta_1}{\left\{1+(1+G_p)e^{(b_1{}^{\zeta_1}-2x_1{}^{\eta_1})}\right\}^2} = 0.245622086$

참고) $\dfrac{x_1{}^{\eta_1} + b_1{}^{\zeta_1}}{(1 + x_1{}^{\eta_1} + b_1{}^{\zeta_1})^2} = 0.2434615479$

$\left(1 + G_p\right)e^{\left(b_1{}^{\zeta_1} - 2x_1{}^{\eta_1}\right)} = 0.722879$

$e^{\left(b_1{}^{\zeta_1} - 2x_1{}^{\eta_1}\right)} = 0.65791002 = 0.811116526^2$

$\qquad\qquad\qquad \longrightarrow \sigma^{-0.418687162} = 0.65791335$

② $\dfrac{\zeta_1}{(1+0.723081454)^2} = 0.2455643721$

$$(1 + 0.723081454)^2 = 2.969009697$$

③ $\dfrac{\zeta_1}{\left\{1+(1+G_p)(1-b_1{}^{\zeta_1})\right\}^2} = 0.245564371$

$$\left\{1 + \left(1 + G_p\right)\left(1 - b_1{}^{\zeta_1}\right)\right\}^2 = 2.969009695$$

④ $\dfrac{\zeta_1}{\left\{1+\left(1+G_p\right)\cdot\sigma^{\left(b_1{}^{\zeta_1}-2x_1{}^{\eta_1}\right)}\right\}^2} = 0.245750309$

$$\left\{1 + \left(1 + G_p\right)\cdot\sigma^{\left(b_1{}^{\zeta_1}-2x_1{}^{\eta_1}\right)}\right\}^2 = 2.966761977$$

$$1 + \left(1 + G_p\right)\cdot\sigma^{\left(b_1{}^{\zeta_1}-2x_1{}^{\eta_1}\right)} = 0.7224\underline{294766}$$

⑤ $\left(x_1{}^{\eta_1} - b_1{}^{\zeta_1}\right)\cdot\eta_1{}^2 = 0.024526856$

$x_1{}^{\eta_1} - b_1{}^{\zeta_1} = 0.038597103$

⑥ $\dfrac{\zeta_1}{(1+x_1{}^{\eta_1}+b_1{}^{\zeta_1})^2} = \left|\dfrac{\zeta_1}{\left\{i\,(1+x_1{}^{\eta_1}+b_1{}^{\zeta_1})\right\}^2}\right| = 0.2459919835$

$$\left\{P_s{}^{8^{-1}}\cdot x_1{}^{\left(\frac{\eta_1}{20\,\cdot\,x_1{}^{0.25}}\right)}\right\}^{-1} = 0.722887383$$

$P_s = 0.009593614 \qquad 8^{-1}\cdot x_1{}^{\left(\frac{\eta_1}{20\,\cdot\,x_1{}^{0.25}}\right)} = 0.1170732427$

$\left(b_1{}^{\zeta_1} - 2x_1{}^{\eta_1}\right)\cdot T_m = -2.514401$

$$\boxed{\sigma n T \sigma^{-nTS} = 1 + x_1}$$

$$\varepsilon = \sigma^{(100 \cdot a_1 b_1)^{-(10 \cdot 2x_1)^{\frac{1}{8}}}}$$

$$= \left(1 + x_{\hat{p}}\right)^{10^{x_Y}} = 1.513856449$$

$$x_{\hat{p}} \doteq x_1 \cdot \tau^{(1+\eta_1)^{\eta_1^{-\frac{K_1}{X_1}}}} \cdot \tau^{1.87336911} = 0.287982146$$

$$\delta = \left(1 + x_1{}^{\eta_1} + b_1{}^{\zeta_1}\right) \cdot \left\{ \log_e \eta_e \cdot \tau^{-\left(10^7 \cdot s_p \cdot x_1\right)^{\frac{1}{12}}} \right\}^{\frac{1}{2}} = 0.792224414$$

$$\varepsilon \cdot \delta = 1.1993141038$$

$$T_l = 5.78762039$$

$$T_{\zeta_1} = 6 - \left\{10^{-7} \cdot \zeta_1\right\}^{\frac{1}{2}} = 5.999729985$$

$$T_m = \tau^{-\frac{10^{2 \cdot \mathfrak{g}}}{(1+\eta_1)}} \cdot T_{\zeta_1} = 6.005431483$$

$$n = \left(1 + x_1{}^{\eta_1} + b_1{}^{\zeta_1}\right)^{-2} = 0.3373991469 = (2.963848632)^{-1}$$
$$\downarrow$$
$$1.721583175$$

$$\begin{array}{l}
S_\Lambda = 0.245625803 \\
\quad = \dfrac{\log_\sigma b_1}{T_{\zeta_1}} = 0.245625871 \\
S_N = 0.2453926114 \\
\quad = \dfrac{\log_\sigma b_1}{T_m} = 0.245392676 \\
S_V = 0.7215831756 \\
\quad = x_1{}^{\eta_1} + b_1{}^{\zeta_1} = 0.7215831771
\end{array}$$

1) S_Λ: <u>0.245625803</u>

① $W \cdot \sigma n T_l \cdot \sigma^{-nT_l S} = 1 + x_1$

$\downarrow$

5.308027812　　　　　0.619008039

$\downarrow$

0.188393889^{-1}　　　　　$\otimes \longrightarrow$ 3.285711886

$\left\{ \delta \cdot \tau^{\left(50 - \frac{x_1}{2}\right)} \right\}^{-4} = \left\{ \delta^{\tau^{(x_1 b_1)^{-2}}} \right\} = 2.533011141$

$\sigma^{0.188393889} \equiv \varepsilon \cdot \delta \cdot \tau^{-539.0030355} \fallingdotseq \varepsilon \cdot \delta \cdot \underline{\tau^{-(10 \cdot a_1 \cdot b_1) - 4\left(1 + \frac{\zeta_1}{10^2}\right)^{-2}}}$

$\equiv 1.20730618 \qquad = 1.207306186 \qquad\qquad 1.006662928$

② $W \cdot \sigma n T_{\zeta_1} \cdot \sigma^{-nT_{\zeta_1} S} = 1 + x_1$

$\downarrow$

5.502560893　　　　　0.608222105

$\downarrow$

0.181733564^{-1}　　　　　$\otimes \longrightarrow$ 3.346779169

$\left\{ \delta \cdot \tau^{(5x_1{}^{\eta_1})^2} \right\}^{-4} = \delta^{\tau^{(10^7 b_E)^{\frac{1}{2}}}} = 2.580088947$

$\sigma^{0.181733564} \equiv \varepsilon \cdot \delta \cdot \tau^{1.644323383} \fallingdotseq \varepsilon \cdot \delta \cdot \tau^{(10 \cdot a_1)^{-4}}$

$\equiv 1.199291951 \qquad = 1.199291942 \qquad\qquad 0.9999815777$

③ $W \cdot \sigma n T_m \cdot \sigma^{-nT_m S} = 1 + x_1$

$\downarrow$

5.507789938　　　　　0.607934788

$\downarrow$

0.181561027^{-1}　　　　　$\otimes \longrightarrow$ 3.348377108

$\left\{ \delta \cdot \tau^{(10^{-5} \cdot \zeta_1)^{-\frac{1}{2}}} \right\}^{-4} = \left\{ \delta^{\tau^{\left(10^{-13}(1+2x_1)\right)^{\frac{1}{4}}}} \right\} = 2.5181320825$

$$\sigma^{0.181561027} \equiv \varepsilon \cdot \delta \cdot \tau^{17.04769674} \fallingdotseq \varepsilon \cdot \delta \cdot \tau^{\dfrac{(10 \cdot a_1 \cdot b_1)^4 \cdot \left(1 + \frac{10^3}{a_p}\right)^{\frac{1}{4}} \cdot 10^{-1}}{}}$$

$$\equiv 1.19908505 \qquad = 1.199073096 \qquad\qquad 17.9375728$$

2) S_N: <u>0.2453926114</u>

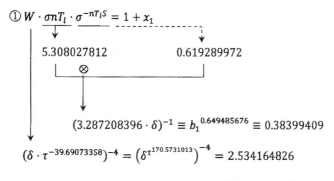

① $W \cdot \sigma n T_l \cdot \sigma^{-nT_l S} = 1 + x_1$

$\qquad$ 5.308027812 $\qquad\qquad$ 0.619289972

$\qquad\qquad \otimes$

$\qquad\qquad (3.287208396 \cdot \delta)^{-1} \equiv b_1^{0.649485676} \equiv 0.38399409$

$(\delta \cdot \tau^{-39.69073358})^{-4} = \left(\delta^{\tau^{170.5731013}}\right)^{-4} = 2.534164826$

$\qquad\qquad\qquad \left[\begin{array}{l} J = \alpha_0^2 \{2(1 + 2x_1)\}^2 = 2.400182442 \\ (J)^{-\frac{1}{2}} = 0.645472692 \\ \left(10 \cdot b_1^{\zeta_1}\right)^{-4a_1} \rightarrow 0.648045269 \end{array}\right.$

② $W \cdot \sigma n T_{\zeta_1} \cdot \sigma^{-n T_{\zeta_1} S} = 1 + x_1$

$\qquad$ 5.502560893 $\qquad\qquad$ 0.60850928

$\qquad\qquad \otimes$

$\qquad\qquad (3.348359367 \cdot \delta)^{-1} \equiv 0.37698122$

$\qquad\qquad\qquad \fallingdotseq b_1^{(1+b_1)^{-2}} \cdot \tau^{10 \cdot \pi_p^{-1}} = 0.3769812135$

$(\delta \cdot \tau^{371.7216043})^{-4} = \left(\delta^{\tau^{-1581.887412}}\right)^{-4} = 2.581307149$

③ $W \cdot \sigma n T_m \cdot \sigma^{-nT_m S} = 1 + x_1$

$\qquad$ 5.507789936 $\qquad$ 0.6082220999

$\otimes$

$(3.34995951 \cdot \delta)^{-1} \equiv b_1{}^{0.662317291} \fallingdotseq b_1{}^{\left(1 - b_p{}^{\zeta_p}\right)}$

$\qquad$ 0.376801145 $\qquad$ 0.376783826

$\left(\delta \cdot \tau^{382.3859068}\right)^{-4} = \left(\delta^{\tau^{-1626.859138}}\right)^{-4} = 2.58240872$

3) S_v: 0.7215831756

① $\sigma n T_l \cdot \sigma^{-nT_l S} = 1 + x_1 = 1.297156508 = (0.770916997)^{-1}$

$\qquad$ 5.308027812 $\quad$ 0.244376358

$\dfrac{0.770916997}{\delta} \equiv 0.973104317$

$\fallingdotseq \tau^{\left\{1 + 10^{-3} \cdot (1 + \zeta_1)\right\}^2 \quad {}^{(\varepsilon \cdot \delta) \cdot \left\{b_x \cdot (1+\delta)^{a_1{}^{-10a_p}}\right\} \cdot 1.014404348}}$

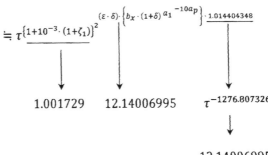

$\qquad$ 1.001729 $\qquad$ 12.14006995 $\qquad$ $\tau^{-1276.807326}$

$$\frac{12.14006995}{11.96768327}$$

$$②\ \textcircled{1}\ W \cdot \sigma n T_{\zeta_1} \cdot \sigma^{-nT_{\zeta_1}S} = 1 + x_1$$

$$5.502560893 \qquad 0.232077088$$

$$\otimes$$

$$1.277018309 = (0.783074129)^{-1}$$

$$\tau^{-1396.981978} = 1.015769703$$

$$\frac{0.783074129}{\delta} \equiv 0.9884498826$$

$$\fallingdotseq \sigma^{-(0.1)\,b_1{}^{2\zeta_1}}$$

$$\fallingdotseq \tau^{\left\{1+10^{-3}\cdot(1+\zeta_1)\right\}^2 \quad (\varepsilon\cdot\delta)\cdot\left\{b_\chi\cdot(1+\delta)^{a_1}{}^{-10a_p}\right\} \quad \underline{1.00043798}}$$

$$1.001729 \qquad 11.97291073 \qquad \tau^{-38.98762599}$$

$$\frac{11.972910873}{11.96768327}$$

$$\textcircled{L}\ \sigma n T_{\zeta_1} \cdot \sigma^{-nT_{\zeta_1}S} + \hat{a} = 1 + x_1$$

$$\frac{1}{2}(x_1{}^{\eta_1}) = 0.1900451381$$

$$\hat{a} = b_0 - 0.1900001137 = 0.020138199$$

$$\fallingdotseq b_0(1+\eta_1)^{-4} = 0.02014473882$$

$$\fallingdotseq \sigma^{0.3+x_p} \to 0.5862233837188166$$

③ $W \cdot \sigma n T_m \cdot \sigma^{-n T_m S} = 1 + x_1$

5.507789936   0.23175517

$\otimes$

$1.276458793 = (0.783417377)^{-1}$

$\tau^{-1436.109283} = 1.01621495$

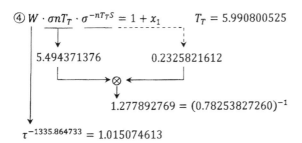

$\dfrac{0.783417377}{\delta} \equiv 0.988883154 \doteqdot \tau^{\left\{1 + 10^{-3} \cdot (1 + \zeta_1)\right\}^{2(\varepsilon \cdot \delta) \cdot \left\{b_x \cdot (1 + \delta)^{a_1^{-10 a p}}\right\} \cdot 0.999767421}}$

$\tau^{20.76643655}$

1.001729   11.97291073

$\dfrac{11.96489984}{11.96768327}$

④ $W \cdot \sigma n T_T \cdot \sigma^{-n T_T S} = 1 + x_1$ $T_T = 5.990800525$

5.494371376   0.2325821612

$\otimes$

$1.277892769 = (0.78253827260)^{-1}$

$\tau^{-1335.864733} = 1.015074613$

⑤ $W \cdot \sigma n T_1 \cdot \sigma^{-n T_1 S} = 1 + x_1$ $T_1 = 5.999725488$

5.502556769   0.2320773417

$\otimes$

1.277018748

$\tau^{-1396.951214} = 1.015769353$

4) ① $\dfrac{T_T}{T_1} = \dfrac{5.990800525}{5.999725488} = 0.9985124381$

$\qquad = \tau^{132.8924304}$

$$\qquad\qquad \downarrow$$

$$\qquad = (10^5 \cdot 2a_1)^{\frac{1}{2}} = 10^3 \cdot 5^{-\frac{1}{2}} \cdot x_1 = 10^3(F - 0.6) \cdot x_1$$

② $T_l \left(1 - (800)^{-\frac{1}{2}}\right)^{-1} = 5.99974335$

$$\qquad\qquad \downarrow$$

$$\qquad 0.9646446609$$

③ $6 - (10^{-7} \cdot \zeta_1)^{\frac{1}{2}} = 5.999729981$

$\qquad 6 - (10^{-7} \cdot \eta_1)^{\frac{1}{2}} = 5.99971766$

$\qquad 6 - T_T = 0.009199475 = 1.797156508^{-7.99823147}$

$$\frac{S_\Lambda}{(1 + S_V)^2} = \frac{S_\Lambda}{1 + S_V} \cdot \frac{1}{1 + S_V}$$

ⅰ) $S_\Lambda = S_V$ 일 때

$$\left(1 - \frac{1}{1 + S}\right)\left(\frac{1}{1 + S}\right) = \left\{\frac{1}{1 + S} - \frac{1}{(1 + S)^2}\right\}$$

ⅱ) $S_\Lambda \neq S_V$ 일 때

$$\neq \left(1 - \frac{1}{1 + S}\right)\left(\frac{1}{1 + S}\right)$$

$$\frac{k_l \cdot S_\Lambda}{(1 + k_l \cdot S_V)^2} = \frac{k_l \cdot \zeta_1}{\left\{1 + k_l \cdot (x_1{}^{\eta_1} + b_1{}^{\zeta_1})\right\}^2} = 0.2453926114 = S_N$$

$$k_l = 0.4445423105 \qquad\qquad 0.7215831744$$

3-6 4ab관련 참고자료

(1) 노버트 위너N.Wiener가 뇌파의 수리화와 입력과 출력간의 불규칙한 상호관계의 문제에 접하여 도출해 낸 수리방법

일반적으로 임의의 시각에 있어서의 값이 확률적으로 결정되는 수열數列(부호열)을 확률과정stochastic process이라 하고 입력과 출력간의 불규칙변화의 상관相關은 시간함수로 표시된다. 즉, 서로 다른 현상간에 나타나는 확률적 상관관계를 상관함수correlation라 하고 상관계수coefficient of correlation를

$$r = \frac{\sum_{i=1}^{n} X_i Y_i}{\sqrt{\sum_{i=1}^{n} X_i^2 \sum_{i=1}^{n} Y_i^2}} \quad \text{--------------------- (16)}$$

라고 하면, 분자를 상관계수로서 고찰하는 것이 유용하며, 이러한 개념상에서 시계열時系列의 상관은

$$\varphi_j = \lim_{N \to \infty} \frac{1}{2N+1} \sum_{K=-N}^{N} X_{K+j} \cdot \bar{X}_K \quad \text{-------------- (17)}$$

$$\varphi_j = \lim_{N \to \infty} \frac{1}{2N+1} \sum_{K=-N}^{N} X_{K+j} \cdot \bar{Y}_K \quad \text{-------------- (18)}$$

으로 표현되어 (17)식을 x수열의 자기상관함수auto-correlation coefficient라 하고, (18)식을 x, y 수열의 상호상관함수cross-correlation coefficient라 하는데, (17), (18)식에서 확률변수, x, y에 대한 확률집합ensemble의 집합평균ensemble average이 에르고드적ergodic인 경우에는 (17), (18)식은 연속적 시간함수로서 표현되어

$$\varphi(\tau) = \lim_{T \to \infty} \frac{1}{2T} \int_{-T}^{T} f(t+\tau) \cdot \overline{f(t)} dt \quad \text{------------- (19)}$$

$$\varphi(\tau) = \lim_{T \to \infty} \frac{1}{2T} \int_{-T}^{T} f(t + \tau) \cdot \overline{g(t)} dt - - - - - - - - - - (20)$$

가 된다. (19), (20)식을 역시 각각 자기상관, 상호상관이라 하여, 입·출력간의 파형의 상관을 나타내게 된다.

여기서 뇌파$_{brain\ wave}$의 전기적 메커니즘 표현에 관계되는 (19)식의 자기상관 은 항등식

$$4ab = (a + b)^2 - (a - b)^2 - - - - - - - - - - - - - - - (21)$$

식으로 표현되어 진다. 즉 (19) 식에서 $f(t + \tau) = a$, $f(t) = b$ 라 두면

$4f(t + \tau) \cdot \overline{f(t)}$

$= \{f(t + \tau) + f(t)\}^2 - \{f(t + \tau) - f(t)\}^2 + i\{f(t + \tau) + if(t)\}^2 - i\{f(t + \tau) - if(t)\}^2$ (22)

이 되고 이 (22)식의 양변에 $\lim_{T \to \infty} \frac{1}{2T} \int_{-T}^{T}$ 의 연산을 취하면, $f(t + \tau)$와 $f(t)$의 곱의 평균으로 나타나는 자기상관은

$$\lim_{T \to \infty} \frac{1}{2T} \int_{-T}^{T} f(t + \tau) \cdot f(t) dt$$

$= \lim_{T \to \infty} \frac{1}{2T} \int_{-T}^{T} \frac{1}{4} \{|f(t + \tau) + f(t)|^2 - |f(t + \tau) - f(t)|^2 + i|f(t + \tau) + if(t)|^2 - i|f(t + \tau) - if(t)|^2\}$ (23)

이 되는데, (22)식과 (23)식에서 보면 허수부분은 0이 되어 자기상관은 실수로 서 표시된다. 그리고 이러한 자기상관으로 표현되는 입·출력의 상관관계는 상 관계수 (16)식의 분자의 공분산 $\sum_{i=1}^{n} X_i Y_i$ 로서 표현될 수 있다. 왜냐하면 전 술했듯이 시간함수로 나타내어지는 자기상관과는 에드고드적인 관계에 있기 때문이다. 따라서 공분산 $\sum_{i=1}^{n} X_i Y_i$ 에서 $X_i = a_i$, $Y_i = b_i$ 그리고

$$a = (a_1, a_2, \cdots, a_n), \quad b = (b_1, b_2, \cdots, b_n)$$

라 하면 a_i와 b_i의 곱의 합으로 얻어지는 상관관계로부터

$$4\sum_{i=1}^{N} a_i b_i = \sum_{i=1}^{N} (a_i + b_i)^2 - \sum_{i=1}^{N} (a_i - b_i)^2 \ ---------- (24)$$

를 얻을 수 있고, 이것은 다시

$$\frac{4}{N}\sum_{i=1}^{N} a_i b_i = \frac{1}{N}\sum_{i=1}^{N} (a_i + b_i)^2 - \frac{1}{N}\sum_{i=1}^{N} (a_i - b_i)^2 \ -------- (25)$$

으로 나타내어져 $4ab = (a + b)^2 - (a - b)^2$ 이 된다. 이러한 $4ab$ 식으로 나타나는 자기상관으로부터 인간행동의 중추적 역할을 하는 두뇌의 뇌파를 전기적 메카니즘으로 표현할 수 있다. 즉 자기상관함수

$$\varphi(\tau) = \lim_{T \to \infty} \frac{1}{2T} \int_{-T}^{T} f(t + \tau)f(t)dt$$

에서 $\varphi(\tau)$가 $\tau = 0$ 에서 연속이면,

$$\varphi(\tau) = \int_{-\infty}^{\infty} e^{2\pi i \omega \tau} \, dF(\omega) \ ----------------- (26)$$

형으로 쓸 수 있다. 여기서 $F(\omega)$는 ω의 단조증가함수로서 $f(t)$의 누적스팩트럼이다. $F(\omega)$가 도함수 $\psi(\omega)$를 가지면

$$\varphi(\tau) = \int_{-\infty}^{\infty} e^{2\pi i \omega \tau} \, \psi(\omega)d\omega \ ---------------- (27)$$

가 되고 $\psi(\omega)$를 스팩트럼 밀도라 한다. 그리고 $\psi(\omega)$와 $\varphi(\tau)$간에는 푸리에변환의 관계에 있기 때문에 다음과 같이 된다.

$$\psi(\omega) = \int_{-\infty}^{\infty} e^{-2\pi i \omega \tau} \, \varphi(\tau)d\tau \ ---------------- (28)$$

이러한 전력 스팩트럼을 통해서 뇌파를 전기적 메커니즘으로 표현하게 된다.

이러한 노버트 위너의 성과는 인간행동의 양식에 있어서 중추적 역할을 하는 다양한 뇌파의 기능을 비선형수리함수의 실증적 분석방법으로 구명할 수 있게 하였다. 그리고 인간두뇌의 기능으로서 인간행동에 대한 자기제어 및 통신기능과 그 구조, 나아가서 개체발생個體發生과 계통발생系統發生의 메커니즘을 바이오리듬biorhythm이라는 차원에서 보다 명쾌하게 설명할 수 있는 길을 트게 하였다고 할 수 있다.

(2) 에르고드(Ergod)[14]

① 에르고드적$_{ergodic}$이란 확률집합$_{ensemble}$의 집합평균$_{ensemble\ average}$과 연속적 시간 함수로서 나타나는 시간평균이 일치하는 경우의 확률과정을 뜻한다.

깁스$_{J.W.Gibbs}$ 자신은 모든 불변량을 여분의 좌표로서 소거해 버린 계$_{系}$에 있어서, 위상공간내의 운동경로를 생각한즉, 거의 모든 경로는 이 공간내의 모든 점을 통과한다고 생각했다. 가설을 그는 '에르고드 가설'이라고 불렀는데 이것은 그리스어의 $\dot{\varepsilon}\rho\gamma o\nu$ '일'$_{work}$과 $\acute{o}\delta\acute{o}\varsigma$'길'$_{道\ path}$에서 유래되었다.

뉴턴역학에 있어서는 초기속도와 초기운동량이 부여된 하나의 계가 어떤 힘의 계에 의해서 어떻게 변화해 가는가를 문제로 한다. 그 힘은 뉴턴의 법칙에 의해서 초기속도와 초기운동량을 아는 것은 불가능하다. 불완전하게 밖에 알려지지 않은 계의 위치와 운동량에 대해서, 어떤 초기분포를 결정한다면 완전하게 뉴턴류이고 임의의 시간 후의 운동량과 위치의 분포를 결정하는 것이 가능하게 된다. 그러하다면 이들의 미래의 분포에 대해서 언급할 수 있고 계의 미래의 상태에 대해서 어떤 특성의 것은 확률 1로서 나타나고, 어떤 특성의 것은 확률 0으로서 실현된다고 하는 것 같은 형식의 주장을 할 수가 있다.

우리들의 측도$_{測度}$는 시간에 대해서 불변측도이고 시간에 대해서 같은 방법으로 얻어지기 때문에, 그 자체 시간에 대해서 불변이다.

이 측도를 '위상측도$_{phase\ measure}$라고 부르고 또한 그에 관해서 취한 평균을 '위상평균$_{phase\ average}$이라 한다 가령 $f(t)$가 t와 관계가 있다면, 그 과거에 대한 시간평균은 다음과 같고,

$$\lim_{T\to\infty}\int_{-T}^{0}f(t)dt$$

또 그 미래에 대한 시간 평균은

$$\lim_{T\to\infty}\int_{0}^{T}f(t)dt$$

이 된다.

---

13) N.Wiener, CYBERNETICS, M.I.T. press, Second edition. 1948. P.48.

깁스의 통계역학에는 시간평균과 위상평균 모두 등장한다. 이들 2종류의 평균이 서로 관계가 있는 것이라고 생각했던 점에서는 깁스는 완전히 정확했지만, 그 관계를 나타내는 방법에 있어서는 완전히 틀렸다. 1930년 경이 되어 비로서 쿠푸만_Koopman,B.O., 폰 노이만_Von Neumann, 버코프_G.D.Birkhoff 같은 수학자들이 마침내 깁스의 통계역학에 올바른 기초를 제공한 것이다.

깁스의 이론에 대한 르베그_H.L.Lebesgue의 공헌은 통계역학이 암암리에 요청하고 있는 확률 0의 우연사상과, 우연사상의 확률의 합에 관한 것인데, 실제로 성립하기도 하고, 깁스의 이론은 모순을 포함하지 않고 있다는 것을 나타내는 점이다.

우연에 따라서 운동하고 있는 점이 0에서부터 1까지의 범위를 움직이는 것을 알 수 있을 때, 그 점이 0에서부터 A구간까지의 구간에 있을 확률도 따라서 A가 된다. 이와 같이 급수_級數에 평균을 논하는 데 필요한 이론은 무한히 많은 경우로부터 발생하는 확률을 논하는 것에 필요한 이론과 매우 밀접한 관계가 있다. 이것을 위해 르베그는 그 문제를 풀 때, 동시에 깁스의 문제도 해결했다.

② 깁스의 통계집단_Gibbs' ensemble [15]
계_系를 거시적으로 규정할 때 거기에 대응하는 허용된 미시_微視상태는 막대한 수가 되고 실제로 있는 계는 이들 중 어떤 한 미시상태에서 출발할 것이고 운동법칙에 의하면 그 이후의 운동이 결정된다. 그러나 계에 들어 있는 입자수가 10^{23}개 정도이면 출발한 미시상태를 정하는 것 그 자체도 불가능할 뿐만 아니라, 실험으로는 언제나 오차가 수반된다는 점까지도 아울러 생각하면 깁스는 다음과 같은 착상을 하였다.

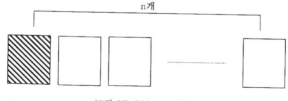

〈그림 22〉 Gibbs ensemble

---

14) 近藤次郎, Ibid, pp.305-306.

실재하는 계와 거시적으로 전혀 구별할 수 없는 상상적인 계를 막대한 수인 n개를 생각하여 실재하는 계와 함께 이들이 하나의 집단을 이루게 하여 그것을 통계집단으로 삼는다. 그리하여 실재하는 계에서의 어떤 한 측도測度에서 얻어진 거시적 양과 그 양을 통계집단에서 평균치를 취하여 계산한 양은 착오범위 안에서 같다고 생각해 보자. 실재하는 계에 대하여 한번의 측정으로 얻은 양은 원리적으로 평균치와 같을 수는 없지만, 우리가 믿는 측정치란 수회의 실험에서 얻은 측정치를 평균한 값이라는 점과 실험할 때마다 출발한 미시상태가 같을 수 없다는 점을 생각에 넣고 보면 깁스의 생각은 아주 현실적이라는 것을 알 수 있다.

이와 같은 생각에서 실험을 할 때 실험에서 수반된 오차에는 원리적인 것과 인위적인 것의 두 가지가 있게 된다. 원리적 오차는 통계적 편차인데 인위적 오차를 충분히 작게 하여야만 실험적으로 얻을 수 있을 것이다.

(3) 푸리에 변환과 합성정리[16]
① 푸리에 변환
일가함수 $f(t)$에 대해서

$$F(u) = \int_{-\infty}^{\infty} e^{-i2\pi ut} g(t) dt$$

는 라플라스 변환에 있어서 적분역積分域을 음의 방향으로 연장하고, $s = i2\pi u$ 라고 둔 것에 해당된다. 이것은 $g(t)$의 지수指數 푸리에 변환exponential Fourier transformation이라고 하고 이 역변환은

$$g(t) = \int_{-\infty}^{\infty} e^{-i2\pi ut} F(u) du$$

로서 표시된다. 이것은 $g(t)$의 구간, $(-T, T)$에 걸쳐서 푸리에 급수를

$$g(t) = \sum_{-\infty}^{\infty} C_n e^{\frac{in\pi t}{T}}, \quad C_n = \frac{1}{2\pi} \int_{-T}^{T} g(t) e^{-\frac{in\pi}{T}} dt$$

라고 할 때의 이산적인 푸리에 계수 C_n을 연속함수 $F(u)$에 확장한 것에 해당한다. $F(u)$는 $f(t)$를 주파수 분석할 때의 연속스펙트럼이다.

---

15) 조순탁, 통계물리학, 수학사, pp.110-111.

푸리에 변환도 여러 가지 성질을 갖고 있는데, 특히 합성정리가 성립한다. 이 때

$$f_1 * f_2 = \int_{-\infty}^{\infty} f_1(t - \zeta)f_2(\zeta)d\zeta$$

인데, 푸리에 변환에서는 $t < 0$ 구간에서도 의미를 가지기 때문에

$$f_1 * f_2 = \int_{-\infty}^{\infty} f_1(\tau)f_2(t + \tau)d\tau$$

라고 정의할 수 있다. 이 때 $f_1 * f_2$의 푸리에 변환은 $F_1(u) \cdot \bar{F}_2(u)$로 된다. 여기서 $\bar{F}_2(u)$는 $F_2(u)$의 공액함수이다. $F_2(u)$가 실함수일 때는 $f_1 * f_2$의 변환은 $F_1 \cdot F_2$로 된다. 실함수 $f(t)$에 있어서

$$\varphi(t) = \lim_{T \to \infty} \int_{-T}^{T} f(t + \tau)f(t)dt$$

를 자기상관함수, 실함수 $f(t)$, $g(t)$에 대해서

$$\rho_{fg}(\tau) = \lim_{T \to \infty} \int_{-T}^{T} f(t + \tau)g(t)dt$$

를 상호상관함수라고 한다. ρ_{ff}를 콜렐로그램$_{correlogram}$이라고 하는 것도 있다.

푸리에 계수의 제곱은 진동의 에너지를 나타내기 때문에 $f * f$는 그 파워$_{power}$를 나타낸다. 이것은 푸리에 변환에서는 합성이 확실한 물리적 의미를 갖게 되므로 수학적 연산이 회로기술과 결부된 파기波器의 설계에 이용될 수 있는 것이다.

② 합성정리

㉠ 함수 $f_1(t)$ 와 $f_2(t)$ 에 대해서

$$f_1 * f_2 = \int_{0}^{t} f_1(t - \zeta)f_2(\zeta)d\zeta$$

와 같은 연산을 합성이라고 한다. 우변의 적분에서 $t - \zeta = \tau$ 라고 두면

$$\int_0^t f_1(\tau) f_2(t - \tau) d\tau$$

로 된다.

이것에 의해서 $f_1 * f_2 = f_2 * f_1$ 이 성립한다. 특히 $f * f$ 를 $f^{\overset{*}{2}}$와 같이 쓰기도 한다. 즉 $f * f = f^{\overset{*}{2}}$ 이다. $f^{\overset{*}{3}}$, $f^{\overset{*}{4}}$ 등에 대해서도 같은 형태이다

    ⓛ 위너-힌친_{Wiener-Khintchine} 정리와 조화분석 방법[17]

값이 확률로 주어지는 양 y 를 확률량이라고 하며, $y(t)$ 를 확률함수_{random function}라고 한다. $y(t)$가 정상_{stationary}이라는 것은 임의의 어떤 평균 〈 〉에 대하여

    $< y(t) >=< y >$: t에 관계없이 일정

    $< y(t)y(t + s) >= K(s)$: t에 관계없음

을 의미한다.

위너-힌친 정리는 정상적인 확률함수에서 성립한다. $K(s)$를 푸리에적분으로

$$K(s) = \int_{-\infty}^{\infty} J(\omega) e^{i\omega s} d\omega$$

로 나타내면

$$K(0) =< \{y(t)\}^2 >= \int_{-\infty}^{\infty} J(\omega) d\omega$$

가 되므로 $J(\omega)$를 spectral density라고 부른다.

    ⓒ 시간함수 $f(t)$의 자기상관함수는 $f(t)$와 $f(t + \tau)$의 곱의 시간평균이다. 실제의 연구에서 취급되는 것은 실함수_{實函數}이지만, 복소수값을 취한 시간의 함수를 도입한다면 편리하다. 그때는 자기상관함수는 $f(t + \tau)$와 $f(t)$의 공액함수와의 곱의 평균이다.

실함수, 복소함수를 불문하고, 전력스펙트럼_{power spectrum}은 그의 자기상관함수의 푸리에 변환에서 구해진다. 자기상관함수는 난류_{亂流}의 연구에서 테일러 _{G.I.Taylor(현재의 Geoffrey Taylor경)}이 이미 사용하고 있던 것이다.

---

16) 조순탁, 통계물리학, 수학사, p.445

(4) 노버트 위너의 자기상관

자기 테이프에 기록된 지속시간time-duration A의 정보를 두 개의 재생헤드를 갖는 장치로 테이프를 두 헤드에 차례로 재생하면, 시간적으로 떨어져 있는 것 외는 똑같은 2개의 신호가 얻어진다. 시간 간격은 재생헤드간의 거리와 테이프의 속도로 정하여지고, 임의로 변화시킬 수 있다. τ를 시간의 차이로, 한편을 $f(t)$, 또 한편을 $f(t+\tau)$라 한다. 이 둘의 곱은 가령 자승검파기自乘檢波器, 선형혼합기linear mixer, 그리고 다음의 항등식을 이용해서 만들 수 있다.

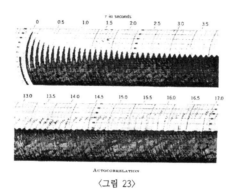

〈그림 23〉

$$4ab = (a+b)^2 - (a-b)^2$$

이 곱의 평균은 표준의 지속시간 A에 비해서 긴 시간수를 갖는 저항용량회로 抵抗容量回路로 적분하면 근사적으로 얻어진다. 얻어진 평균은 τ의 자기상관함수의 값에 비례하고 있다.

② 뇌파의 측정과 수리화의 과정

1. 신경계 활동에 전위가 관련됨. 볼타Volta와 갈바니Galvani 발견

2. 생리학적 전위 측정을 위한
   검류계(galvanometer).

에인트호번_{Einthoven}의 현絃검류계

(String galvanometer)

3. ┌─증폭용 진공관.　　　　에디슨_{T.Edison}
   │　약한 전위를 강한 전위로 변환
   │
   │
4. └─음극선 오실로그래프(cathode-ray oscillograph) : 진공중의 전기전도

   └─▶ 미소微少 전위의 시간적 과정을 충실히 따를 수 있게 됨.

아직 펜기록장치 사용 : 뇌파해석의 주관적 틀을 벗어나지 못함.

---

5. 1920~1930 : N. Wiener

연결과정의 조화해석에 확고한 수학적 기초를 구축, 시도

자기상관함수 도입 : 시간함수 $f(t)$의 자기상관함수는 $f(t)$와 $f(t+\tau)$의 곱의 시간평균이다. 실제의 연구에서 취급되는 것은, 실함수實函數이지만, 복소수값을 취한 시간의 함수를 도입한다면 편리하다. 그때는 자기상관함수는 $f(t+\tau)$와 $f(t)$의 공액함수와의 곱의 평균이다.

실함수, 복소함수를 불문하고, 전력스펙트럼_{power spectrum}은 그의 자기상관함수의 푸리에변환에서 구해진다. 자기상관함수는 난류亂流의 연구에서 테일러 G.I.Taylor(현재의 Geoffrey Taylor경)이 이미 사용하고 있던 것이다.

---

6. 자기테입(magnetic tape) :
   미소전위변화 기록에 최량最良방법의 하나.
   주파수 변조방식으로 기록.

③ 자기상관과 마이컬슨_{Michelson} 실험[18]

자기상관함수의 곡선에 광학에서는 마이컬슨 의 간섭계_{interferometer}에 의해 얻어졌다. 마이컬슨의 간섭계는 거울과 렌즈로 구성된 계에 의해서 광光의 빔_{beam}

---

17) Wiener, Ibid, p. 186.

이 둘로 나눠지고, 각각 길이가 다른 길을 통해서, 재차 하나의 빔으로 모이게 된다. 광로光路의 길이가 다르기 때문에 이 두 가지의 빔은 다른 시간지연을 갖는 입력 빔의 두 가지 옮김을 형성하는데, 그들의 합이 나오게 되는 것이다.

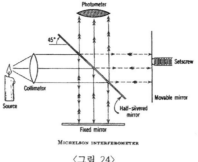

〈그림 24〉

그들을 다시 $f(t)$, $f(t + \tau)$로 나타내고 빔에 대한 강함의 정도를 그 파워로 느끼는 광도계photometer로 측정하면 광도계의 읽기는 $f(t) + f(t + \tau)$의 제곱에 비례한다. 그것은 자기상관함수에 비례하는 항을 포함한다. 바꿔 말하면 간섭무늬의 강함은(어떤 선형변환을 제하고) 자기상관함수를 부여하는 것이다.

간섭무늬의 푸리에변환을 행하면, 광의 전력스펙트럼을 알고, 그것은 사실상 분광기가 된다. 자기상관함수의 기록의 처리법은 분광학에서도 그대로 응용되고 분광기로부터의 정보를 최대한 이용하는 수단을 부여하게 된다.

(5) Z 변환

1. $f(t)$의 라플라스 변환을

$$F(S) = \int_0^\infty f(t) \cdot e^{-st} dt$$

라고 정의하므로, 샘플 ~sample~ 값 제어계를 라플라스 변환법으로 해석한다면 반드시 e^{-st} 를 갖는 항이 존재하게 되는데 이를 대수식으로 표시하기 위해서는 z 변환시킴.

2. 샘플러란 연속신호를 <u>어떤 간격의 펄스열째에 변환하는 것이다</u>. 〈그림 25-a〉와 같이 연속신호 $e(t)$ 를 샘플링주기 T 초의 샘플러를 통과하면 그 출력은 T초마다의 펄스가 되고, 그 높이는 샘플링 순간마다의 <u>시간함수 $e(t)$</u>의 값을 나타내고 있다.

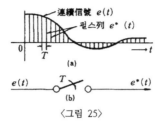

〈그림 25〉

이들 펄스의 간격이 계의 주요한 시간정수 ~time constant~ 에 비해서 그다지 작지 않으면 샘플러의 출력은 연속시간함수의 값을 나타내는 임펄스열이라고 생각된다. 그런데 임의의 시각 $t = nT$ 에서 단위임펄스[19]는 델타함수 $\delta(t - nT)$로 나타나므로 <u>입력을 $e(t)$, 출력을 $e^{*}(t)$로 나타내면</u>

$$e^{*}(t) = e(t)\delta_T(t) = e(t) \sum_{n-\infty}^{\infty} \delta(t - nT) \ - - - - - - - - - - - \ (29)$$

단, $\delta_T(t)$ 는 〈그림 26-b〉와 같이 시간 T 씩 간격을 두고 반복하는 단위임펄스열이다. 각 펄스는 위의 정의로부터는 높이는 무한대이고, 폭이 0 인 임펄스나 편의상 유한한 크기로 한다.

---

18) 자동제어, 이종근, 대학도서, 1983, pp.203-209.

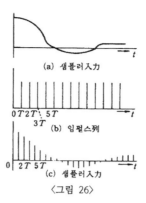

(a) 샘플러入力

0 T 2T 5T
3T (b) 임펄스列

0 2T 5T
(c) 샘플러入力

〈그림 26〉

그런데 〈식 16〉로부터

$$e^*(t) = \sum_{n=-0}^{\infty} e(nT)\delta(t - nT)$$

단, $e(nT)$는 $\underline{t = nT}$에서의 <u>입력의 시간함수의 값</u>이다.

양변을 라플라스변환하면

$$E^*(s) = \sum_{n=0}^{\infty} e(nT)e^{-nTs}$$ --(30)

3. 샘플값계의 해석은 z변환을 사용함으로써 보다 간단히 된다.

〈식 30〉의 $E^*(s)$는 샘플링 순간에 있어서의 값을 나타낸다. e^{sT}형태의 s를 포함하므로 $z = e^{sT}$라 하고 $E(z)$로 나타내면

$$E(z) = \sum_{n=0}^{\infty} e(nT)z^{-n} \quad \leftarrow \quad E^*(s) = \sum_{n=0}^{\infty} e(nT)e^{-nTs}$$

이것을 $e(t)$의 z변환이라 하고 기호 Z로 나타낸다.

$$Z[e(t)] = E(z)$$

샘플러에의 입력이 〈그림 27-a〉처럼 단위스텝신호라면

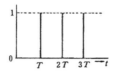

〈그림 27-a〉

$$E^*(s) = \sum_{n=0}^{\infty} e(nT)e^{-nTs}$$

에서 $e(nT) = 1$이므로

$$E^*(s) = \sum_{n=0}^{\infty} e^{-nTs}$$

이고, 또한

$$E^*(s) = 1 + e^{-st} + e^{-2st} + \cdots = \left[\frac{1}{1 - e^{-st}}\right]$$

따라서 z변환은

$$E(z) = \frac{1}{1 - \dfrac{1}{z}} = \frac{z}{z - 1} \quad - - - - - - - - - - - - - - - - - - (31)$$

입력을 램프신호 $e(t) = t$라 하면 샘플링 시각에서의 값은 〈그림 27-b〉와 같이 $0, T, 2T, \cdots$ 이므로

$$E^*(s) = Te^{-Ts} + 2Te^{-2Ts} + 3Te^{-3Ts} + \cdots$$

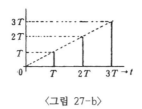

<그림 27-b>

따라서

$$E(z) = \frac{T}{z} + \frac{2T}{z^2} + \frac{2T}{z^3} + \cdots$$

여기서

$$\frac{E(z)}{zT} = \frac{1}{z^2} + \frac{2}{z^3} + \frac{3}{z^4} + \cdots$$

이라고 고쳐 써서 dz를 곱해서 적분하면

$$\int \frac{E(z)}{zT}\,dz = -\frac{1}{z} - \frac{1}{z^2} - \frac{1}{z^3} - \cdots + constant = -\frac{1}{z-1} + constant$$

이것을 z에 대해 미분하면

$$\frac{E(z)}{zT} = \frac{1}{(z-1)^2}$$

따라서

$$E(z) = \frac{Tz}{(z-1)^2}$$

입력이 e^{-sT}이면 출력은 <그림 27-c>와 같고

$$E^*(s) = 1 + e^{-\alpha T}e^{-Ts} + e^{-2\alpha T}e^{-2Ts} + \cdots = \frac{1}{1 - e^{-\alpha T}e^{-Ts}}$$

$$\therefore E(z) = \frac{z}{z - e^{-\alpha T}} \quad ------------------- (32)$$

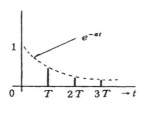

<그림 27-c>

<표 6>

	時 間 函 數	Laplace 變換	z 變 換
1 — 2	$\delta(t)$	1	1
3	$\delta(t-nT)$	e^{-nTs}	z^{-n}
4	$\begin{array}{l}1 \quad t \geq 0\\ 0 \quad t < 0\end{array}$	$\dfrac{1}{s}$	$\dfrac{z}{z-1}$
5	t	$\dfrac{1}{s^2}$	$\dfrac{Tz}{(z-1)^2}$
6	$\dfrac{1}{2}t^2$	$\dfrac{1}{s^3}$	$\dfrac{1}{2}T^2\dfrac{z(z+1)}{(z-1)^3}$
7	e^{-at}	$\dfrac{1}{s+a}$	$\dfrac{z}{z-e^{-aT}}$
8	$\sin at$	$\dfrac{a}{s^2+a^2}$	$\dfrac{z\sin aT}{z^2-2z\cos aT+1}$
9	$\cos at$	$\dfrac{s}{s^2+a^2}$	$\dfrac{z(z-\cos aT)}{z^2-2z\cos aT+1}$
10	$\dfrac{1}{\beta}e^{-at}\cdot\sin\beta t$	$\dfrac{1}{(s+a)^2+\beta^2}$	$\dfrac{1}{\beta}\dfrac{ze^{-aT}\sin\beta T}{z^2-2e^{-aT}z\cos\beta T+e^{-2aT}}$
11	$e^{-at}\cos\beta t$	$\dfrac{s+a}{(s+a)^2+\beta^2}$	$\dfrac{z^2-ze^{-aT}\cos\beta T}{z^2-2ze^{-aT}\cos\beta T+e^{-2a}T}$
12	$\dfrac{1}{\beta}\sqrt{(a_0-a)^2+\beta^2}\times e^{-at}\sin$ $(\beta t+\psi)$	$\dfrac{s+a_0}{(s+a)^2+\beta^2}$	$\sec\psi\dfrac{z^2\cos\psi-ze^{-aT}\cos(\beta T-\psi)}{z^2-2ze^{-aT}\cos\beta T+e^{-2aT}}$
13	te^{-aT}	$\dfrac{1}{(s+a)^2}$	$\dfrac{Tze^{-aT}}{(z-e^{-aT})^2}$
14	$\dfrac{1}{b-a}(e^{-at}-e^{-bt})$	$\dfrac{1}{(s+a)(s+b)}$	$\dfrac{z}{b-a}\left(\dfrac{1}{z-e^{-aT}}-\dfrac{1}{z-e^{-bT}}\right)$
15	$1-e^{-at}$	$\dfrac{a}{s(s+a)}$	$\dfrac{(1-e^{-aT})z}{(z-1)(z-e^{-aT})}$

(6) 라플라스 변환 _{Laplace transformation}

① 라플라스 변환은 라플라스 이전에 오일러 _{Euler} 가 1737 년에 미분방정식의 해법에 응용했는데, 이것과 완전히 독립적으로 라플라스가 1812 년에 간행한 "확률의 해석적 이론"의 제 1 권에서 미분방정식과 차분방정식을 풀 때 사용했다.

선형상미분방정식의 초기치 문제는 공학에서는 진동, 전기회로, 자동제어 등에 관련되어 자주 등장한다. 이 때 연산자법演算子法이라고 불려지는 기호적 해법에 의하면, 미분방정식의 문제는 1 차의 대수방정식의 해법에 귀착하고, 매우 간단하게 해결된다. 예를 들면 $(60.20)^{3/7}$ 과 같은 복잡한 계산이 대수계산에 의하면 쉬운 산술계산에 의해 행해지는 것과 매우 유사하다.

연산자법은 영국의 전기학자인 헤비사이드 _{O.Heviside} 가 [20] 창안한 것이지만, 오늘날에는 라플라스 변환에 의한 그 산법을 설명하는 것이 상식화되고 있다.

연산자법은 다음과 같은 이점을 가지고 있다.

(1) 해석적 계산이 용이하게 되었다.
(2) 해의 안정성의 음미가 간단하다.
(3) 간단한 식에는 나타나지 않는 것 같은 외부산란에 대응한 계의 응답을 계산한 수 있다.
(4) 복잡한 계를 간단한 계로 나누어서, 특성을 전달함수로 나타내고 그들을 결합함으로서 모든 계의 전달함수를 구할 수 있다.
(5) 비정상문제의 취급이 간단하다.

---

19) 헤비사이드(O.Heviside : 1850～1925)

헤비사이드는 엄밀한 수학적 근거에 기초하지 않고, 오히려 경험적인 연산자법을 생각했다. 그리고 새로운 방법에서 얻어진 결과와 종래에 얻어진 것과의 일지, 불일치를 가지고 새로운 방법의 시비是非를 검토했다. 따라서 헤비사이드가 제안한 원방법原方法은 오늘날의 연산자법의 시조일 뿐만 아니라 오늘날에도 더욱 많은 경우에 정확한 것임에도 불구하고, 헤비사이드 자신은 그 본질을 결정하는 것도, 적용한계를 적확히 아는 것도 불가능했다. 특히 새로운 미분방정식의 해법에 관한 급수전개에 대해서 깊은 관심이 있었다. 일반적으로 새로운 방법이 제안되는 경우에는, 그 방법이 혁명적이며 혁명적일수록 처음에 받는 저항이나 반대가 큰 것이 일반적이다. 이와 같이 정확한 증명이 확립되어 있지 않는 것에 대한 저항은 매우 컸고, 그가 발표하고나서 10년이나 경과하여서 비로소 유용한 방법으로 취급되었다.

② 라플라스 변환

일가함수－價函數 $f(t)$가 t의 모든 양의 값에 정의 되어 있을 때, 이 함수에 e^{-st}를 곱하고, t에 대하여 0에서부터 ∞까지 적분한다. 즉 정적분

$$\int_0^\infty e^{-st} f(t) dt$$

를 고려하자. 여기서 s는 적분변수 t에는 무관한 복소수이다. s의 실수부분을 α, 허수부분을 β라고 한다면, $s = \alpha + i\beta$가 된다. t는 물론 실변수이다.

4. 수치실험數値實驗과 모델(建經(건국이념-천부경))

◉ **1.111111111i** = g($\star$)

① $1 + b_u{}^2 = 1.111111111i$

② $g^2 = 1.2345678901 \doteqdot \dfrac{b_x}{1+b_x} \cdot 10.$ $\dfrac{b_x}{1+b_x} \cdot 10 = 1.234748644$

③ $\tau^{-\frac{10^2 \cdot g^4}{1+\eta_1}} = \dfrac{T_m}{T_{\zeta_1}}$ $\left(\dfrac{T_m}{T_{\zeta_1}} = 1.000950293 \right)$

④ $10^{10} \cdot C_p{}^2 \doteqdot 8987549281 = 0.056989499^{-8}$

  $\cdot \left(10^{10} \cdot C_p{}^2 \right)^{-\frac{1}{8}} = 0.056989499$

  $\cdot \left\{ \left(10^{10} \cdot C_p{}^2 \right)^{-\frac{1}{8}} \cdot 10 \right\}^8 = 0.011126503 \doteqdot C_p{}^{-2}$

⑤ $1.11111 + (10^{-11} \cdot g^{-2})^{\frac{1}{2}} = 1.111112846$

⑥ $1.2 \cdot g = \dfrac{b_u}{a_u} = 1.333333333\dot{3}$

⑦ $g^{-3} = \left(1 + b_u{}^2\right)^{-3} = 0.729 \fallingdotseq \zeta_1$

$\fallingdotseq 0.5 + b_1 = \zeta_1$

⑧ $m_s{}^{-(g \cdot q)\left\{\left(\left(10^{-3} \cdot 2\right) - 10^{-3} \cdot g\right) \cdot g^{-2}\right\} \cdot 10^{-2}} = m_s{}^{-1}$

⑨ $0.3 \cdot g^2 = 0.370370370 = 2.7^{-1}$

⑩ $(0.3 \cdot g^2)^{-2} = 7.29 \fallingdotseq 10\zeta_1$

⑪ $(2g - 10^{-4}) = 2.2221222222$

⑫ $10^{-1}\left(\dfrac{2g - 10^{-3}}{0.3g}\right) = 0.6663666667$

⑬ $(1.2)^2 \cdot 10 \cdot g \fallingdotseq 16$

⑭ $\log_\sigma \sigma b_1 = -\left(\dfrac{1}{1+g}\right)$

⑮ $1 + g = \log_\sigma (u/\zeta_1)^{-1}$

⑯ $1 + q = \log_\sigma \left\{u/\left(x_1{}^{\eta_1} + b_1{}^{\zeta_1}\right)\right\}^{-1}$

⑰ $1.08 \cdot g = 1.2$

⑱ $1.0809139404 \cdot g = 1.201015489$

$b_u = 0.333333333\dot{3}$ $T_{\zeta_1} = 5.999729984$ $q = 1.1$
$u = 0.05631351485$ $b_x = 0.1408685951$ $C_p = 2.9979241625014708$
$m_s = 0.006439162988$ $x_1 = 0.29715650817742436$ $\tau = 0.9999887997$
$a_u = 0.25$ $\sigma = 2.718248591$ $\eta_1 = 0.797156508$
$m_s{}^{-1} = 155.2996875$ $b_1 = 0.2290830029$ $T_m = 6.005431483$
$\zeta_1 = 0.7290830029$

◉ $1.1 = q(\star)$

① $q^{-2g} = 0.809126183$ $\quad\begin{cases} 4ab^- = S_m = 0.0809139404 \\[4pt] \eta_E = 0.809136044 \fallingdotseq 10 \cdot 4ab^-, (\eta_E = x_E + 0.5) \end{cases}$

② $q \fallingdotseq (10 \cdot S_m)^{-(2 \cdot g)^{-1}} \cdot \underline{1.000007353}$

$$\downarrow \qquad (10 \cdot S_m)^{-(2 \cdot g)^{-1}} = 1.099991912$$
$$= \tau^{-0.65643719} \qquad (2 \cdot g)^{-1} = 0.45$$

③ $q \fallingdotseq (1 + \zeta_1)^{b_1} - 0.01 x_1^{-1} = 1.0999992$

$$\begin{cases} (1 + \zeta_1)^{b_1} = 1.1336515 \\[4pt] 0.01 \cdot x_1^{-1} = 0.03365230014 \end{cases}$$

$$q = 1.0999992 \cdot \underline{1.000000727}$$
$$\downarrow$$
$$= \tau^{-0.064904564}$$

④ $\dfrac{1.2}{q} = 1.090909090$

⑤ $(q^{2g})^{\frac{1}{2}} = 1.111710922$

⑥ $1 - \dfrac{1-2x_1}{20a_p} = \dfrac{1}{q+b_1}$ $\quad\begin{cases} \cdot\, 1 - \dfrac{1-2x_1}{20a_p} = 0.7523998777 \\[8pt] \cdot\, \dfrac{1}{q + b_1} = 0.7523984565 \\[8pt] \cdot\, 20a_p = 10 \cdot Y \end{cases}$

⑦ $(1 + \zeta_1)^{b_1} - \dfrac{1}{10^2 \cdot x_1} \fallingdotseq 1.099992 \fallingdotseq q$

$S_m = 0.0809139404621088 = 4a_1 b_1$ $\qquad b_1 = 0.2290830029407519$

$b_d = 0.0948625655$ $\qquad\qquad C_p = 2.997924162$ $\qquad x_u = 0.5$

$a_0 = 0.6180339887997$ $\qquad\qquad \eta_E = 0.5 + \dfrac{1}{\log_\sigma E_p} = 0.809136044$

$x_1 = 0.29715650817742436$ $\qquad Y = 0.1638476508$

$b_p = 0.2225300733$ $\qquad\qquad a_p = 0.0819238254$ $\qquad x_E = 0.309136044$

◉ **$0.111 = Q(\star)$**

① $b_d^{-2} = 111.1246148$

② $\underbrace{(10^{-9} \cdot \alpha_0{}^2)^{0.5}}_{} + C_p^{-2} = 0.1112845806$

ㄱ   ㄴ   ㄱ'   ㄴ'
↑   ↑   ↑   ↗

$\downarrow$

$10^{-5} \cdot 1.954395076$

$0.111 = \left\{ (10^{-9} \cdot \alpha_0{}^2)^{0.5} + C_p^{-2} \right\} \cdot \underline{1.002563789^{-1}}$

$\longrightarrow = \tau^{228.5952154}$

③ $(1 + Q) \cdot g^{-1} = 0.9999$

④ $C_p^{-2} = 0.1112650366 = x_u \cdot b_p$

⑤ $10^{Q^8} = 1$

⑥ $Q = 0.9999 \cdot g - 1, \quad \left(0.9999 = \frac{1+Q}{g} \right)$

ㄱ $\qquad = 10^{-10} \cdot 3.819660112$

ㄴ,ㄱ $\qquad = 10^{-5} \cdot 1.954395076$

ㄱ' $\qquad = 2.997924162$

ㄴ',ㄱ' $\qquad = 0.1112650366$

ㄴ,ㄱ,ㄴ',ㄱ' $= 0.1112845806$

◉ **$C_p = 2.997924162 = 10^8 \cdot C_p \, cm/sec$** : 광속도, 계수

$\left(10^8 \cdot C_p \right)^{b_1{}^2} = 3.142926907 \fallingdotseq \sigma^{\frac{10 \cdot b_1}{2}}, \left(\sigma^{\frac{10 \cdot b_1}{2}} = 3.143701758 \right)$

$= \pi_p \cdot \underline{1.000461404}$

$\downarrow$

$= \tau^{-41.18339678}$

$\fallingdotseq \tau^{-10^2 \cdot b_1 \cdot (1+\eta_1)} \cdot \pi_p = 3.142926431$

$\fallingdotseq \cdot \pi_p \cdot (\eta_1 + 10a_1 b_1)^{-1} = 3.143233356$

① $C_p = \left(2 \cdot b_p^{-1}\right)^{\frac{1}{2}} = 2.997924162$

$\left(2 \cdot b_p^{-1}\right) = 8.987549817$

② $\left(1 - C_p^{-2}\right)^{-2} = 1.266063441 = V_0, \qquad \left(1 - C_p^{-2}\right) = 0.8887349634$

③ $C_p = \{1 - (4 \cdot z^4)^{-1}\}^{-\frac{1}{2}}$

$\qquad \cdot 1 - (4 \cdot z^4)^{-1} = 0.1112650368$

$\qquad \cdot (4 \cdot z^4)^{-1} = 0.888734963$

$\qquad \cdot \{1 - (4 \cdot z^4)^{-1}\}^{\frac{1}{2}} = 0.333564142$

④ $\Lambda_f + 10^{-6} \cdot 10 = \left(10^9 \cdot C_p^2\right)^{-\frac{1}{8}} = \boxed{0.056989498}, \quad \boxed{0.056979498} = \Lambda_f$

$\left\{10\left(\Lambda_f + 10^{-6} \cdot 10\right)\right\}^8 = 0.01112650203$

$\cdot \left(1 - b_f\right)^4 = 0.2606908378$

$\cdot \sigma^{(1-b_f)^4} = 1.297822228 = (1 + x_1) \cdot \underline{1.000513215}$

$\qquad\qquad\qquad\qquad\qquad\qquad \sqsupset\!\!\longrightarrow\; = \tau^{-45.80668934}$

$\cdot \log_\sigma 0.260177749 = 1 + x_1$

$\cdot \left(1 - b_f\right)^8 = 0.06795971293 \fallingdotseq 2n \cdot 10^{-1} \; (2n \cdot 10^{-1} = 0.06747982938\,)$

$\qquad\qquad = 2n \cdot 10^{-1} \cdot \underline{1.007111511}$

$\qquad\qquad\qquad\qquad \sqsupset\!\!\longrightarrow\; = \tau^{-632.6495155}$

$z = 0.7282691876 \qquad\qquad n = 0.3373001469 \qquad\qquad \Lambda_f = 0.05697948$

$\pi_0 = 3.141477418 \qquad\qquad b_f = 0.285373623 \qquad\qquad a_1 = 0.08830199031$

⑤ $C_p^{-2} = \tau^{0.218^8}$

$\cdot 0.218 \begin{cases} = \dfrac{q}{10} + \dfrac{1.2}{g} \cdot 10^{-1} \\[2mm] = \left(\dfrac{0.2 \cdot a_1 \cdot \zeta_1}{1 - \zeta_1}\right)^{\frac{1}{2}} \cdot 1.000032486^{-1} \\[2mm] \left(\dfrac{0.2 \cdot a_1 \cdot \zeta_1}{1 - \zeta_1}\right)^{\frac{1}{2}} = 0.21800708 \qquad\qquad = \tau^{-2.900219288} \\[2mm] 0.2 \cdot a_1 \cdot \zeta_1 = 0.01287589605 \\[2mm] \dfrac{0.2 \cdot a_1 \cdot \zeta_1}{1 - \zeta_1} = 0.047527088 \\[2mm] = \dfrac{g^{-3}}{10 \cdot g^2(1 - g^{-3})} \cdot 1.000491117 \end{cases}$

$= \tau^{-43.83483002}$

⑥ $\dfrac{2 \cdot 1.06075}{\alpha_0{}^3} = 8.986818195$

$1.06075 \begin{cases} \fallingdotseq \dfrac{C_p{}^2}{2K_0{}^3} \cdot 1.00008135^{-1} \\[2mm] \quad\longrightarrow = 1.060836292 \qquad = \tau^{7.262412762} \\[2mm] \fallingdotseq 0.5 \cdot \alpha_0{}^3 \cdot C_p{}^2 \cdot 1.000081348^{-1} \\[2mm] \quad\longrightarrow = 1.06083629 \qquad\longrightarrow = \tau^{7.262234222} \end{cases}$

◉ $E_p = 25.40083843$

① $E_p = (1 + \alpha_0{}^2)^R = 25.40083843$

② $E_p = \Lambda_\alpha{}^{-(1+x_{\bar p})^{10 \cdot x_Y}}$ ─── ㄷ

ㄴ

ㄱ

ㄷ	= 1.63847634
ㄴ	= −1.287982141
ㄷ, ㄴ	= −1.51385644
ㄱ	= 0.1180339887
ㄷ, ㄴ, ㄱ	= 25.40083849

③ $E_p = (1 + {\alpha_0}^2)^{10 \cdot \tau^{10 \cdot \eta_1}}$

④ $\left\{ \left(\dfrac{1}{E_p - 1} - 1 \right)^8 - 1 \right\}^2 = 0.08093676992 \fallingdotseq S_m$

⑤ $\dfrac{E_p}{S_p} = 210.7034915 = 0.004746005834^{-1}$ $\qquad (10^3 \cdot b_0 = 210.1383127)$

⑥ $E_p \cdot \dfrac{1}{b_0} = 120.8767602$ $\qquad \left(10^3 \cdot S_p = 120.55252747 \right)$

⑦ $\dfrac{m}{m_0} = \sqrt{\dfrac{1}{1 - (^v/_c)^2}}$ $\qquad \begin{cases} \cdot v = 2.826225271 \\ \cdot c = 10^8 \cdot C_p (cm/sec) \\ \cdot m_0 = \sqrt{0.88873354} = 0.9427265553 \\ \cdot m = 2.826225271 \end{cases}$

$\quad \cdot E_p = m{C_p}^2$

$\qquad = 2.826225271 \times 2.997924162^2$

$\qquad = 25.4008389$

$\qquad = 5.039924493^2$

$\qquad = 10 \cdot (1 + 2 \cdot 0.29688)^2 = 10 \cdot \underline{1.59376^2}$

$\qquad\qquad\qquad\qquad\qquad\qquad\qquad\qquad = \dfrac{1 - 0.385458497}{0.385458497}$

⑧ ${E_p}^{0.7^4} \fallingdotseq (2b_1)^{-1}$

$\quad\;\; 2.174222658 \qquad\quad 2.182615007$

⑨ $\sigma^{{x_E}^{-1}} = E_p$

$\qquad \begin{cases} \sigma^{{x_E}^{-1}} = 25.40083888 \\ x_E \fallingdotseq 10 \cdot S_m \end{cases}$

$R = 9.999106272$ $\qquad\qquad \Lambda_\alpha = 0.1180339887$ $\qquad\qquad b_0 = 0.2101383127$

$Y = x_Y = 0.1638476508$ $\qquad E_p = 25.40083843$ $\qquad\qquad x_\beta = 0.287982141$

$S_p = 0.1205525274730250$

⊙ $b_d = 0.0948625655$

① $(10 \cdot b_d)^{-2} = 1.111246148$

② $b_d = (g \cdot 10^2)^{-\frac{1}{2}} \cdot \underline{1.000060765}, \quad ((g \cdot 10^2)^{-\frac{1}{2}} = 0.09486832981)$

$\longrightarrow = \tau^{-5.42476861}$

③ $b_d^{-4} = 12348.68002$

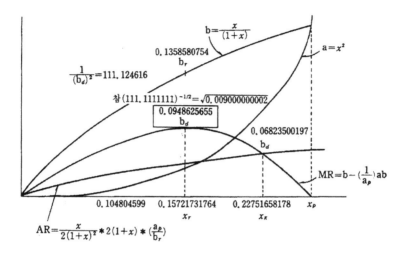

〈그림 25〉

⊙ $S_p = 0.12055252747 = 4a_1b_1^{+} = (a_1 + b_1)^2 + (a_1 - b_1)^2$

$$S_p = \begin{bmatrix} \cdot (a_1 + b_1)^2 + (a_1 - b_1)^2 \\ \cdot \dfrac{1}{2}(1 - 3b_1)(1 - b_1) \\ \cdot 4 \cdot \pi_p \cdot P_s \\ \cdot (1 - 2x_1)x_1 \end{bmatrix}$$

$$① \ S_p = \overline{(a_1 + b_1)^2} + \overline{(a_1 - b_1)^2}$$

ㄱ = 0.317384996

ㄴ, ㄱ = 0.1007332359

ㄱ' = 0.1407810126

ㄴ', ㄱ = 0.019819294

ㄴ, ㄱ, ㄴ', ㄱ' = 0.1205525275

$$\underbrace{\frac{1-b_1}{2}x_1(1-b_1)}_{a_1} = \underbrace{x_1(1-b_1)}_{y} - \Big\{\underbrace{(1-b_1)x_1(1-b_1)}_{mx_1} - \underbrace{\tfrac{1}{2}(1-3b_1)x_1(1-b_1)}_{c}\Big\}$$

$$② \ (10x_1)^{-(1-S_p)^{12}} = 0.72057401$$

$$\odot \ S_m = 0.08091394047 = 4a_1b_1{}^- = (a_1 + b_1)^2 - (a_1 - b_1)^2$$

$$① \ S_m = \overline{(a_1 + b_1)^2} - \overline{(a_1 - b_1)^2}$$

ㄱ = 0.317384996

ㄴ, ㄱ = 0.1007332359

ㄱ' = 0.1407810126

ㄴ', ㄱ = 0.01981929438

ㄴ, ㄱ, ㄴ', ㄱ' = 0.080913944

$$\left[\begin{array}{l} \cdot 4\pi_p m_s \\[2ex] \cdot 4\pi_p \Big\{10^{3x_1^{-\eta_1}} \cdot \big(1 + x_1{}^{\eta_1} + b_1{}^{\zeta_1}\big)^{-2}\Big\}^{8^{-1}} \cdot \underline{1.000213839^{-1}} \\[4ex] \hspace{8cm} \longrightarrow = \tau^{-19.08892567} \\[2ex] \cdot a_u{}^{-1} \cdot a_1 b_1 \end{array}\right.$$

② $10\,S_m =$

$\quad \cdot q^{-2\cdot g} \cdot 1.00001634$

$\qquad (q^{-2\cdot g} = 0.809126183), \qquad (1.00001634 = \tau^{-1.458778944})$

$\quad \cdot \fallingdotseq \underline{0.5 + x_E} = 0.809136041 \cdot \underline{1.000004156}$

$\qquad \underset{\longrightarrow}{} = \eta_E \qquad\qquad \underset{\longrightarrow}{} = \tau^{-0.371035632}$

$\quad \cdot \sigma^{\{0.218(2-10x_1)\}} = 0.809127641 \quad \{0.218(2-10x_1) = 0.2118011874\}$

③ $S_m(1+\eta_1) \cdot \left\{ \dfrac{\eta_1}{50\left(1+b_1{}^{\zeta_1}\right)} \right\}^{-\frac{1}{2}} = 1.333879646$

$\left[\begin{array}{l} \cdot\ 1.339710644 = \left(1+G_p\right)^2 \cdot g \\[6pt] \cdot\ \tau^{-(1+G_p)^2 \cdot g} = 1.000015006 \\[6pt] \cdot\ S_m(1+\eta_1) = 0.145415015 \\[6pt] \cdot\ \left\{ \dfrac{\eta_1}{50(1+b_1{}^{\zeta_1})} \right\}^{-\frac{1}{2}} = 9.172915508 \end{array}\right.$

④ $\log_\sigma \underline{10 \cdot S_m} = -0.21178665$

$\qquad \underset{\longrightarrow}{} = 1.11170184^{-2}$

⑤ $\left[10^{18}\left\{ 1 - \underline{(2 \cdot S_m)^{\frac{1}{2}}} \right\} \right]^{\underline{-(10\cdot G_p)^{4^3}}} \cdot b_1{}^{-2\cdot\zeta_1} = 119715.3834^{-1} \cdot b_1{}^{-2\cdot\zeta_1}$

$\qquad\qquad\qquad\qquad\qquad\qquad\qquad = 0.00007162863525$

$\qquad\quad = 0.4022783623 \quad = 0.285666484 \fallingdotseq \dfrac{1}{3.5}$

$a_1 = 0.08830199031 \qquad\quad P_s = 0.009593617227 \qquad\quad b_1 = 0.2290830029$

$x_1 = 0.29715650817 \qquad\quad y = 0.2290830029 \qquad\qquad\ c = 0.03582296814$

$\pi_p = 3.141477418 \qquad\qquad mx_1 = 0.1766039807$

$$b_f = 0.2854519441 \fallingdotseq \left(10 \cdot G_p\right)^{4^3} \fallingdotseq \frac{1}{3.5}$$

$$\longrightarrow\ = 0.285714286$$

$$x_f = 0.39933262 \fallingdotseq \tau^{\left(10^3 \cdot x_p\right)^2}$$

◉ 五 七

① $\left(\pi_0 \cdot 2^{-1}\right) - 1 = 0.\underline{570}820393$

② $\left(\pi_p \cdot 2^{-1}\right) - 1 = 0.\underline{570}738709$

③ $\left(\pi_\eta \cdot 2^{-1}\right) - 1 = 0.\underline{570}72134$

④ $\left(10^9 \cdot C_p{}^2\right)^{-\frac{1}{8}} = 0.05698949905$

$$0.057 = 0.05698949905 \cdot \underline{1.000184261}$$

$$\longrightarrow\ = \tau^{-16.44880671}$$

⑤ $\frac{x_f \cdot b_f}{2} = \underline{0.056979498} = \Lambda_f$

$$= 0.057 \cdot \underline{1.000359814}^{-1} \qquad = \tau^{32.11744069}$$

◉ 七 八 九

① $\frac{1}{\underline{0.7898616873}} = 1 + x_0$

$a_1 = 0.08830199031$	$m_s = 0.006439162988$	$a_u = 0.25$
$b_1 = 0.2290830029$	$x_1{}^{\eta_1} = 0.3800902761$	$x_E = 0.309136044$
$\pi_p = 3.141477418$	$b_1{}^{\zeta_1} = 0.3414928994$	$\eta_E = 0.809136044$

② $\dfrac{1}{\underline{0.789849835}} = V_0$

● 三 四

① $(x_1 \cdot b_1) \cdot 2^{-1} = 0.0\underline{34}03675259 = \Lambda_1$

② $(10 \cdot x_p)^{-1} = 0.\underline{34}93774642$

③ $b_1{}^{\zeta_1} = 0.\underline{34}14928994$

④ $b_1{}^{\frac{1}{2}} \cdot \dfrac{1}{x_1} = 3.399792011$

● 三 四 성환成還$\left(\Lambda_\psi\right)$

· $\Lambda_1 = \dfrac{x_1 \cdot b_1}{2} = \dfrac{x_1 - b_1}{2}$

· Λ_1: 0.03403675262

· Λ_α: 0.1180339887

· Λ_f: 0.05979498

· Λ_p: 0.03184665527

· Λ_u: 0.08333333

· Λ_π, Λ_π 등

$\pi_0 = 3.141640786$ $\pi_p = 3.141477418$

$\pi_\eta = 3.14144268$ $C_p = 2.9979241625014708$

◉ $\pi_p = 3.141477418$

① $\pi_p = \underbrace{(a_u \cdot b_1) \cdot (a_p \cdot b_p)^{-1}}$ ㄱ

ㄱ $= 0.018230514$

ㄴ, ㄱ $= 54.85308928$

ㄱ' $= 0.05727075072$

ㄴ, ㄱ, ㄱ' $= 3.141477418$

$\cdot S_m (m_s \cdot 4)^{-1} = 3.141477418$

$\cdot S_p (P_s \cdot 4)^{-1} = 3.141477415$

$\cdot \dfrac{10^{-1}}{(1.0318329 - 1) \cdot \tau} = 3.141439206$

$\cdot \tau^{-(1+\eta_1)^{\eta_1} - \frac{K_0}{x_1}} = \underline{1.031833472}$

$\cdot 3 \cdot F_p$

$\cdot \pi_p^{-2^{-4}} \fallingdotseq \zeta_p^{\ b_p}$

$= 0.9309559428$ $= 0.9302318375$

◉ $\pi_0 = 3.141640783 = 1.2 \cdot K_0^{\ 2}$

① $\pi_0 =$

$\cdot 10^{x_1 + 0.2} = 3.141640654$

$= 0.49715650817$

$\cdot 1.2 \cdot K_0^{\ 2} = 3.141640783$

$\cdot 10^{\sigma^{\log_{10} x_p^{1+x_p}}} = \pi_p \cdot \tau$

$b_1 = 0.2290830029$	$m_s = 0.006439162988$	$\eta_1 = 0.797156508$
$a_u = 0.25$	$S_p = 0.12055252747$	$P_s = 0.009593617227$
$a_p = 0.0819238254$	$K_0 = 0.6180339887498946$	$F_p = 1.047159139$
$b_p = 0.2225300733$	$F_1 = 10.47758118$	$\zeta_p = 0.7225300733$
$S_m = 0.0809139404621088$	$\tau = 0.999988799$	

② $\log_{10} \pi_0 = 0.497156526 = x_1 + 0.2$

◉ $T_{\zeta_1} = 5.999729985$

① $T_{\zeta_1} = \begin{cases} 6 - \left(b_u^{-3} \cdot 10^{-5} \right) = 5.999729985 \\ 6 - \{10^{-7} \cdot \zeta_1\}^{\frac{1}{2}} = 5.999729985 \end{cases}$

② $\dfrac{T_m}{T_{\zeta_1}} = \tau^{\frac{10^2 \cdot g^4}{1 - \eta_1}}$

$\;\;\;\; = 1.000950293 \qquad\qquad = 1.000950406$

$\left(1 - C_p^{-2} \right)^{-2} = 1.266063441 = V_0$

$\dfrac{\left(1 - C_p^{-2}\right)^{-2}}{1 + x_0} = 1.00001500675 = ⱴ \left(\tau^{-(1 + C_p)^2} \cdot g = 1.000015006 \right)$

$10^4 \cdot \left\{ 1 - \left(\dfrac{1 - C_p^{-2}}{1 + x_0} \right)^{-2} \right\} = \boxed{0.1500675}$

$\left[10^4 \cdot \left\{ 1 - \left(\dfrac{1 - C_p^{-2}}{1 + x_0} \right)^{-2} \right\} \right]^{1 + 10^{-3} \cdot a_1 \cdot J} = 0.15000675 \cdot \underline{1.00000292}$

$\qquad\qquad\qquad = 1.000211941$

$\qquad\qquad\qquad\qquad\qquad\qquad\qquad\qquad \dot{=} \, \tau^{-0.260689296}$

$0.15000675 = \underline{6.6663666^{-1}}$

$\qquad\qquad\qquad\qquad \longrightarrow \left(T_{\zeta_1} \cdot g \right)^{-1}$

③ $\log_\sigma T_{\zeta_1} = 1.791736374$

⊙ $T_m = 6.005431483$

① $T_m \fallingdotseq \tau^{-(10^2 \cdot g^4) \cdot (1+\eta_1)^{-1}} \cdot T_{\zeta_1} = 6.005432164$

$= 6.005432164 \cdot 1.000000113^{-1}$

$\longrightarrow = \tau^{0.01008833281}$

⊙ $T_l = 5.78762039$

① $T_l \fallingdotseq T_{\zeta_1} \cdot \left(1 - (800)^{-\frac{1}{2}}\right) = 5.787607497$

$T_l = 5.787607497 \cdot 1.000002228$

$\longrightarrow \tau^{-0.198909593}$

$6 - \{10^{-7} \cdot g^{-3}\}^{-\frac{1}{2}} = 5.99973$일 때 g수의 승수와 자리수로 T는 변동한다.

$\dfrac{T_l}{T_{\zeta_1}} \fallingdotseq 1 - (800)^{-\frac{1}{2}}, \qquad \left(1 - (800)^{-\frac{1}{2}} = 0.9646446609\right)$

$= 0.9646446609 \cdot 1.000002228$

$\longrightarrow = \tau^{-0.198982903}$

⊙ $G_p = 0.098061335$

① $G_p = \left(C_p^{-2} \cdot \pi_p^2\right) - 1 = 0.098061335$

② $\cdot G_p^{\left(\left((10 \cdot S_m)^{\frac{1}{2}} \cdot (1+\eta_1)\right)^{x_1^{-\eta_1}}\right)}$

$$\cdot\, G_p \Bigg(\left((10 \cdot S_m)^{\frac{1}{2}} \cdot (1+\eta_1) \right)^{x_1^{-\eta_1}}$$

$$-----\,2.630953915(2.630953334) \fallingdotseq 10(b_1 + \Lambda_1)$$

$$-----\,3.538429994(3.538433315)$$

$$-----\,10^{-4} \cdot 2.700775738(\underline{10^{-4} \cdot 2.700736552})$$

$$= 2.63119759$$

$$\cdot\, (10 \cdot S_m)^{-\frac{1}{2}} = 0.80913940462^{-\frac{1}{2}}$$

$$= 1.111701839^{-2} \fallingdotseq 1.1^8$$

$$1.111710922$$

$$\cdot\, G_p{}^{1.6165821407}{}^{2.630953334}$$

$$-----\,3.538433315$$

$$-----\,0.0002700736552$$

$$\cdot\, 2.630953334 \fallingdotseq x_1^{-\eta_1}$$

$$\cdot\, 3.538433315 \fallingdotseq S_m^{\frac{1}{2}} \cdot (1+\eta_1) \cdot x_1^{-2\eta_1}$$

$$\cdot\, \sigma^{\left(10^{96} \cdot x_1^{-\eta_1}\right)^{b_1}\eta_1{}^2 \cdot 10F_p{}^{-2}} = 3.538489804$$

$$\cdot\, 1.6165821407 \fallingdotseq (10 \cdot S_m)^{\frac{1}{2}} \cdot (1+\eta_1)$$

$$\cdot\, G_p{}^{1.6165821407}{}^{0.425830613}$$

$$-----\,\underline{1.226951283}$$

$$-----\,0.05789178406$$

$$\cdot\, 0.425830613 \fallingdotseq 0.2 \cdot \eta_1 \cdot b_1^{-\eta_1}$$

$$\cdot\, 1.226951283 \fallingdotseq S_m^{\frac{1}{2}} \cdot (1+\eta_1) \cdot 10\alpha_0^{-1.5} \cdot b_1^{2\zeta_1}$$

$$\cdot\, G_p{}^{1.226951283} = 0.05789178406$$

T에서 유도 $\quad \sigma^{\left(b_1{}^{\zeta_1} - 2x_1{}^{\eta_1}\right) \cdot T} = 0.0809139404$

$$= 1.226951283 \fallingdotseq S_m^{\frac{1}{2}} \cdot (1 + \eta_1) \cdot 10\alpha_0^{-1.5} \cdot b_1^{2\zeta_1} = 1.226993863$$

$$10\alpha_0^{-1.5} \cdot b_1^{2\zeta_1} = 2.400185571 \fallingdotseq \text{ㅣ건}$$

$$10\alpha_0^{-1.5} = 20.58171026 = 0.048586827^{-1}$$

$$\fallingdotseq b_1^{-(2R \cdot X_1\zeta_1)}$$

$$\fallingdotseq x_1^{-(R \cdot X_1)^4 \cdot \eta_1^2}$$

$$\cdot \tau^{-(1+G_p)^2 \cdot g} = 1.000015006$$

$$\underline{\qquad} \quad 1.339710644$$

● $x_\pi = 0.253871051$ 유도과정은 b_π에 있음

● $b_\pi = 0.205469743$

$\cdot (a_\pi \cdot b_\pi)^{\frac{1}{4}} = 0.337984409$

$\cdot (a_\pi \cdot b_\pi)^{-\frac{1}{8}} = 1.720091962$

$\cdot \dfrac{1}{\pi_p} = \dfrac{a}{b} = \dfrac{x^2}{1 - \dfrac{1}{1+x}} = x(1+x), \left(a = x^2, b = \dfrac{x}{1+x} \right)$

$\therefore \pi_p^{-1} = x(1+x) = x_\pi(1 + x_\pi)$

$\therefore x_\pi = 0.253871051$

$\therefore a_\pi = 0.064450511 = x_\pi^2$

$$\frac{a_\pi}{b_\pi} = \frac{1}{\pi_p} \qquad \therefore b_\pi = 0.202469823$$

◉ $x_E = 0.309136044 = \dfrac{1}{\log_\sigma E_p}$

① $x_E{}^{\eta_1} = 0.3867779442 = 0.0005008334^{-\left\{1/(0.6 \cdot g)\right\}}$

$\quad (10^{-4} \cdot x_E)^{4^{-2.5}} = 0.7228816098 \quad (4^{-2.5} = 32^{-1})$

② $10 \cdot S_m \fallingdotseq 0.5 + \dfrac{1}{\log_\sigma E_p}$

③ $\sigma^{\left[\left\{1+\left(10^{-4} \cdot x_E\right)^{1/32}\right\}^{-2}+1\right]^4 \cdot x_1{}^{\eta_1} \cdot b_1{}^{\zeta_1}}$

$\quad = 1.513790469$

$\quad \left(1 + x_{\hat{p}}\right)^{20 \cdot a_p} = 1.513856447$

$0.722855438 = \left\{10\left(1 + b_1{}^{\zeta_1}\right)\right\}^{-\frac{1}{8}} \fallingdotseq \omega - 1$

$\left[\begin{array}{l} \Omega \fallingdotseq \left[\left\{1 + (10^{-4} \cdot x_E)^{1/32}\right\}^{-2} + 1\right]^4 \cdot x_1{}^{\eta_1} \cdot b_1{}^{\zeta_1} \\ \quad = 0.4146218198 \\ \Omega \fallingdotseq 0.4146661 \\ \omega = 1 + (10^{-4} \cdot x_E)^{1/32} = 1.72288161 \\ \omega \fallingdotseq 1.722865967 \\ \therefore (\omega^{-2} + 1)^4 \cdot x_1{}^{\eta_1} \cdot b_1{}^{\zeta_1} = \Omega \\ \sigma^\Omega = \varepsilon_p \end{array}\right.$

◉ $b_E = 0.236137446$

◉ $m_s = 0.006439162988$

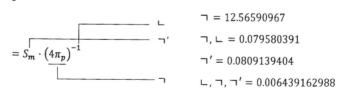

$= S_m \cdot \left(4\pi_p\right)^{-1}$

ㄴ $\quad$ ㄱ $= 12.56590967$

ㄱ, ㄴ $= 0.079580391$

ㄱ′ $= 0.0809139404$

ㄴ, ㄱ, ㄱ′ $= 0.006439162988$

$$= a_1 \cdot \{(a_p \cdot b_p) \cdot a_u^{-1}\}$$

① $\left(\dfrac{m_s}{P_s}\right)^{\frac{1}{2}} \fallingdotseq 10 \cdot a_p$

      $\longrightarrow\; = 0.1892633289 \qquad\qquad = 0.8192382538$

② $\left(P_s^{\frac{1}{8}}\right)^{-(x_1\eta_1)^{20^{-1} \cdot x_1^{-\frac{1}{4}}}} \fallingdotseq P_s^{-(1+\Lambda_1)^{-64}}$

      $\longrightarrow\; = 1.722887034 \qquad \longrightarrow\; = 1.725565179$

$$20^{-1} \cdot x_1^{-\frac{1}{4}} = 20^{-1} \cdot (1 - X_1)^{-2}$$

⊙ $P_s = 0.009593617227$

① $P_s = S_p \cdot (4\pi_p)^{-1}$

② $\left(\dfrac{m_s}{P_s}\right)^{\frac{1}{2}} \fallingdotseq 10 \cdot a_p$

      $\longrightarrow\; = 0.1892633289 \qquad\qquad = 0.8192382538$

③ $P_s^{2^{-3}} = (10^{-1} \cdot 2x_1) + 0.5$

    $\cdot P_s^{\frac{1}{8}} = 0.5594326358 \quad \left(\dfrac{1}{8} = 0.125 = 2^{-3}\right)$

    $\cdot (10^{-1} \cdot 2x_1) + 0.5 = 0.5594313016$

    $\cdot P_s^{-\frac{1}{16}} = 1.336983664 \quad \left(\dfrac{1}{16} = 0.0625\right)$

⊙ $L_s = 62.01302736$

① $L_s = \left\{(S_p^{\,2} \cdot a_1) \cdot 4\pi_p\right\}^{-1}$

$\Omega = 0.41466540405$	$x_{\hat{\beta}} = 0.287982141$	$\Lambda_1 = 0.03403675262$
$\omega_0 = 0.72288161$	$a_p = 0.0819238254$	$b_p = 0.2225300733$
$\varepsilon_p = 1.513856439$	$P_s = 0.009593617227$	$\eta_E = 0.809136044$

4-1 대수對數의 저低와 지수指數(1)

$$\boxed{\begin{array}{l} 七 \ 八 \ 九 \\ \cdot\ \mathbf{0.789}8616873^{-1} = 1 + x_0 \\ \cdot\ \mathbf{0.789}849835^{-1} = V_0 \end{array}}$$

네이피어 $_{\text{Napier}}$ "e"

$$\lim_{x\to\infty}\left(\frac{1+x}{x}\right)^{-x} = \lim_{x\to\infty}\left(\frac{1}{b(x)}\right)^{x} = 2.718281828$$

└── 무한이 아님

$$\left(1 - C_p^{-2}\right)^{-2} = 1.266063441 = V_0$$

$$\frac{\left(1-C_p^{-2}\right)^{-2}}{1+x_0} = 1.00001500675 = V, \left(\tau^{-(1+G_p)^2}\cdot g = 1.000015006\right)$$

$$10^4 \cdot \left\{1 - \left(\frac{1-C_p^{-2}}{1+x_0}\right)^{-2}\right\} = 0.1500675$$

$$\left[10^4 \cdot \left\{1 - \left(\frac{1-C_p^{-2}}{1+x_0}\right)^{-2}\right\}\right]^{1+10^{-3}\cdot a_1\cdot J} = \underline{0.150007188}$$

$$= 1.000211941$$

$$= 0.15000675 \cdot 1.00000292$$

$$= \tau^{-0.260689296}$$

$$\log_\sigma T_{\zeta_1} = 1.791736374$$

$$0.15000675 = 6.6663666^{-1}$$

$$6.6663666^{-1} = \left(T_{\zeta_1}\cdot g\right)^{-1} \text{에서 } T_{\zeta_1} = 5.999729985$$

$6 - \{10^{-7}\cdot g^{-3}\}^{\frac{1}{2}} = 5.99973$일 때 g의 승수와 자리수로 T는 변동한다.

$$\frac{T_l}{T_{\zeta_1}} \fallingdotseq 1 - (800)^{-\frac{1}{2}}$$

$$\begin{bmatrix} \dfrac{T_l}{T_{\zeta_1}} = 0.96464681 \\[2mm] 1 - (800)^{-\frac{1}{2}} = 0.9646446609 \end{bmatrix}$$

에서 $T_l = 5.78762039$ 이다.

$1 + b_u{}^2 = g$ 에서 $g = 1.111111111\dot{1}$

$1 - (10^{-2} \cdot \eta_1)^{\frac{1}{2}} = 0.9107163784$

$\left\{ 1 - (10^{-2} \cdot \eta_1)^{\frac{1}{2}} \right\}^{-1} - 1 = 0.098036693$ 에서 $G_\eta = 0.098036693$

$\pi_p = \dfrac{a_u \cdot b_1}{a_p \cdot b_p}$ 에서 $\pi_p = 3.141477418$

$\pi_p{}^2 = \dfrac{G_p - 1}{0.1112650366}$ 에서 $G_p = 0.098061335$

$\dfrac{\eta_1 \cdot g}{Q} \fallingdotseq \eta_{\hat{1}}$ 일 때 $\eta_{\hat{1}} = 7.979321357,$ $\eta_{\hat{1}} = 10 \cdot \eta_1 \cdot \sigma^{(2 \cdot a_1)^4}$

$\dfrac{\eta_1 \cdot g}{Q} = 7.979544623,$ $\eta_{\hat{1}} = 7.979544623 \cdot 1.000027981^{-1}$

$1.000027981^{-1} = \tau^{-2.497995312}$ 에서

$\eta_{\hat{1}} = 7.979321357(\star)$ 이고

$10 \cdot \tau^{\eta_{\hat{1}}} = R$ 에서 $R = 9.999106272$

$(1 + \alpha_0{}^2)^R = E_p$ 에서 $E_p = 25.40083843$

$E_p = \Lambda_\alpha{}^{-(1 + x_{\hat{p}})^{10 \cdot x_Y}}$ 에서 $x_{\hat{p}} = x_p \cdot 10^{-2 \cdot x_0}$

$$\Lambda_\alpha = \frac{\alpha_0 \cdot \alpha_0{}^2}{2} \text{ 에서 } \Lambda_\alpha = 0.1180339887$$

$$\left(\frac{b_p}{2}\right)^{-\frac{1}{2}} = C_p \text{ 에서 } C_p = 0.997924162 \text{ 이다.}$$

α_0 는 $a = x^2$, $b = \frac{x}{1+x}$ 일 때

$x^2 = \frac{x}{1+x}$ 의 x값을 $\alpha_0 = 0.6180339887997$

$b_1 - a_1 = X_1$ 에서 $X_1 = 0.1407810126$

$b_1 = \frac{x_1}{1+x_1}$ 에서 $b_1 = 0.2290830029407519$

$a_1 = x_1{}^2$ 에서 $a_1 = 0.08830199031$

$x_Y = \frac{X_1}{1 - X_1}$ 에서 $x_Y = Y = 0.1638476508$

$x_u = 0.5$

$x_Y \cdot x_u = a_p$ 에서 $a_p = 0.0819238254$

$(x_Y \cdot x_u)^{\frac{1}{2}} = x_p$ 에서 $x_p = 0.28622338371 \fallingdotseq \sqrt{a_p}$

$b_p = \frac{x_p}{1 + x_p}$ 에서 $b_p = 0.2225300733$

$(a_1 + b_1)^2 + (a_1 - b_1)^2 = S_p$ 에서 $S_p = 4a_1 b_1{}^+ = 0.12055252747$

$S_l = (S_p \cdot x_1)^{-2} = \left\{\frac{1}{2}(1 - 3b_1)x_1(1 - b_1)\right\}^{-2}$ 에서 $S_l = 779.2501003$

$4\pi_p \cdot L_s = (S_p \cdot x_1)^{-2}$ 에서 $L_s = 62.01302736$

$4\pi_p \cdot m_s = S_m$ 에서 $m_s = 0.006439162988$

$4\pi_p \cdot P_s = S_p$ 에서 $P_s = 0.009593617227$

$S_l^{-\frac{1}{2}} = S_p{}^{x_1}$ 에서 $S_p{}^{x_1} = 0.03582296807$

$\langle\frac{a_1}{a_u}\rangle b_1 = (a_1 + b_1)^2 - (a_1 - b_1)^2 = S_m = 4a_1 b_1{}^- = 0.0809139404621088$

$\sigma^{\left[1+\left\{1+\left(\left(10^{-4}\cdot x_E\right)^{\frac{1}{32}}\right)^{-2}\right\}\right]^4 \cdot x_1{}^{\eta_1}\cdot b_1{}^{\zeta_1}} = 1.513790472$

$\Lambda_\alpha = \dfrac{\alpha_0{}^3}{2}$, $E_p = \Lambda_\alpha{}^{-\varepsilon_p}$ 에서 $\varepsilon_p = 1.513856439$

$\sigma^\Omega = \varepsilon_p$ 에서 $\Omega = 0.4146653985$

$(10^{-4}\cdot x_E)^{\frac{1}{32}} = \omega_0 = 0.72288161$

$\Omega^{0.3686424576} = \omega_0$ 일 때 0.3686424576 피정(被定)

$(1 + x_{\hat{p}})^{20\cdot a_p} = \varepsilon_p$ 에서 $x_{\hat{p}} = 0.287982141$

$2\cdot a_p = Y$

$20\cdot a_p = 1.638476508$

$2(1 - \eta_1)^{\frac{1}{8}} = 1.638419584$

$\omega_p \fallingdotseq (1 + \omega_0)\cdot \tau^{-(20\cdot\Lambda_1\cdot\tau)^{-\{\log_\sigma(1+4a_1)\}^{-2}}} - 1 = 0.722857802$

$\omega_p \fallingdotseq (1 + \omega_0)\cdot \tau^{-(20\cdot\Lambda_1\cdot\tau)^{-4}} - 1 = 0.722791789(\bigstar)$

$$\begin{cases} \{\log_\sigma(1 + 4a_1)\}^{-2} = 0.546085055 \\ \log_\sigma(1 + 4a_1) = 1.353224508 \\ 20 \cdot \Lambda_1 \cdot \tau = 0.680727427 \end{cases}$$

- $(10x_1)^{-(1-S_p)^{12}} = \delta \cdot \tau^{18.823031} = 0.7920574116$

$$h = \sqrt{b_p^{-\zeta_p} \cdot \tau^{-2^8 \cdot g}} - 1 = 0.723683191$$

$$\fallingdotseq \sqrt{10x_1} - 1 = 0.72382281$$

$$1 + h = \sqrt{10x_1} \times \tau^{-10\zeta_1} = 1.72368191 \fallingdotseq 1 + \delta$$

$$= (1 + h_0) \times \sigma^{10^{-5} \cdot 4x_1}$$

$$\underline{\hspace{4cm}} = 0.999988115^{-1}$$

$$= (1 + h_0) \times \tau^{-1.061072282}$$

$$1.723662705$$

$$h_0 = 0.723662705$$

$$\therefore h = \sigma^{10^{-5} \cdot 4x_1} \qquad\qquad\qquad \cdot 1.061072282 \fallingdotseq 10 \cdot \frac{b_u}{\pi_p}$$

$$\cdot 0.9999775577 = \frac{\pi_\eta{}^2}{\pi_p} = \frac{1 + G_\eta}{1 + G_p}$$

- $1 + \delta = (1 + h_0)\left(\dfrac{1}{x_1} - 2\right)^{\frac{1}{8}} \cdot \sigma^{(b_d)^{-4}}$

$$\left(1 + x_1{}^{\eta_1} + b_1{}^{\zeta_1}\right) \cdot M = \delta$$

$$0.792224414(\star)$$

$$0.4601720237$$

$$M \fallingdotseq \begin{array}{c} ① \left\{ \log_\sigma \eta_E \cdot \tau^{-(10^7 \cdot S_p \cdot x_1)^{\frac{1}{12}}} \right\}^{\frac{1}{2}} = 0.4601910408 \\[3mm] ② \left(1 + G_p\right)^{-\frac{1}{S_p}} = 0.4602530779 \end{array}$$

$$\delta \begin{array}{c} \fallingdotseq \left(x_1{}^{\eta_1} + b_1{}^{\zeta_1}\right)\left(1 + G_p\right) = 0.7923425851 \\[3mm] \fallingdotseq \left(x_1{}^{\eta_1} + b_1{}^{\zeta_1}\right)\left(1 + G_p\right)\tau^{h^{-8}} = 0.7922571536 \end{array}$$

$$\delta_0 = S_m \left(\frac{1}{1 + \zeta_1} \times 2a_1 \right)^{-1} = 0.7922070532$$

• δ_0, δ 의 관계

$$1 + \delta = \sigma^{\{10(1+\delta_0)\}^{-4}} \cdot (1 + \delta_0), \qquad \delta = \sigma^{\{10(1+\delta_0)\}^{-4}} \cdot (1 + \delta_0) - 1$$

$$1 + \delta_0 = \sigma^{-\{10(1+\delta)\}^{-4}} \cdot (1 + \delta), \qquad \delta_0 = \sigma^{-\{10(1+\delta)\}^{-4}} \cdot (1 + \delta) - 1$$

$$\frac{1+\delta}{1+\delta_0} = \underline{1.000009687} \fallingdotseq \sigma^{\{10(1+\delta_0)\}^{-4}}, \qquad \delta \text{는 } 10S_m \fallingdotseq \eta_E \text{ 共用}(\delta)$$

$$\downarrow$$

$$0.999990313^{-1} \qquad\qquad \delta_0 \text{는 } S_m \text{에만 } 獨用(\delta_0)$$

4-2 대수對數의 저低와 지수指數(2)

σ 는 함수매개역할

τ 는 함수정밀 분류

ζ_1, η_1은 성격분류(고정형)

J 는 이중매개

네이피어 $'e'$ 는 일반편법(수의 질량분류가 필요)

$x_1{}^{\eta_1}$, $b_1{}^{\zeta_1}$은 고유특성

α_0, x_1, b_1등은 일반매개 외

π_p 등은 예컨데 $\dfrac{a_u \cdot b_1}{a_p \cdot b_p}$ 혹은 $3F_1$ 로 분해하여 적용

① $\alpha_0{}^3\{2(1 + 2x_1)\}^2 = J$ 에서 $\quad J = 2.400182439$

② $\sigma = \dfrac{2 \cdot J \cdot \alpha_0{}^3}{(1+\zeta_1) \cdot 2 \cdot S_p} = 2.71824859$

$$\cdot \ \frac{2 \cdot J}{1+\zeta_1} = 2.776248955$$

$$\cdot \ \frac{2 \cdot J}{1 + \zeta_1} = \frac{2 \cdot \sigma \cdot S_p}{\alpha_0{}^3}$$

$\cdot b_p$

$$저^{b_p} = 1 + x_p$$

$$b_p{}^{저} = 0.18 + b_1$$

③ $\tau = 1 - (10^{10} \cdot \eta_1)^{-\frac{1}{2}}$ 에서 $\quad \tau = 0.9999887997$

$\tau = \begin{cases} \cdot (R \cdot 10^{-1})^{\eta_1^{-1}} = 0.999988799 \\[8pt] \cdot g^{-10^{-4} \cdot 2 \cdot \zeta_1^2} = 0.9999887991 \\[8pt] \cdot g^{-r^2} = 0.9999887991 (r = 0.01031073) \\[8pt] \cdot z\{10^4 \cdot (1 + x_1)^4\}^{-1} = 0.999988004 (z = 0.7282691876) \end{cases}$

④ $\eta_1 = 0.5 + x_1 = 0.797156508$

$\eta_1 = x_1 + x_1(1 + x_1)^2$

$\begin{cases} \cdot \eta_1^{10^2} \cdot C_p^{-2} \cdot \tau^{Y^{-2}} = 0.080349177 \fallingdotseq S_m \\[8pt] \qquad \begin{cases} \cdot \tau^{Y^{-2}} = 0.999582854 \\[8pt] \cdot \tau^{Y^{-2}} \cdot C_p^{-2} \fallingdotseq 0.111218623 \\[8pt] \cdot S_m = 0.0809139404 \end{cases} \\[8pt] \cdot \dfrac{X_1 \cdot (\pi_p - 2)}{2} = 0.080349173 \fallingdotseq S_m \end{cases}$

⑤ $\zeta_1 = 0.5 + b_1 = 0.7290830029$

$\zeta_1 = 1 - \{x_1(1 - x_1^2)\}$

⑥ $\alpha_0 = 0.6180339887 = \dfrac{(\sqrt{5} - 1)}{2}$

$\cdot 1 + \alpha_0^3 = \left(\dfrac{K_0}{2}\right)^{-1} = 1.236067977$

$\begin{cases} \cdot 1 + \alpha_0 = \dfrac{1}{\alpha_0} = 1.61803398875 = K_0 \\[8pt] \cdot \alpha_0(1 + \alpha_0) = 1 \\[8pt] \cdot \alpha_0^3 \fallingdotseq x_1\{x_1 + x_1(1 + x_1)^2\} = 0.2368802444 \end{cases}$

$\cdot\, {\alpha_0}^2 \cdot 5 \cdot \pi_p = 5.999687993$

$\cdot\, \left(x_p + 0.5\right)^2 = 0.61801472091 \fallingdotseq \alpha_0$

$\cdot\, \dfrac{\alpha_0}{\{(1 + {\alpha_0}^3) \cdot 10^{-1}\}} \fallingdotseq 5$

$\cdot\, 5 \cdot \alpha_0 = 3.090169944$

$\cdot\, \dfrac{{\alpha_0}^3}{2} = 0.118034$

$\cdot\, (\alpha_0 - x_1)^{\frac{1}{2}} = 0.991158877$

⑦ $b_1 = 0.2290830029$

$\quad \cdot\, \pi_0 \cdot \zeta_1 = 2.290516898 \fallingdotseq (10 \cdot b_1)$

$\cdot\, (1 - b_1)^2 = 2x_1 = 0.5943130164$

$\cdot\, (1 - b_1)^4 = 4a_1 = 0.3532079614$

$\cdot\, \log_\sigma b_1 = -1.473688903$

⑧ $x_1 = 0.29715650817742436$

$\cdot\, x_1^{\frac{1}{4}} \fallingdotseq (1 - X_1)^2$

$\left[\begin{array}{l} \cdot\, x_1^{\frac{1}{4}} = 0.7383228537 \\[6pt] \cdot\, (1 - X_1)^2 = 0.7382572683 \\[6pt] \cdot\, 20^{-1} \cdot x_1^{-\frac{1}{4}} = 0.0677210515 \\[6pt] \cdot\, 20^{-1} \cdot (1 - X_1)^{-2} = 0.067726077 \end{array}\right.$

$\cdot\, (1 - b_1)^2 = 2x_1$

$\bullet\, 2\left[\dfrac{x_1\{x_1 + x_1(1 + x_1)^2\}}{1 - x_1(1 + x_1)}\right]^2 = x_1\{x_1 + x_1(1 + x_1)^2\} = 0.23688024$

$$\cdot\, 2\left\{\frac{x_p + x_p\left(1 + x_p\right)^2}{1 - x_p\left(1 + x_p\right)}\right\}^2 = 0.236887274$$

〈추이 ①〉

$$\cdot\left\{10^4 \cdot x_1 \cdot \tau^{x_1^{-4\eta_1}} \cdot 4\right\}^{\frac{1}{4}} = \sigma^{10(g^2 - 1)}$$

$$\longrightarrow = 10.44006119 \qquad = 10.44005999$$

$$\cdot\, 4\eta_1 = 2 + 4x_1 = 3.188626033$$

$$\cdot\, \frac{10\left(1 - \pi_p^{-\frac{1}{8}}\right)}{g^3} = 0.9719103272 \qquad\qquad x_f^{\frac{1}{32}} = 0.9717212767$$

$$\cdot\, \frac{1 - \pi_p^{-\frac{1}{8}}}{g} = 0.119889209$$

$$\cdot\, \sigma^{\frac{1}{x_1}} = (1.000205416)^{4^7} = 28.93896235$$

$$\cdot\, \sigma^{\frac{1}{b_1}} = 78.66329368$$

$$\left[\begin{array}{l} = (1.000266465)^{4^7} \\ = (1.000002082)^{2^{21}} \end{array}\right.$$

$$\cdot\, (2.4 \cdot g)^{\sqrt{2}} = 4.003231987$$

$$\cdot\left\{\frac{1 + \zeta_1}{2}\right\}^{-2} = 1.337914338$$

$$\cdot\left\{0.218(2 - 10 \cdot x_1)\right\} \cdot \alpha_0 = 0.1309003329$$

$$\fallingdotseq 0.05K_0^{\,2} = 0.1309016994$$

$$\cdot \, \sigma^{\{0.218(2-10\cdot x_1)\}\cdot 10} = 0.1202736181 \fallingdotseq S_p\big(S_p = 0.12055252747\big)$$

$$\cdot \, \sigma^{\{0.218(2-10\cdot x_1)\}} = 0.809127641 \fallingdotseq 10 \cdot S_m(10 \cdot S_m = 0.8091394047)$$

$$\cdot \, 10 + (0.218 \cdot X_1)^{-\frac{1}{2}} = 5\pi_0$$

$$(10 + (0.218 \cdot X_1)^{-\frac{1}{2}} = 15.70820696K \fallingdotseq 5\pi_0 \, (5\pi_0 = 15.70820393)$$

$$\cdot \left(\frac{0.218}{\alpha_0{}^2} + 1\right) \cdot 2 = 3.141462818 \fallingdotseq \pi_p(\pi_p = 3.141477418)$$

$$\cdot \left(\frac{b_d}{0.218}\right) \fallingdotseq \big(x_1 \cdot S_p\big)^{\frac{1}{4}}$$

$$\color{white}{.}\!\!\longrightarrow = 0.435149383 \qquad \downarrow = 0.4350512208$$

$$\cdot \, S_l{}^{-\frac{1}{2}} = S_p \cdot x_1 = 0.035822968$$

$$\cdot \frac{\log_\sigma T_{\zeta_1}}{1+\delta} = 0.9997276904$$

$$\longrightarrow = \tau^{24.31437263}$$

$$\longrightarrow = (0.2028002406)^{-2}$$

$$\fallingdotseq b_\pi(0.202469823)$$

$$= 0.14574537 \cdot 1.391469524$$

$$\tau^{171938.6103} \qquad (2x_1 + \eta_1)$$

$$\therefore \frac{\log_\sigma T_{\zeta_1}}{1+\delta} = \tau^{\{(2x_1+\eta_1)\cdot 0.14574537\}^{-2}}$$

$$\cdot \frac{\log_\sigma T_{\zeta_1}}{1+\delta} = 0.9997276904 \cdot \tau \cdot \tau^{a_E}$$

$$\longrightarrow = 0.9997154223 \qquad = 0.9999877286$$

$$\longrightarrow = \tau^{E_p} \cdot 0.999999898$$

$$\longrightarrow = \tau^{0.009124138225}$$

$$\cdot\, b_{\bar{1}}{}^{-6.0856093} = \underline{0.006429193}$$

$$\longrightarrow \cdot\, 0.000729094^{-\frac{1}{4}} \qquad 155.5405261^{-1}$$

$$\cdot\, 0.000729094^{0.111265} \fallingdotseq \left(1 + b_p\right)^{-4}$$

$$\cdot\, 155.5405261 = m_s{}^{-1.000307072} \quad (m_s = 0.006439162988)$$

$$\longrightarrow (g \cdot q)^{0.001529994}$$

$$\fallingdotseq \{(10^{-3} \cdot 2 - 10^{-3} \cdot (g-1)) \cdot (g-1)^{-2}\}10^{-2} = 0.00153$$

$$= \tau^{-a_u \cdot a_0{}^4}$$

$$\cdot \left(6.0856093^{\frac{1}{2}}\right)^6 = \underline{1.028619495} = 0.972176791^{-1}$$

$$\fallingdotseq \left(\sqrt{\frac{\pi_p}{2}}\right)^{\frac{1}{16}}$$

$$\cdot\, 1.028619557^{-1} = 0.972176733$$

$$\cdot\, 1.028619557^2 = 1.058058194$$

$$\cdot\, 1.028619557^{2^2} = 1.119487142$$

$$\cdot\, 1.028619557^{2^3} = 1.253251461$$

$$\cdot\, 1.028619557^{2^4} = 1.570639213$$

$$\cdot\, 1.028619557^{2^6} = \underline{6.085632984}$$

$$\longrightarrow (10^5 \cdot 0.729094)^{-\frac{1}{4}} \cdot 10^2$$

$$\cdot\, \frac{10^{-1} \cdot x_p}{0.028619557} = 1.000097025$$

$$\cdot\, \frac{1 + 0.1 x_p}{1.028619557} = 1.000002704$$

$\cdot \dfrac{T_m}{T_{\zeta_1}} = 1.000950283 = \tau^{-84.79835320}$

$$\fallingdotseq \tau^{-\frac{10^2 \cdot g}{(1+\eta_1)\cdot\zeta_1}} = 1.000950298$$
$$\longrightarrow = 84.79975876$$

$$\fallingdotseq \tau^{-\frac{10^4 \cdot g^4}{1+\eta_1}} = 1.000950406$$
$$\longrightarrow = 84.80941394$$

$\cdot 2.5 \fallingdotseq (2 + x_1) \cdot (1 + x_1{}^2)$

$\cdot 1 - \pi_p{}^{-\frac{1}{8}} = 0.133321033 = 7.500690384^{-1}$

$\cdot \dfrac{a_p \cdot b_p}{a_u} = \underline{0.072922059}$

$\cdot x_E \cdot b_E = \underline{0.072999}$

$\cdot 4\pi_p \cdot a_p \cdot b_p = 0.229091385$

$\cdot \underline{(\pi_p)^{-2^{-4}}} \fallingdotseq \underline{\zeta_p{}^{b_p}}$
$\qquad \longrightarrow 0.930955942 \qquad 0.930231837$

$\cdot \dfrac{1 - \pi_p{}^{-\frac{1}{8}}}{g} = 0.19988956$

$\cdot \dfrac{10\left(1-\pi_p{}^{-\frac{1}{8}}\right)}{g^3} = \underline{0.97191058}$

$\cdot x_f{}^{2^{-5}} = \underline{0.971721277}$

$\cdot e^{\left(1-\pi_p{}^{-\frac{1}{8}}\right)} = \underline{1.142616}$

$\cdot \left\{\log_{10}\left(1 - \pi_p{}^{-\frac{1}{8}}\right)\right\}^{-1} = -\underline{1.142724953}$

$$\cdot\, a_\pi \cdot b_\pi = 0.013049513$$

$$\cdot\left(10 \cdot a_p\right)^{\frac{1}{4}} = 2.220031499$$

$$\cdot\, 1.1400379369^{\frac{1}{2}} = 1.06772559$$

$$= 0.38009 \times 3 \qquad = (0.38009 \times 3)^{\frac{1}{2}}$$

$$\cdot\, 10^4 \cdot x_1^{-\frac{1}{4}} = 0.135442103$$

$$\cdot\, (1 + \zeta_1)^{b_1} = 1.1 + (10^2 \cdot x_1)^{-1}$$

$$\cdot\, (x_1^{\eta_1} - b_1^{\zeta_1}) \cdot \eta_1^2 = 0.024527031$$

$$\cdot\left(\frac{\eta_E^{-\frac{1}{2}}}{10}\right)^{\frac{1}{2}} = 0.333422277$$

$$\cdot\, \eta_E^{-\frac{1}{2}} = 1.111704148$$

$$\cdot\, 4 \fallingdotseq 3(x_u \cdot 2.4 \cdot g)$$

$$\cdot\, 3 = (2.4 \cdot g)^{1.120085161}$$

$$\fallingdotseq 10^5(1 - \tau) = 1.1201$$

$$\varphi = \sqrt{1 + \frac{b_p}{2 - b_p}} \pm \sqrt{\left(1 + \frac{b_p}{2 - b_p}\right) + \left(1 + \frac{2 - b_p}{b_p}\right)} \quad \text{식에서}$$

$$\left(1 + \frac{b_p}{2 - b_p}\right) \otimes \oplus \left(1 + \frac{2 - b_p}{b_p}\right) = 10.11274465. \quad \text{곱하든 더하든 값은 같다.}$$

$$\sqrt{\left(1 + \frac{b_p}{2 - b_p}\right) \otimes \oplus \left(1 + \frac{2 - b_p}{b_p}\right)} = 3.18005419 = 0.3146005^{-1}$$

φ 값은 $+$ 일 때 4.240806205 이고 $\varphi = \dfrac{1}{5(F - 1)}$ 이다.

$-$ 일 때 -2.119302175 이고 $\dfrac{1}{\varphi} = 5(F - 1)$ 이다.

$$\cdot\, 2\left[\frac{x_1\{x_1 + x_1(1 + x_1)^2\}}{1 - x_1(1 + x_1)}\right]^2 = x_1\{x_1 + x_1(1 + x_1)^2\} = 0.23688024 \fallingdotseq \alpha_0{}^3$$

$$\cdot\, 2\left\{\frac{x_p + x_p(1 + x_p)^2}{1 - x_p(1 + x_p)}\right\}^2 = 0.236887274$$

$$\cdot\, x_1 = 0.29715650817742436$$

$$\cdot\, x_p = \sqrt{\frac{Y_1}{2}} = 0.286223383718825$$

$$\cdot\, (1 + x_1 \cdot b_1) \cdot (1 - x_p \cdot b_p) \fallingdotseq 1$$

$$\cdot\, \frac{1}{1 - x_p \cdot b_p} = (1 + x_1 \cdot b_1) \cdot \tau^{\left(1 - \frac{1}{3 + b_1}\right)}$$

$$\cdot\, \left(\frac{1 + \alpha_0{}^2}{1 - \alpha_0{}^2}\right)^2 = 10x_1(1 + x_1{}^5) = 5$$

〈표 7〉

방정식 계수	$\sqrt{\dfrac{x_y}{2}}$	$(1 + x_1 \cdot b_1)$ $\cdot (1 - x_p \cdot b_p) = 1$	$2\left[\dfrac{x_1\{x_1 + x_1(1+x_1)^2\}}{1 - x_1(1+x_1)}\right]^2$ $= x_1\{x_1 + x_1(1+x_1)^2\}$	$\dfrac{1}{x_1(1+x_1)} = e$
x_p	0.286223384	0.286328392	0.286221962	0.288605378
b_p	0.222530073	0222593541	0.222529213	0.222427116
C	2.997924164	2.997496735	2.99729951	0.2998617918

$$\cdot\,(1 - i^{2n}x_1 b_1)^{i^{4n}} = \left(1 + i^{2n}x_p b_p\right)^{i^{2n}}$$

$$\cdot\,\tau = \frac{\log_e x_0}{\log_e x_1}\big/\{1 + (X_0 - 4a_0 b_0)\} = 0.9999887997$$

$$\cdot\,\frac{\log\left(1 - \tau^{ni^{2n}}\right)}{\log \tau} - \frac{\log\left(\log \tau^{ni^{2n}}\right)}{\log \tau} = i^{2n}D$$

$$\left(\text{단}, n = 2D + \frac{1 + i^{2n}}{D}, i^{2n}D = \text{지수}\right) \qquad \text{(n, D, 지수의 관계는 〈표 4〉참조)}$$

$$\cdot\,1 = \tau^{ni^{2n}} + i^2 \tau^r \log \tau^{ni^{2n}}$$

$$\cdot\,r = \left\{\left(\delta l + i^{2\left(n + \frac{1+i^{2n}}{2}\right)}\right)\delta l + i^{2\left(n + \frac{1+i^{2n}}{2}\right)}\delta l\right\} + \{(\delta l + i^{2n}\delta l) + i^{2n}\delta l\}\left(\frac{1+i^{2n}}{2}\right)$$

(위 기호 r은 〈5.기호〉의 r 과는 다른 내용으로 사용(총서 제1권 4장 참조-편저자 주)

$$\varphi = \sqrt{1 + \frac{b_p}{2 - b_p} \pm \sqrt{\left(1 + \frac{b_p}{2 - b_p}\right) + \left(1 + \frac{2 - b_p}{b_p}\right)}}$$

$$\sqrt{\left(1 + \frac{b_p}{2 - b_p}\right) \otimes\oplus \left(1 + \frac{2 - b_p}{b_p}\right)} = \frac{4}{b_p(2 - b_p)} = 10.11274414$$

$$\left(1 + \frac{2 - b_p}{b_p}\right) - \left(1 + \frac{b_p}{2 - b_p}\right) = 7.862354447$$

$$\frac{\left(1 + \dfrac{2 - b_p}{b_p}\right) + \left(1 + \dfrac{b_p}{2 - b_p}\right)}{\left(1 + \dfrac{2 - b_p}{b_p}\right) - \left(1 + \dfrac{b_p}{2 - b_p}\right)} = \frac{10.11274414}{7.862354447} = 1.286223384 = 1 + x_p$$

$$\frac{1}{F^{-2\left(\frac{1+\alpha_0{}^2}{1-\alpha_0{}^2}\right)^2} \cdot e^{\frac{\log(1+x_1)}{x_1}}} = \tau$$

$$\left(\frac{1 + (X_0 - 4a_0 b_0)}{X_0 - 4a_0 b_0}\right)\left(\frac{\dfrac{\log x_0}{\log x_1} - 1}{\dfrac{\log x_0}{\log x_1}}\right) - \left\{\left(\frac{1 + (X_0 - 4a_0 b_0)}{\dfrac{\log x_0}{\log x_1}}\right)\left(\frac{X_0 - 4a_0 b_0}{\dfrac{\log x_0}{\log x_1} - 1}\right)\right\}^{-1} = 2(1 - \tau)$$

$$\cdot \, 1.2 K_0{}^2 = \pi_0 = 3.141640442$$

$$\cdot \, \tau^{-\frac{\sqrt{\tau}}{1-\tau}} = e_0 = 2.718281828$$

$$\cdot \, x_p = x_1(1 + x_1)^2 - \frac{1}{\dfrac{\pi_0}{F} + b_1}\left(1 - \frac{1}{\dfrac{\pi_0}{F} + b_1}\right), \qquad 단 \ F = \frac{\pi_0}{3}$$

① $\left(g - \dfrac{b_p}{2}\right)^{\dfrac{\sqrt{\left(g - \frac{b_p}{2}\right)}}{1 - \left(g - \frac{b_p}{2}\right)}} = e_0$

(단, g = 1.1111 …로서 천부경天符經의 일시무시일－始無始－

일종무종일－終無終－ 과 유관有關)

② $g^{-3} = 0.5 + b_1$

③ $\dfrac{1}{\alpha_0{}^2} + \alpha_0{}^2 = 3$

④ $\left(\dfrac{1 + {\alpha_0}^2}{1 - {\alpha_0}^2}\right)^2 = 10x_1(1 + {x_1}^5) = 5$

⑤ $\dfrac{1}{{\alpha_0}^4} + {\alpha_0}^4 = 7$

⑥ $\left(\dfrac{1}{1 + K_0}\right)^2 + (1 + K_0)^2 = 7$

⑦ $\left(\dfrac{K_0}{2}\right)^{-1} = 1 + {\alpha_0}^3$

⑧ $\dfrac{1}{4} \cdot \dfrac{b_p \log b_p}{x_p \log x_1} = \dfrac{1}{{K_0}^3}$

⑨ $\dfrac{1 + \tau}{2} = \sqrt{\tau}$

⑩ $\dfrac{1}{1 - x_p b_p} = (1 + x_1) \cdot \tau^{\left(1 - \frac{1}{3 + b_1}\right)}$

현대 문명의 바탕에는 의제擬制 illusion가 깔려 있다.

빈번히 사용하는 $10^8 \cdot C_p$는 광속도光速度가 아니다.

이것은 황금분할黃金分割이라 일컬어져 왔던 고대 부적符籍의 수에서 유도된 또 하나의 부적이다.

현대 문명의 바탕은 미지未知에의 것을 부정하는 단정이 있다.

이를테면, 상수 π는 원주율일 뿐, π_p는 $\frac{a_u \cdot b_1}{a_p \cdot b_p}$ 이라는 변수의 조건부 상수이다.

네이피어 "e"는 미지에의 무한대를 가정 · 단정한 모순을 가지고 있다.

그것은 표현한 바 있는 σ의 조건부 상수이며,

리미트$_{limit}$ 하에서 유한한 네이피어 "e"의 접근수이다.

수학의 바탕에 조건부 상수(扁分편분)를 사용하는 것이 실제적이며, 유익하다.

가령 C_p는 하늘의 부적이 뜻하는 것과 엄밀한 관계가 되어 심리나 물상적 에너지를 유도하는데 활용될 수 있다.

그리고

$$E_p + 2.514400002 = \left(x_1 \cdot S_p\right)^{-1} = 27.91505153$$
$$2.514400002 = \left(2x_1{}^{\eta_1} - b_1{}^{\zeta_1}\right) \cdot T_m$$

이와 더불어

$$\Omega = 0.4146654045$$
$$\sigma^{\left(\omega^{-2}+1\right)^4 \cdot x_1{}^{\eta_1} \cdot b_1{}^{\zeta_1} = \Omega} = \varepsilon_p, \quad E_p = \Lambda_\alpha{}^{-\varepsilon_p}$$

은 建經(건국이념-천부경建國理念-天符經)에서 발견된 수로 물상物象과 초물상超物象의 바탕에서 유도하고, 유도되는 완전숫자로 보는 것이 더 타당하다.

5. 기 호

- $a_1 = 0.08830199031 = x_1{}^2$

  $\cdot \fallingdotseq \dfrac{1}{2}\left(b_1 - b_1{}^2\right)$

  $\cdot \, 4a_1 = (1 - b_1)^4$

  $\cdot \, 10a_1 = 10\left(\dfrac{1 - b_1}{2} \cdot x_1 \cdot (1 - b_1)\right)$

  $\qquad\qquad\qquad \cdot \, 1 - b_1 = 0.770916998$

  $\qquad\qquad\qquad \cdot \dfrac{1 - b_1}{2} = 0.385458499$

- $b_1 = 0.2290830029$

  $\cdot \, \pi_0 \cdot \zeta_1 = 2.290516898 \fallingdotseq 10 \cdot b_1$

  $\cdot \, (1 - b_1)^2 = 2x_1 = 0.5943130164$

  $\cdot \, (1 - b_1)^4 = 4a_1 = 0.3532079614$

  $\cdot \, \log_\sigma b_1 = -1.473688903$

$$\bullet\ c = 0.03582296814 = \frac{1}{2}\{(1 - 3b_1)x_1(1 - b_1)\}$$

$$\bullet\ E_1 = 7.865603747 = (1 + b_1)^R$$

$$\cdot\ (0.3 + x_1)^{-4} = 7.864069092$$

$$\cdot\ 10 \cdot \alpha_0^{\frac{1}{2}} = 7.861513778$$

$$\bullet\ g = 1.1111111111\dot{1}(\star)\ = 1 + b_u{}^2$$

$$\bullet\ h = 0.723683191 = \sqrt{b_p{}^{-\zeta_p} \cdot \tau^{-2^8 \cdot g} - 1}$$

$$\bullet\ J = 2.400182439 = \alpha_0{}^3 \cdot \{2(1 + 2x_1)\}^2$$

$$\fallingdotseq (16 \cdot \alpha_0{}^3 \cdot \eta_1{}^2) = 2.400182438$$

$$\fallingdotseq x_1{}^{-(R \cdot X_1)^4 \cdot \eta_1{}^2} \cdot b_1{}^{2^{\zeta_1}} = 2.40868169$$

$$\cdot\ b_1{}^{(1 - 2\eta_1)} = 2.400847469$$

$$\bullet\ n = 0.3373001469 = \left(1 + b_1{}^{\zeta_1} + x_1{}^{\eta_1}\right)^{-2}$$

$$\bullet\ Q = 0.111$$

- $q = 1.1(\star)$

- $R = 9.999106272$

  - $\left(1 + {\alpha_0}^2\right)^R \doteqdot E_p$

  - $10 \cdot \tau^8 = 9.999103956$

  - $\tau^{\eta_i} \cdot 10 = 9.999106357$

- $r = 0.01031073(\star)$

  $\doteqdot \zeta_1 \cdot \left(F_p - 0.6\right) \cdot \sqrt{10^{-3}} \doteqdot 0.01030953518$

  $\doteqdot \left[(\log_\sigma g / \log_\sigma \tau)^{-1}\right]^{\frac{1}{2}} \doteqdot 0.01031075732$

  $\cdot \underline{r(1 + \eta_1)^{\frac{1}{2}} = 2 \cdot x_1 \cdot b_1}$

  $\longmapsto = 0.136124926 \qquad = 0.136147009$

- $X_1 = 0.1407810126 = b_1 - a_1$

  - $\left({X_1}^2 + 1\right)^{-1} = 0.980565877, \qquad 0.980565877^{-1} - 1 = 0.019819294$

  - $\dfrac{1}{1 - {X_1}^2} = 1.02022004$

  - $X_1 \cdot \dfrac{2}{K_0} = 0.368569476$

$$\cdot \frac{a_p}{b_p} = 0.368147229$$

• $x_1 = 0.29715650817742436$

$\cdot (2 + x_1)(1 + x_1)^2 \fallingdotseq 2.5$

$\cdot x_1^{\frac{1}{4}} \fallingdotseq (1 - X_1)^2$

$\quad x_1^{\frac{1}{4}} = 0.7383228537, \ (1 - X_1)^2 = 0.7382572683$

$\quad 20^{-1} \cdot x_1^{-\frac{1}{4}} = 0.0677210515, \quad 20^{-1} \cdot (1 - X_1)^{-2} = 0.0677270677$

$\cdot (1 - b_1)^2 = 2x_1$

• $Y = 0.1638476508 = \dfrac{X_1}{(1 - X_1)} = x_Y$

$\cdot 10^2 \cdot \sqrt{2} \cdot \Lambda_1{}^2 = 0.163836716$

$\cdot 2(x_p)^2 = 0.1638476508$

$\cdot 20 \cdot a_p = 10 \cdot x_Y = 1.638476508$

$\cdot x_Y = 10 \cdot \dfrac{a_p}{x_u}$

• $u = 0.05631351485 = (1 + b_u)^{-10}$

• $z = 0.7282691876 = z_p$

$$= \left\{ 4\left(1 - C_p^{-2}\right) \right\}^{-\frac{1}{4}}$$

$$\cdot \, \sigma^{-\left(1 - 2b_1 \, \zeta_1 \cdot \tau^{\frac{2g}{b_1}}\right)}$$

$$\cdot \, \tau^{10^4(1+x_1)^4}$$

- $\eta_1 = 0.797156508 = x_1 + x_1(1 + x_1)^2 = 0.5 + x_1$

- $\zeta_1 = 0.7290830029 = 0.5 + b_1$

$$\cdot \left\{ \frac{10}{1 + \zeta_1} \right\}^2 = 33.44785849$$

$$\cdot \left(\frac{\alpha_0^{\,3}}{\zeta_1} \right)^2 = 0.1048383582$$

$$\cdot \left(\zeta_1 \cdot K_0^{\,3} \right)^{-2} = 0.1048383585$$

$$\cdot \left(1 + \frac{\zeta_1}{2} \right)^{-2} = 1.337914338$$

$$\cdot \, \zeta_1^{-\left\{ \left(10/1+\zeta_1\right)^2 \cdot 10^{-2} \right\} \cdot x_p} = 1.111471071$$

$$\cdot \, 1.11115^{-C_p} = 0.729082954 \fallingdotseq \zeta_1$$

$$\cdot \, 1 - \left\{ x_1(1 - x_1^{\,2}) \right\} = 0.7290830031 \fallingdotseq \zeta_1$$

$$\cdot \left\{ X_1 \cdot \left(\frac{\pi_p}{2} - 1 \right) \right\}^{\frac{1}{8}} = 0.7296635701 \fallingdotseq \zeta_1$$

$$\cdot \, 10 \cdot \left\{ (1 + \zeta_1)^{b_1} - 1 \right\} = 1.336515028$$

$$\cdot \, (10 \cdot x_1)^{-1} + 1 = 1.336523001$$

$$\bullet \; \tau = 0.9999887997 = 1 - \left(10^{10} \cdot \eta_1\right)^{-\frac{1}{2}}$$

$$\bullet \; \sigma = 2.718248591 = \frac{2 \cdot J \cdot \alpha_0{}^3}{(1 + \zeta_1) \cdot 2 \cdot S_p}$$

$$\bullet \; \delta = 0.792224414(\star) = \left(1 + x_1{}^{\eta_1} + b_1{}^{\zeta_1}\right) \cdot 0.46017202$$

$$\bullet \; \Omega = 0.4146654045, \qquad \sigma^{\Omega} = \varepsilon_p \; \text{에서} \; \Omega \, \text{값 구함}$$

$$\bullet \, \Psi = \frac{\left(1 - C_p{}^{-2}\right)^{-2}}{1 + x_0} = 1.00001500675 = \tau^{-(1 + G_p)^2 \cdot g}, \quad G_p = 0.098061335$$

$$\bullet \; \Lambda_1 = 0.03403675262$$

$$\cdot \, (x_1 \cdot b_1) \cdot \frac{1}{2} = 0.03403675262$$

$$\cdot \, \Lambda_1 = \frac{a_1{}^2}{b_1} = 0.03403675259$$

$$\cdot \, x_1 \Lambda_1 = \frac{a_1 b_1}{2} = 0.01011424256$$

$$\cdot \, b_1 \Lambda_1 = a_1{}^2 = 0.0077972415$$

$$\bullet \; a_0 = 0.07077964565 = x_0{}^2$$

$$\bullet\ b_0 = 0.2101383127 = \frac{x_0}{1 + x_0}$$

$$\cdot \frac{E_p}{S_p} = 210.7034915$$

$$\bullet\ h_0 = 0.723662705 = h \cdot \sigma^{-10^{-5} \cdot 4x_1}$$

$$\bullet\ K_0 = 1.61803398875 = \frac{1}{\alpha_0}$$

$$\cdot \left(\frac{1}{1 + K_0}\right)^2 + (1 + K_0)^2 = 7$$

$$\cdot K_0{}^4 + \frac{1}{K_0{}^4} = 7$$

$$\cdot \left(\frac{K_0}{2}\right)^{-1} = 1 + \alpha_0{}^3$$

$$\cdot \frac{1}{4} \cdot \frac{b_p \cdot \log b_1}{x_p \cdot \log x_1} \fallingdotseq \frac{1}{K_0{}^3}$$

$$\cdot 0.5 \cdot K_0{}^2 = 1.309016994$$

$$\bullet\ V_0 = 1.266063441 = \left(1 - C_p{}^{-2}\right)^{-2}$$

$$\bullet\ x_0 = 0.266044443, \quad \left(1 - C_p{}^{-2}\right)^{-2} \fallingdotseq 1 + x_0$$

- $X_0 = 0.1506442517 = b_0 - 4a_0 b_0$

- $\alpha_0 = 0.61803398875 = \dfrac{\sqrt{5} - 1}{2}$

- $\omega_0 = 0.72288161$

- $\delta_0 = 0.7922070532 = S_m \left(\dfrac{1}{1 + \zeta_1} \cdot 2a_1 \right)^{-1}$

- $\pi_0 = 3.141640783 = 1.2 \cdot K_0{}^2$

- $a_p = 0.0819238254 = x_Y \cdot x_u$

   $\cdot\, x_p{}^2 = 0.08192382538$

   $\cdot\, 1 - \left\{ \dfrac{1 - 2x_1}{20 \cdot a_p} \right\} = \dfrac{1}{q + b_1}$

   $\longrightarrow \quad 0.752399878 \qquad \downarrow = 0.752398455$

   $20 \cdot a_p = Y \cdot 10 = 10 \dfrac{a_p}{x_u}$

   $\cdot\, Y \cdot 10 = 1.638476508$

- $b_p = 0.2225300732 = \dfrac{x_p}{1 + x_p}$

$$\cdot {b_p}^{\zeta_p} = 0.337651519$$

$$\cdot \left({b_p}^{\zeta_p}\right)^{-\frac{1}{2}} \fallingdotseq {b_p}^{-\frac{1}{2}\zeta_p}$$

- $C_p = 2.997924162 = \left(\dfrac{b_p}{2}\right)^{-\frac{1}{2}}$

- $E_p = 25.40083843 = (1 + {\alpha_0}^2)^R$

- $F_p = 1.047159139 = \dfrac{\pi_p}{3}$

- $G_p = 0.098061335 = \left({C_p}^{-2} \cdot {\pi_p}^2\right) - 1$

- $S_p = 0.1205525274730250 = (a_1 + b_1)^2 + (a_1 - b_1)^2$

- $x_p = 0.28622338371$

  $\cdot (x_Y \cdot x_u)^{\frac{1}{2}} = 0.28622338371$

  $\cdot {a_p}^{\frac{1}{2}} = 0.28622338371$

  $\cdot \left(10^{-2} \cdot x_p\right)^{\frac{1}{4x_p}} = 0.006005859984$

  $\cdot x_p + 0.5 = \eta_p$

- $\pi_p = 3.141477418 = \dfrac{a_u \cdot b_1}{a_p \cdot b_p}$

- $\alpha_p = 0.6180500851$

  $\fallingdotseq \alpha_0 \tau^{-(1+Q)^8} = 0.618050057$

  $= \left(\dfrac{1}{1.2} \cdot \pi_p\right)^{-\frac{1}{2}} = 0.6180500851$

- $\Lambda_p = 0.03184665527 = \dfrac{1}{2} \cdot \left(x_p \cdot b_p\right)$

- $\varepsilon_p = 1.513856439 \quad E_p = \Lambda \alpha_0^{-\varepsilon_p}$에서 ε_p값 구함

- $\zeta_p = 0.7225300733 = 0.5 + b_p = 0.5 + \dfrac{x_p}{1 + x_p}$

- $\eta_p = 0.78622338371 = 0.5 + x_p$

- $\omega_p = 0.722791789(\star) = \left\{\left(1 + \omega_p\right) \cdot \tau^{20 \cdot \Lambda_1 \cdot \tau - \{\log_\sigma(1+4a_1)\}^{-2}} - 1\right\}$

- $b_E = 0.2361374476 = x_E(1 + x_E)^{-1}$

- $x_E = 0.309136044$

- $\zeta_E = 0.7361374476 = x_u + b_E$

- $\eta_E = 0.809136044 = x_u + x_E$

- $a_\pi = 0.064450511 = x_\pi{}^2$

- $b_\pi = 0.2024697915$

- $x_\pi = 0.253871051$

- $b_f = 0.285373623 = \dfrac{x_f}{1 + x_f}$

- $x_f = 0.39933262 = 2 \cdot \dfrac{\varLambda_f}{b_f} \fallingdotseq \tau^{\left(10^3 \cdot x_p\right)^2} = 0.3994859993$

- $\varLambda_f = 0.056979498(\star) = \dfrac{x_f \cdot b_f}{2}$

  $\cdot \left(10^2 \cdot C_p{}^2\right)^{-\frac{1}{8}} \fallingdotseq \varLambda_f$

$$\bullet\; G_\eta = 0.098036692 = \left\{ 1 - (10^{-2} \cdot \eta_1)^{\frac{1}{2}} \right\}^{-1}$$

$$\cdot \frac{1}{G_\eta} + 1 \fallingdotseq 10^6 \cdot (1 - \tau)$$

$$\frac{1}{G_\eta} + 1 = 11.20026257$$

$$10^6 \cdot (1 - \tau) = 11.201$$

$$\bullet\; T_{\zeta_1} = 5.999729984$$

$$\bullet\; \pi_{\eta_1} = 3.14144268$$

$$\bullet\; b_x = 0.1408685951 = \frac{a_c}{b_c}$$

$$\cdot \frac{b_x}{1 + b_x} = 0.1234748644 = \left(\frac{1}{10}\right)^2 \cdot g$$

$$\cdot (10 \cdot a_u) \cdot (1 + b_u)^{-10} = 0.1407837871 \fallingdotseq b_x$$

$$\bullet\; m_x = 0.1766039807 = (1 - b_1)^2 \cdot x_1$$

$$\bullet\; T_l = 5.78762034$$

- $S_l = 779.2501003 = \left(S_p \cdot x_1\right)^{-2}$

- $L_s = 62.01302736 = \left\{\left(S_p{}^2 \cdot x_1\right) \cdot 4\pi_p\right\}^{-1}$

- $m_s = 0.006439162988$

- $P_s = 0.009593617227 = S_p \cdot \left(4 \cdot \pi_p\right)^{-1}$

- $S_m = 0.08091394047 = 4a_1 b_1$

- $T_m = 6.005431483$

- $\Lambda_\alpha = 0.1180339888 = \dfrac{\alpha_0 \cdot \alpha_0{}^2}{2}$

- $\eta_\alpha = 1.1180339887$

- $\zeta_{\alpha_0} = 0.881966013$

- $b_{\alpha_0} = 0.3819660113 = \alpha_0{}^2$

- $x_u = 0.5(\star)$

  $\cdot\, x_1(1 + x_1)^2 = 0.5$

- $a_u = 0.25 = x_u{}^2$

  $\cdot\, 10 \cdot a_u = (2 + x_1)(1 + x_1{}^2) = 2.5$

- $\Lambda_u = 0.0833333333\dot{3} = \dfrac{(x_u \cdot b_u)}{2}$

- $b_u = 0.333333333\dot{3} = (g - 1)^{\frac{1}{2}}$

- $S_\Lambda = 0.245625871 = \dfrac{\log_\sigma b_1}{T_{\zeta_1}}$

- $S_N = 0.245392676 = \dfrac{\log_\sigma b_1}{T_m}$

- $S_V = 0.7215831771 = b^{\zeta_1} + x^{\eta_1}$

- $x_{\hat{p}} = 0.287982141$

  $\cdot\, E_p = \Lambda\alpha_0{}^{-\left(1+x_{\hat{p}}\right)^{10 \cdot x_\gamma}}, \quad -\left(1 + x_{\hat{p}}\right)^{10 \cdot x_\gamma} = 1.513856448$

$$\cdot \; x_{\acute{p}} = x_p \cdot 10^{10^{-2} \cdot x_0}$$

$$\cdot \; x_{\acute{p}} = x_p \cdot \tau^{-(1+\eta_1)} \eta_1^{-F_H} = 10.47758277$$
$$10.75437365$$
$$546.9049999$$
$$0.28792145 \qquad 1.006144716$$

$$\cdot \; x_{\acute{p}} = x_1 \cdot \tau^{(1+\eta_1)} \eta_1^{-\frac{K_0}{x_1}} = 11.49326857$$
$$13.53897833$$
$$2797.905115$$
$$0.969146496$$
$$0.287988189$$

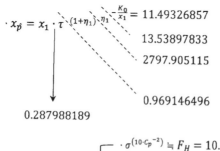

$$\cdot \; \sigma^{(10 \cdot C_p{}^{-2})} \fallingdotseq F_H = 10.474035298$$
$$\cdot \; F_H \fallingdotseq 10 F_p{}^{\tau \cdot J^{-4}}$$
$$10.46567648$$
$$\cdot \; F_H = 10 \cdot F_p{}^{\tau^{0.03013238}}$$

$\bullet \; \boldsymbol{\eta_{\hat{1}} = 7.979321357(\star)}$

$$\fallingdotseq \frac{\eta_1 \cdot g}{Q} = 7.979544626$$

$$\fallingdotseq \zeta_1{}^{-(1+x_p)^8} \cdot \zeta_1 = 7.979813642$$

$$\fallingdotseq 10 \cdot \eta_1 \cdot \sigma^{(2 \cdot a_1)^4} = 7.97932311$$

- $b_{\hat{1}} = 2.291761317$

  - $(0.5 \cdot \alpha_0{}^3)^{b_f} \cdot \frac{1}{2} = E_p$ 일 때 $b_{\hat{1}} = 2.291761317$

  - $10 \cdot b_1 \cdot \tau^{-(1+\eta_1)^{q-8}} = 2.291124114$

  - $10 \cdot b_1 \cdot \dfrac{1}{0.999593623} = b_{\hat{1}}$

  - $\{10^{-4}(7 + 2x_1)\}^{-\frac{1}{2}} = 36.28739178$

  - $10 \cdot b_1 \cdot \tau^{\{10^{-4}(7+2x_1)\}^{-\frac{1}{2}}}$

- $x_c = \dfrac{\left(1/C_p{}^2\right)}{1 - \left(1/C_p{}^2\right)} = 0.1251948457$

- $b_d = 0.0948625655$

- $S_p \cdot x_1 = 0.03582296807$

誠 (言→成:創造) : 信 · 義 · 業
(廣深久의 焦核)　　　　(敬天)　(愛人)　(實地)

제2장

건국이념-천부경의 수치실험해석(Ⅱ)

- 윤리경영수압과 개방체제실험(Ⅵ) -

1. 서 론
2. 메타볼리즘metabolism 과정의 해석과 정보과학적 생산체계
3. 연천성然泉性 개발을 위한 상향식上向式 관리 피드백
　　3-1 연천성과 관리시스템
　　3-2 창조가치생산성創造價値生産性의 발생좌표發生座標와 풍토
4. 개방체제실험開放體制實驗과 建經(건국이념-천부경)
　　4-1 추리推理와 과학실험科學實驗의 우연성
　　4-2 인간과 물질의 중첩重疊
　　4-3 감각感覺과 천부경수리天符經數理
5. 생산성 근원의 수리시스템 설계
6. 결 론

<건국대학교 산업기술논문집 제 17 집 (1992년)>

1. 서론

생산을 위요(圍繞)한 다양한 요소 간의 교류는 생산 환경의 요청에 부합된 사기(士氣)를 팽배시킨다.

이것의 진전은 연천력(然泉力)을 발생시킴으로써 사람의 현재성(顯在性), 잠재성(潛在性), 나아가 기재성(基在性)을 연결, 개발시킨다. 이 연천력 발생의 결과에 의한 사기의 결실의 정도는 다시 자원과 방법의 능률에 따른다.

그리고 자원이나 방법의 메커니즘(mechanism)은 종속적 필요, 혹은 종속적 충분조건이 된다. 즉 메타볼리즘(metabolism)의 결과로서 생산성을 얻는다고 보면, 이때의 메커니즘은 그 부분이다. 마치 무생물의 풍해(風解)와 생물의 번식 그리고 농약농업과 천적(天敵)농업의 차이만큼 메타볼리즘은 단순한 메커니즘보다 다른 차원의 창조성을 갖는다. 예로써 미국, 소련의 경우 전자는 객관적, 후자는 주관적 메커니즘에 기울어 생산성 저하를 초래했었던 것이다.

국제 상황에 따른 자본과 기술의 교류가 가능한 장場 field에서는 유효
有效 휴먼웨어Humanware의 발생력發生力이 생산성의 동기와 사기士氣가 된다.
이러한 의미로써 소프트웨어software를 대신하여 휴먼웨어1)라는 뜻이 강
도强度를 가진다.

그러므로 메타볼리즘적 생산성을 고려하면 메커니즘적 활동과 휴
먼웨어적 활동은 통계적 이산분포離散分布; 배반사상의 관계를 갖게 된다.

기술이나 제품개발이 요청되고 있는 시대에서는 메커니즘류類의
지식보다는 그에 대응되는 당해當該 지역민의 원천력源泉力이 우익優益
하다. 지식시대의 창조적 생산성은 지력知力을 매개로 한 다중多衆의
정情과 의意를 효과적으로 활성화해야 하기 때문이다. 더욱이 필연
적으로 수용키 어려운 우연성偶然性이 누적되는 시대의 지식은 그 지
역민의 정통성正統性의 저변에 계승된 기재성基在性을 촉발시킬 필요가
있다.

근세의 여러 제도주의(민주, 공산 등)가 형식적 관료주의화 되면
서, 인도성人道性의 본질에서 이탈해 가는 환경 아래서 사상思想의 풍
토가 본래의 인격구조人格構造 personal constitution를 교란시켜 왔다.

오늘날 생산성의 뒤짐은 인간과 물질의 절름발이lame 현상에서 오기
때문이다. 그리고 생산의 조속漕速 rowing velocity은 시대의 유속流速 stream
velocity에 날로 뒤지기 때문이다.

물론 1930년대처럼 양립적 고도의 생산적 기초를 구축했던 시대
도 있었으나, 1940년대부터 근원을 두고 생산 참여자에 의한 생산
성의 하강이 드러났던 것이다.

이를 막기 위해서는 고유정통성固有正統性의 회복이 기업 내부에서

---

1) 장만기, 『인간경영학』, 普成社, 1991, pp.344~345.

부터 팽창되어 나가야 한다. 이렇게 함으로써 기업의 내생內生과 국제의 외생현상外生現象이 접근될 수 있을 것이다.

그러나 이 경우 물질실험物象實驗의 데이터나 그 모델model을 확인하면서 전개시켜야 하는데, 그렇지 않을 경우 자칫 그 결과를 방임할 위험이 있게 된다.

이러한 의미에서 그 지역민地域民 특히 우리나라에만 있음 직한 건국이념-천부경(建國理念-天符經)2)을 물리 및 생물, 그리고 그 수학의 신빙성을 고려하면서 직유直喩 simile와 은유隱喩 metaphor를 양립시켜 이원적으로 접근해 가는 것이 유익하다고 본다.

따라서 이러한 관점에서 본 연구의 방향과 목적은 태초太初의 한국혼韓國魂을 수리화數理化하고, 이를 바탕으로 인성人性 및 심성心性 측정기測定機 개발 및 메커니즘적 자동기계自動機械를 최대로 활용한 인성-심성의 교정의 기초를 모색하여 해당 지역민의 연천력然泉力이 중요시되는 지식산업시대의 창조적 생산성의 근원을 추구하는 데 있다.

---

2) 고려대학교연구소, 『한국문화사대계(Ⅲ)』, 과학기술사, p.1071.
　"天符經은 고대 우리나라의 建國理念과 數理哲學의 개념을 최치원 선생이 묘향산 석벽에 한자로 刻字한 것."

2. 메타볼리즘$_{\text{metabolism}}$ 과정의 해석과 정보과학적 생산체계

현대는 비뚤어진 지식(지식의 hysteresis)을 매개로 하여 물질상대주의가 극에 이르고, 비뚤어진 지식은 메커니즘을 계급탐닉$_{階級貪益}$을 위한 도구로 전락시켜 휴머니즘$_{\text{humanism}}$과 메커니즘$_{\text{mechanism}}$의 불균형을 초래하고 강화시켰다.

아담 스미스$_{\text{A. Smith}}$ 이후의 전문화 경향은 과거 나름의 입체적인 인간의 사유$_{思惟}$를 평면화시켜 왔다. 그 결과 지식도 대중적·상식적 범위를 면밀화시킴으로써 불균형을 극한에 이르게 하고 있다. 지식의 대부분은 단순한 물질적 충동과 평등이라는 표면하에서 후기$_{後期}$적 합리화를 강조한 것이 되어버렸다. 물질의 평등과 소유를 보장한다는 것이 이제 와서는 상업적 불안과 더불어 종국에 다다르고 있다.

이런 현실에서 더욱더 위기에 다가가는, 즉 극한적 수압$_{需壓}$에 직면한 지역민들의 기업은 작업자의 신뢰성 있는 생산성을 결핍시켜 가고 있다.

드러커P. F. Drucker는 모든 기업의 고정비固定費 상승압上昇壓을 우려한 나머지 기술개발과 제품개발을 강조하여 왔다.3) 그런 가운데 한극 기업限極企業은 대중의 눈에 보이지 않는 기술개발과 제품개발보다는 지가地價를 상승시키며 불안을 해소하려 하지만, 그것 또한 팽배해 가는 제도적 평등성 앞에서는 실현성을 상실해 가고 있다.

이러한 것을 역으로 간주해 본다면, 즉 시대적 위기를 최대한도 로 맞이하고 있는 국가의 기업은 역사적 압력에 보다 먼저 그 위 기를 극복해야 하는데, 그 지역 또한 높은 지가地價를 당면하고 있 다는 것이다.

이러한 뜻에서 우리나라의 산업이 내일을 개척하고 있는 일에 세 계산업이 주목하고 있는 것도 깊은 의미를 갖는다.

최장最長의 역사는 최단最短의 근세사를 흡수하는 것이다. 단기의 역사는 중기의 역사에 의존하고, 또한 그것은 최장기最長期의 역사의 원칙에 의존하므로 가령 물질적 실험이라 하더라도 당위적 정확성 은 가능성을 제시할 필요조건일 뿐 최장의 역사성, 최대의 인류성人 類性을 충족시키는 충분조건이 되지는 못한다.

또한 그만큼 현재의 실험은 미래의 위험을 모면할 수 있는 도구 가 되지 못하여 가고 있기 때문에 더욱이 우리나라의 생산체계는 역사적 원리에 입각한 현재적 생산성을 관찰할 필요성이 있다. 이 것은 인간의 생명과 자연현상의 매개시스템으로써 새로운 정보체계 의 등장으로 인해 미래에의 가능성을 제시해 줄 수 있다.

오늘날 정보기기의 발달은 다만 인간 생명의 현상에 최장기 실험 적 사실을 고려하고, 자연현상 근거와 연결시켜 나가는 기기지배器機

---

3) 研究開發ガイドブック編輯委員會編, 『研究開發ガイドブック』, 日科技連, 1973, p.116.

支配적인 활동이 형이하形而下를 형이상形而上과 연결시키는, 즉 필요조
건과 충분조건을 만족시킬 수 있는 경우가 요청되고 있을 따름이다.
　이런 의미에서 인간 생명의 현상과 자연현상이 연결되는 기초인
자基礎분子의 움직임에 접근해 가야 할 필요성이 당면적인 실험 이전
에 중요시되고 심적·물적 현상의 통일적 파악을 가능케 하는 정보
의 관리시스템control system이 매우 중요하다.

　　오늘날 정보는 인간의 심(心)의 현상뿐만 아니라 언어,
　　도형, 전감각(前感覺)적 현상 혹은 유전(遺傳) 현상, 자
　　동기계 등에서 볼 수 있는 정보 현상 등 소위 심(心)과
　　물(物)이라고 하는 두 개의 대립세계에 걸쳐, 두 개의 대
　　상에 공통하는 개념으로서도 인정되고 있다. 심에서도
　　물에서도 일반적으로 에너지의 처리에는 매개장치(媒介
　　裝置 mechanism)가 있다.4)

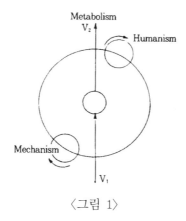

〈그림 1〉

---

4) 石田武雄 著, 『經營システム工學』, 稅務經理協會, 1971, p.58.

따라서 정보과학은 넓은 의미에서 휴머니즘humanism과 메커니즘mechanism의 교류를 뜻하고, 그럼으로써 메타볼리즘metabolism이 활성과 균형을 갖게 된다 <그림 1>. 생산성은 이 균형의 대가로 얻어진다고 볼 수 있다.

한 개인의 생산체계는 먼저 태동胎動에서부터 자아와 생산성을 찾고 성취하려는 성향性向 propensity을 갖고 조직 내의 불균형을 싫어하는, 즉 자연스러운 메타볼리즘을 활성화시키려는 경향성을 갖는다.

<그림 2>의 메타볼리즘 과정에서 먼저 생명pregnance,[5] 혈연consanguinity, 생존substance은 각각 인간의 본능 속에 공액 되어 있는 영적·정신적·육체적 특성과 관련시켜 볼 수 있고, 그 구조와 기능이 집단적으로 형성되어 각 활동의 효율적 지향성指向性이 각각 신앙성信仰性 religiosity, 인간성人間性 humanity, 생산성生産性 productivity[6]으로 이해될 수 있으며 그 각 성과는 3측면의 특성의 상호 조화, 보완을 통해 고양될 수 있다.

한편 인간 본능 속에 내포, 내재되어 있는 인간의 개방적이고 자연스러운 각 특성이 여러 갈래로 표출된 외연外延으로서 인류적 차원에서 시공時空적 다양성과 다원성을 갖게 된다.

> 살아 있는 생물체나 행동적·사회적 시스템은 폐쇄적
> 시스템이 아니다. 왜냐하면 이들은 분화 및 이질성의 증
> 대를 향해 진화하고 생명이 없는 통신채널(channel)보다

---

5) 湯淺泰雄 解說, 朴熙俊 譯, 『科學技術과 精神世界』, 범양사출판사, p.174. "르네 톰은 그의 논문에서 인간을 포함한 모든 생명체의 運動(혹은 行動)의 根底에는 生命에 대하여 어떤 의미를 가지고 있는 일정한 형태에로 향해 가고자 하는 本能的 傾向이 內在해 있다고 하면서 이러한 傾向性을 프레그넌스(pregnance)라고 命名하였다."

6) 李得熙, 「倫理經營需壓과 開放體制實驗 Ⅳ」, 建大産業技術研究所報, 第8輯, 1983, p.17.

고도의 잡음(noise) 수정 능력을 가지고 있기 때문이다. 이것은 생물체가 개방시스템으로서의 성격을 가지고 있기 때문에 당연한 귀결이다.[7]

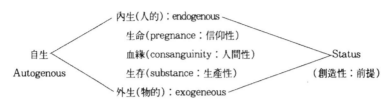

〈그림 2〉 메타볼리즘(metabolism) 과정

이러한 특성을 메타볼리즘 관점에서 보면 개인이나 생산체계가 가진 자생적이고 자연스러운 성향이 인적 내생현상과 물적 외생현상을 요인으로 체계변환體系變換 system transformation을 거듭하고, 지속·세련의 토착화를 지향하여 항상성恒常性 homeostasis으로서 안정화되어 창조적 성장을 결과하는 절차를 나타낸다고 볼 수 있다.

내생현상과 외생현상의 교류에 있어서 인간의 바탕들의 관계와 물질의 바탕적인 관계를 기계설비가 매개하는 것으로 해석하면, 새로운 물질생산의 시대를 맞이함에 있어서 타당한 출발점이 될 것이다. 앨빈 토플러A. Toffler는 단속성斷續性이 아닌 연속성, 분해가 아닌 결합, 순차적 단계가 아닌 실시간적 동시성同時性 이런 것들이 새로운 생산 패러다임paradigm의 바탕에 깔려 있다[8]고 하면서 경영경제의 새로운 도약을 시사하고 있다.

윤리경영倫理經營의 경향으로서 기예技藝 art적인 생산production을 통해

---

7) Ludwig von Bertalanffy, 『一般システム理論』, みすず書房, 1968, p.97.

8) 앨빈 토플러 저, 李揆行 監譯, 『勸力移動』, 韓國經濟新聞社, 1991, pp.114~115.

생산성을 추구하는 메세나Mecenat9)의 여건 조성을 위한 경향 등은 90년대 일본 경영의 경이로운 성장에 자극을 받아 더욱 본격화되고 있다. 여기서 메세나의 여건 조성을 위해 조언consultant과 충고advice 역할을 하는 것이 멘토라Mentorat10)이다. 이것은 경영을 미美를 창조하는 예술로 정의하여11) 추구하는 경향과 맥을 같이한다. 오늘날 프랑스를 중심으로 문예에 근거한 생산활동을 추구하는 이러한 메세나, 미의 창조, 프레그넌스pregnance 경향은 새로운 생산체계의 포괄적 개념을 내포하고 있다.

컨베이어conveyor시스템과 자동기, 더 나아가 컴퓨터를 이용한 제어효과를 개발하는 과정에서 실리콘 반도체의 활용 등을 고려해 보면, 역사적으로 보아 봉건기계封建機械적 제도와 그것을 보완하기 위한 민주기계民主機械적 제도, 또 그것을 보완하려 했던 공산기계共産機械적 제도 등에 사람의 바탕을 매몰시키면서 종속시켜 왔다. 이러한 경향으로부터 탁월한 초기능超技能을 가진 컴퓨터12)의 출현은 인간과 자재資材의 본연本然의 메타볼리즘metabolism 질서의 불균형을 해소시켜 줄 수도 있을 것이다.

복합적으로 혼합되어 왔던 질서system, constitution가 산업사회의 관점, 특히 인간 - 생산행동자 - 소비행동자 사이에서 경영공학의 정의가 확대되어 왔다.

---

9) 多變化時代의 韓佛세미나, 동아일보사, 1990.11.29. (엘렌 아르베레, 林英芳 교수 등 연구발표).

10) 경험이 많고 노련한 賢者들의 모임.

11) 李得熙, 「倫理經營需壓과 開放體制實驗 Ⅱ」, 건대학술지 제14집, 1972, p.272.

12) 하인즈 R. 페이건스 저, 구현모 외 역, 『이성의 꿈』, 범양사, 1990, p.108, 105. "컴퓨터는 실체에 대한 새로운 창문을 연다." "컴퓨터는 새 분야인 實驗數學(experimental mathematics)'의 기본적인 도구다. 수학에서 어떤 문제들과 방정식들은 너무 어렵고 복잡하므로 그들에 대한 직관을 얻기 위하여 컴퓨터에서 행해지는 數値解析(numerical analysis)이 없어서는 안 된다."

〈그림 3〉

<그림 3>에서 산업의 장場에 있어서 작업자를 중심으로 한 자재와 기계의 상호 관계가 매개기능으로서 작동해 온 것이라고 볼 수 있다. 따라서 인간의 알고리즘Algorithm은 현대에 이르러 인식, 정情, 의意, 심心을 생산산업의 관리장치에 기인하여 자체 내에서 내생, 외생으로 교류시킨다13)고 할 수 있다. 그리고 이 과정에서 생기生氣vitality의 산업 측면의 질량작용質量作用(틱성性과 터성性)은 질과 양으로 수렴, 발산한다고 볼 수 있다.

여기서 작업태도와 기법을 중심으로 한 자재의 바탕과 기계의 바탕이 되어가는 반도체의 발달은 이 상호 기능이 민활해짐으로써 원래적 의미의 인간-기계 시스템man-machine system이 정립시키고 산업의 안정된 성장의 기능이 갖추어지게 될 것이다.

그러나 여기서 문제의 조건은 인간의 기본자세基本姿勢 fundamental attitude이다. 왜냐하면 동기유발자動機誘發者로서 인간과 선택소비자가

---

13) 石田武雄 著, 전게서, p.201.

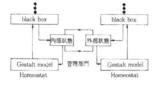

이 매개기능의 자본을 제공하는 주체자이기 때문이다.

이렇게 보았을 때 미래적 상황은 인간의 정통 신앙성, 인간성과 더불어 생산성의 근거에서 발달된 반도체가 갖는 근본적 물질원리와 상호 보완적으로 개척해 가는 것이 된다.

이것의 촉진을 위한 간편한 인성측정기人性測定機의 출현은 곧 사람이 자기를 파악, 정상화시켜 낼 수 있도록 자극하여 창조적 생산성으로 유도할 수 있는 계기가 될 수 있을 것이다.

부활된賦活 activated 생명의 행동은 잘못된 의식의 은폐를 벗어나 생산적 자유를 회생시킬 수 있을 것이기 때문이다. 이러한 의미에서 Humanism・Mechanism의 창조적 교류를 뜻하는 정보과학의 방향은 물질・에너지와 더불어 자연의 인식에 기주基柱 역할을 하게 된다.

> 정보에 바탕을 둔 복잡성을 연구하는 사람들의 목표는 "부분적이고 부정확한 정보를 다루는 문제들에 관한 일반적인 이론을 창조하여, 이 결과를 다양한 학문 분야의 특정 문제들을 해결하는 데 적용하는 일이다." 이것이 생물과학, 행동과학 그리고 사회과학에서 우리가 문제들을 접할 때 필요한 접근 방법이다. 예를 들면 우리는 뇌, 동물의 행동 그리고 세계경제에 대해 부분적이거나 부정확한 정보를 가지고 있다. 그러한 계(系)들에 대해 무엇을 알아내기를(계산하기를) 기대할 수 있으며 그 지식이 얼마나 믿을 만한가? 이러한 문제들이 새로운 복잡성의 과학의 맨 앞에 있는 정보에 바탕을 둔 복잡성 이론의 문제이다.[14]

---

14) 하인즈 R. 페이겔스 저, 구현모 외 역, 전게서, p.77.

메타볼리즘metabolism의 활성과 균형이 생산성을 유발한다고 보았을 때 정보과학이 이론의 건설, 현상의 해명, 방식의 개발 등을 통하여 발전을 거듭하면서, 인간의 현재성顯在性, 잠재성潛在性, 기재성基在性[15]의 교류를 빈번히 함에 따라 연천(然泉; 자연발생적인 창조적 본성: generated natural source)에서 발생하는 생명의 본성들이 자연을 제어하면서 창조적으로 자립할 수 있는 생산적 개방윤리moral를 도출할 수 있을 것이다.

자연스러운 상태에서의 생명력의 도약 근거를 연천然泉이라 하면, 이 최대다수의 최대의 연천의 발생은 원래적인 시스템의 내생, 외생을 고려한 상태적인 것을 조건으로 해서, 여러 가지 중요한 조건들의 정보교류, 즉 각 인자들 간의 피드백feedback이 거듭됨에 따라 깊이 있고, 가치 있는 창의성으로 나타날 수 있다. 이것은 외생적 현상의 형태를 지니는 기술이나 제품의 창조로서도 나타난다.

따라서 타성화된 종속성으로부터 근원적으로 그의 원래적 생명력을 소생시키고, 광廣·심深·구久적 생산성을 실현시키기 위해서는 연천의 발생좌표發生座標를 추적하는 것이 중요하다고 하겠다. 이에 대한 것은 장을 바꾸어 구체적으로 다루고자 한다.

---

15) 李得熙, 「倫理經營需壓과 開放體制實驗 Ⅰ」, 건대학술지 제12집, 1971, p.452.

3. 연천성然泉性 개발을 위한 상향식上向式 관리 피드백

시간·공간적 시련을 무릅쓰고 해 돋는 쪽을 찾아온 단일민족의 하늘에 부합된(ciel suite(프랑스어), Logos-Algo) 당위성當爲性으로서 일관해 온 정의正義, 정통正統 민족성의 바탕을 고려해 보면, 자연스러운 하늘의 합리성이 샘솟는 것으로서의 연천성然泉性은 곧 그 시대나 사회의 창조력을 발생시킨다. 이것은 메소포타미아 문명의 영향으로서 그리스를 비교해 보면 자연physis natura; 羅에 해당한다.

인공적인 것이나 물질적인 것, 기타 사회적 질서까지도 연천에서 발생하는 창조성을 상징하게 된다. 더욱이 인류언어anthology나 인류학(인간학)anthropology상으로 보았을 때 인간혼人間魂 — 인간성人間性(Homo — Sapiens), 무속성巫俗性 — 신앙성信仰性(Homo — Religious), 기공성技工性 — 생산성生産性(Homo — Faber) 등을 고려해 봄 직하다.

이것은 생산성(문명)과 신앙성(종교)과 인간성(문화)은 동일근거同

一根據에서 발생하는 이질현상異質現象임을 의미하는데, 가령 생산성을 필요조건으로 하면 신앙성과 인간성은 충분조건으로써 실현성 있는 생산적生産的 윤리倫理를 완성시킨다.

상동相同 homology(생물의 기관이 외관상 서로 다르지만 본래의 기관 원형은 같은 관계를 말함)상으로 보면 인간혼人間魂, 무속성巫俗性, 기공성技工性 등의 한민족韓民族적인 정통성은 더 넓고 깊고 장구한 뜻을 지닌 것이지만, 서양 문명의 메소포타미아적 용어로서 표현하자면 Homo-Faber, Homo-Religious, Homo-Sapiens로 설명할 수 있다.

이러한 상징성은 자연스러운 인간의 순수성과 결부되어 다양한 생물학적 현상을 동일근거로서 유추해 온 모건C. Lois, Morgan의 학설도 그렇고, 잘 알려진 후기인상파 화가 세잔Paul Cézanne의 작품을 Purism으로 간주하려는 것으로써도 설명된다. 미국의 청교도Puritanism도 종교적으로 나타난 초절超絶 Purism으로 정의하는 것이 유익하다.

개별적이든 집단적이든 간에 급기야는 이해利害의 극단이 이익이라는 경향으로 치우치는 현대문명의 종국에서 프랑스의 프레그넌스pregnance, 메세나Mecenat 또는 그를 위한 멘토라Mentorat를 강조하는 경향은 유전적 정통성에 따른 문화적 생산을 위해 이른바 생산성을 조건으로 한 문화와 종교 그리고 연천然泉을 현명하고 노련한 멘토라가 수행케 하는 것으로 보인다.

지중해 − 대서양 − 태평양을 건너 아시아에 이른다는 문명의 흐름을 볼 때, 구조적으로 통시태通時態 diachronic에서 공시태共時態 synchronic적인 것을 발생시킨 경우에 고려해야 하는 것은 메소포타미아의 티그리스강(동천東川), 유프라테스강(서천西川), 그리스의 Delphi(신탁神託), Olympus(천天의 제단祭壇) 그리고 지중해를 낀 크레타Creta섬이다.

이를 태평양 연안에서 농축시켜 보면 인류적 차원의 더 넓고 깊은 역사는 동해와 서해를 가지고 있고, 서라벌의 신탁神託, 백두산 천지의 제단祭壇 그리고 태평양을 끼고 있는 제주도 등을 문명사文明史 흐름의 도달점으로 간주할 수도 있는 것이다. 그리스의 크레타섬의 신비와 태평양을 낀 제주도를 비유하는 것은 유익하다.

이러한 의미에서 퉁구스Tungus족의 연천성然泉性은 넓고 깊은 뜻으로서 해석해 봄직하다.

더욱이 오늘날 일본의 생산 진출의 바탕과 조선사朝鮮史의 현상을 보면서 견물생심見物生心, 온고지신溫故知新을 통한 더 뛰어난 원삼국혼元三國魂을 고려할 때, 미래시대의 바탕으로서 유구한 정통正統의 연천然泉을 발생 − 발상發想시키는 것이 하늘의 소명일 수 있다.

인간의 기초적인 내생의 장場 field은 세포 간의 능률적인 편성을 생성시키고, 그것이 외계와 결부하면서 틱threshold을 넘어서 동기와 사기士氣를 발생시킨다. 마르크스주의적 동양의 전제군주專制君主하에서는 정지된 폐쇄의 윤리가 강조되고, 고정된 윤리를 습득하면서 그의 복종과 실행만이 요구되던 습성은 폐쇄적이고 정지된 판단으로서 단순한 체력과 행동만을 요구하므로 다양하고 속변速變하는 시대에 적응하기란 어렵다. 그러므로 근원적인 것을 발생시켜서 개발하는 것이 먼저 요청된다.

이러한 의미에서 연천성, 즉 연천발생적인 창조적 본성의 실체를 규명하고, 입체적으로 전문화해 가는 것은 인간의 자발적인 창조력이 위축되어 가는 현상들에 대한 도약의 근거를 제공할 수 있을 것이다.

Hardware − Software − Humanware로의 변천은 나름의 사회가 발

생한다는 것이다.16) 이러한 매개를 통해 정보교류가 민활해짐에 따라 하드웨어사회도 재구축된다.

경험논리는 생명 특성에 근거할 때 종속적이다. 연천성이 강화되었을 때만이 선험성先驗性이 다듬어질 수 있다. 즉, 연천성과 선험성도 출발과 결과처럼 대응적이다. 그리고 유전적 정통성에서 출발한 것과 경험적 논리에서 출발한 것과의 대응이라 볼 수 있다.

인간의 순수성純粹性과 사회적 평등성은 각각 대립적인 것을 내포하고 있다. 따라서 우리나라뿐만 아니라 전 세계가 형이상학과 형이하학적인 공통인자共通因子를 먼저 엄밀논리학嚴密論理學으로 탐구해야 하는 시점에 와 있다.

그러나 그 발견 속도는 인구, 인지認知의 변동과 자원 고갈과 공해 등과 같은 새로운 욕구와 기대에 부응하게 되려면 훨씬 빨라야 한다.

3-1. 연천성然泉性과 관리시스템

태초의 것을 더듬어 길러grope about, fumble after 다듬는 자세가 필요하다.

종縱적인 것이 없으면 횡橫적인 것이 입체화될 수 없다. 즉 횡적인 것이 입체화되기 위해서는 종적인 것이 필요하다.

어떤 문명을 전수받은 경우를 시간적으로 통시태diachrony라 하고, 전수하는 자와 전수받는 자가 갖고 있는 공통인자를 독자적으로 발생시키는 것을 공시태synchrony라 하면, 메소포타미아에서 발생한 삼각형 등의 학설을 통시태적인 입장에서 흡수하면서 공시태적인 것

---

16) 장만기, 『인간경영학』, 普成社, 1991, p.355.

을 발생시키지 않으면 안 된다.

구조주의構造主義적으로 말해서 공시태적인 것이 통시태적인 것에 종속되는 것이 아니라 어디든지 발생하는 공시태적인 것이 통시태적인 것을 흡수하는 것이다.

이것이 생명의 특성이기 때문이다.

그것은 봉건주의, 민주주의, 공산주의의 논리적 이상理想이 어떻든 간에 인간의 연천성이 은폐되고 의식에 종속되었을 때, 마치 중세 크리스텐덤christendom 사회에 있어서 의신擬神 illusive God적 종속에서 르네상스의 공시태적인 계기로 인간이 자기의 생명력을 되찾는 것을 보아도 알 수 있다.

심리학 측면에서 보면 연천의 정통성에 종속된 슈퍼에고superego와 그것에 종속된 이드id(에스Es) 등도 있을 정도이다. 이것은 광·심·구의 창조성을 실제적으로 실현시키느냐 혹은 상념적인 창조를 위해 창조를 파괴시키느냐 하는 만큼의 거리가 노출되고 있다.

오늘날은 봉건주의, 민주주의, 공산주의라는 기계와 제도, 그리고 개별적인 컴퓨터라는 기계로 인해 타성화의 종속성에서 근원적으로 본질적 생명력을 소생시키지 않으면 안 될 것이다. 그렇지 않으면 휴머니즘humanism이 약해지고 메커니즘mechanism이 강해짐에 따라 사기와 동기가 발생되지 않고 연천성이 줄어들게 되기 때문이다. 연천성을 개발할 수 있는 메타볼리즘metabolism의 회복이 현대 산업사회의 불균형을 극복하고, 교란된 체계를 안정화시킬 수 있을 것이다.

<그림 4>에서 볼 때, 연천과 현상을 연결하는 정보과학이 바로 생산성을 촉진시킬 수 있다. 즉, 피드백을 통해 연천을 현상에 접근시킴으로써 실존적實存的 자아自我를 얻을 수 있는데, 여기에는 수많은

피드백의 매개체가 필요하다.

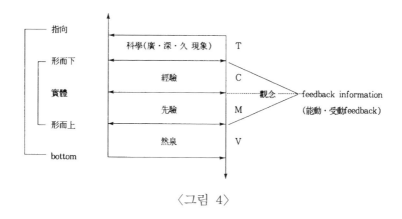

〈그림 4〉

V : M · C · T를 고려하면, $V_1 \rightarrow V_2$에서 C, T를 M이 매개하는 것이 된다.[17] 출발과 도달에 따른 피드백 관계에서 M 안에는 잠재성(수직), 상태장(수평), 절실도(실현)가 포괄되고, 기재성·현재성, 내생장·외생장, 천기天氣·지기地氣는 각각 C, T에 대응한다. 이런 의미에서 정보공학은 창조적 폐쇄성을 개방하여 원래적 창조성에 문을 열어준다.

더욱이 광·심·구 현상을 지향하기 위해서 피드백 매개체의 바탕을 강화하지 않으면 안 되는 것은 bottom의 형성 능력이 부족할 때 쉽게 제도나 기계에 종속되는 의식을 초래하기 때문이다.

피드백을 거듭하는 요소들의 움직임을 동기(質)라 하고, 그 수준level을 조건으로 한 연천의 발생을 사기(量)라 한다면, 산업개발까지로 확대될 수 있는 잠재력은 바로 인자factor들의 피드백을 통해 발

17) 李得熙, 「倫理經營需壓과 開放體制實驗 Ⅱ」, 建大學術誌 제14집, 1972, pp.285~286.

생되는 연천(核)의 양과 질이다. 여기에서 핵, 질, 양을 관념화, 형상화시키는 것이 중요하다. 결과적인 산업생산은 이러한 잠재력의 표출이라 할 수 있다.

그것은 마치 심장이 가동함으로써 뇌력$_{腦力}$을 발생시키고 또한 뇌력의 조건을 부여하면서 다시 심장의 기능을 활성화시키는 것과 같이 산업에 있어서 생산성은 주로 비가시적$_{非可視的}$ 성향$_{性向}$ invisible potential 의 표출이라고 보는 것이 당연하다.

기업이 일정한 유형적인 분량$_{分量}$을 조건으로 했을 때, 참여하고 있는 작업자들의 체계적인 교류$_{feedback}$를 통해 각기의 연천성이 발휘되었다면 그 결과로 최대한의 생산성을 가져오는 바탕을 갖게 된다. 그리고 이 경우 그 방향이 질과 양을 관철하는 핵적인 것일 때 시스템의 활동력은 최대한의 연천성을 발휘하는 효과를 갖는다. 목표로서의 핵, 질, 양을 고려하면 이것은 재고관리에 사용되는 ABC 분석과 같은 창조적 수준을 갖는다.

그런데 미래에 대한 위험을 회피하고 기회를 포착하는 바탕은 동일한 것이지만 여러 갈래의 수준으로 양상이 변모하는 시장 지향적인 국제시대에 있어서 그러한 것의 결정적 표출은 흐름의 변곡점$_{變曲點}$ inflection point이나 극점$_{極點}$ extreme point에서 민활한 인자들의 피드백 현상[18])으로 나타난다.

이때의 기업에 있어서 사기$_{士氣}$=변동비/(고정비+변동비)로서 간주될 수 있다. 드러커$_{P.\ F.\ Drucker}$가 고정비 상승압$_{上昇壓}$을 우려한 것도 곧 산업 참여자의 연천성이 주변의 피드백을 통해 충분히 발현되지

---

18) N. Wiener, *Cybernetics or control and communication in the animal and the machine*, M.I.T. Press, 1961, p.113.

제2장 건국이념 -천부경의 수치실험해석(II) 209

못할 때 나타나는 현상에 관한 것이다.

　일반적으로 관리비율管理比率이 크게 차지하고, 변동비율이 많을 때는 방법적인 것이 중요시될 수 있지만 고정비가 상승하고 변동비가 하강하는 경향에 있어서는 근원적인 것이 문제가 된다. 다양하고 속변하는 것을 만족시키는 것이 근원적인 것이므로 이것을 해결할 수 있는 것이어야 한다.

신앙성과 인간성을 조건으로 한 생산성
생산성과 신앙성을 조건으로 한 인간성
인간성과 생산성을 조건으로 한 신앙성

에서 필요·충분조건을 만족하는 논법을 적용하면, 신앙성, 인간성을 조건으로 한 생산성, 즉 신앙성, 인간성을 필요조건으로 한 충분조건이 생산성이었을 때, 미래적 실현성을 갖는다는 뜻이 된다. 실현성 있는 생산성을 위해 정보과학적 피드백을 강화시키는 것이 상향식上向式 관리라 할 수 있다.

　상향적 소프트웨어 시스템software system을 요청하는 시대를 맞이하는 배경은 속변, 다양화이다. 이 경우 이러한 환경에 적응된 생산경영자와 작업자, 그리고 그들의 상향적 소프트웨어로서의 변환이 요구되며 이 시스템에 적응치 못했을 때 심리적 시스템 교란과 갈등이 발생해서 사람의 공장본능工匠本能이 비생산적 방향으로 이전함으로써 생산의욕화生産意慾化 현상이 침체된다.

　산업을 둘러싼 다양 다변하고 있는 현실에서 기존의 하향성을 전제로 한 경직성의 표출은 산업 전반의 성과 신뢰도의 하락과 산발적인 체계화로 확대되어 왔다. 따라서 새로운 시스템의 상향적 개방성을 토대로 한 동적인 재조립이 필요하게 되었다.

산업을 체계화시키는 데 있어서 중요한 것은 인간의 내생적인 문제이고, 외생적인 문제는 자재를 만들어내는 석유라든가 특히 그중에서도 희소가치가 날로 커져가고 있는 무생물이다. 내생적인 bottom과 더불어 외생적이고 물질적인 bottom, 그중에서도 이러한 무형적이고 매장량이 한정되어 있는 광물의 경우에는 희소가치가 대단히 중요시되고 있다.

인간의 내면적인 문제는 두 가지로 분류해 볼 수 있다. 하나는 질적인 것으로 동기動機적인 것이 포함되며, 다른 하나는 그룹 다이내믹스group dynamics라는 측면에서 본 사기士氣를 체계화시키는 과정에 있어서 양적으로 고찰할 수 있는 것이다.

여기에서 표준을 중심으로 상향적 구조와 하향적 구조를 분기分岐해 보면 다음과 같다.

질과 양을 부연하면 턱과 터, 동기와 사기, 내생적·외생적인 것으로 볼 수 있다. 동기와 사기는 상대적으로 선취先取적이고, 선발적이고, 공격적인 경우가 있다. 또한 상대적으로 생존(生存 maker)적이고, 후발(後發 maker)적이고, 방어적인 경우가 있다. 그러므로 선취적인 창조가 있고, 생존적인 창조가 있다.

인간의 창조적인 계기를 어떠한 부자연스러운 인위적인 방법으로서 강제적으로 요청하는 경우가 많은데, 이는 상태변수를 고려한 피동적인 인간의 자세를 요청하기 이전에 인간의 능동적인 것을 고려해야 하는 필요성을 시사한다. 즉 상태의 장에서 요구하는 내생의 장과 외생의 장이 서로 결부되어서 창조성을 만들어내는 본능이 인간에게 있다는 것을 고려할 때 새로운 타당성을 낳게 한다.

<表 1>

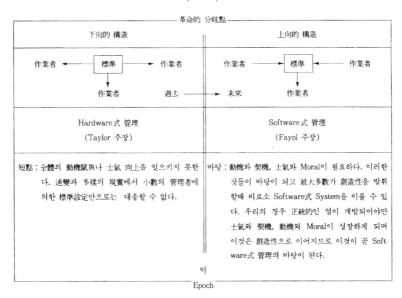

革命的 分岐點

下向的 構造	上向的 構造
作業者 ← 標準 → 作業者 ↓ 作業者　　過去	作業者 → 標準 ← 作業者 未來　　作業者
Hardware式 管理 (Taylor 주장)	Software式 管理 (Fayol 주장)
短點 : 全體의 動機賦與나 士氣 向上을 일으키지 못한다. 速變과 多樣의 現實에서 小數의 管理者에 의한 標準設定만으로는 대응할 수 없다.	바탕 : 動機와 契機, 士氣와 Moral이 필요하다. 이러한 것들이 바탕이 되고 最大多數가 創造性을 발휘할때 비로소 Software式 System을 이룰 수 있다. 우리의 경우 正統的인 열이 개발되어야만 士氣와 契機, 動機와 Moral이 성장하게 되며 이것은 創造性으로 이어지므로 이것이 곧 Software式 管理의 바탕이 된다.

터
Epoch

역사적으로 보면 사람의 역사에는 부정적인 것도 있지만 창조적인 것도 적지 않다. 그렇다면 사람의 내생에 창조적인 바탕을 갖고 태어난다는 입장에서 고려하는 것이 실현성을 갖게 된다. 여기서 창조적이란 말은 인간의 내면에 깊이 자리 잡은 욕구를 생산과정에서의 자기표현 활동과 연결시키는 것이다.[19]

사람이 태어나기 전 갖고 있는 내생적인 바탕이 무엇인지를 고려해 보면 수학적인 Logos의 Algo와 같은 초자연적인 법칙에 종속되어 있는 인간이 본능적으로 창조적인 행동을 하게 되어 있다는 것이다.

---

19) 하웃즈바르트 저, 김병연·정세열 역, 『자본주의와 진보사상』, IVP, 1989, p.289.

구름이라는 기체, 물이라는 액체, 얼음이라는 고체, 눈이라는 또 하나의 고체가 있다고 했을 때, 이 네 가지의 물질을 각각의 것으로 해결하려고 할 때 공통인수를 찾아보면 H_2O를 발견할 수 있다. 즉 네 가지 물질을 분석하는 데 반드시 객관적인 상황으로서 처리되는 것이 아니라 오히려 원천적인 H_2O의 구조 형태를 고려함으로써 접근하게 되는 것이다.

이것에 비유해서 보면 생산과 대응되어 있는 인간성이나 신앙성의 문제도 공통인수로서 존재하는 인간 자체 내의 얼이라는 성분이 신앙적·인간적·생산적인 측면에서 어떻게 나타나는가를 고려해보면 현대 물리학에서 상황적인 것을 절대시하여 취급한 것이 창조적인 미래에 충분하지 않다는 것을 발견할 수 있다.

질적 측면에서 동기, 양적 측면에서의 사기土氣를 고려한 시스템 어프로우치system approach는 질과 양의 공통적인 인자를 추구해 볼 수 있기 때문에 미래적인 가능성을 제시하는 데 중요성을 갖는다.

메이요G. E. Mayo나 레스리스버거F. J. Roethlisberger가 언급한 사기나 동기는 상황20)의 예가 될 수 있다. 그러나 그것만으로는 지속적으로 탐구해 가더라도 사기나 동기의 근원적인 문제해결은 막연할 것이다. 그보다는 시스템적인 개념을 도입하는 것으로부터 출발하여 근원적으로 포착해 가는 것이 더 효과적이다.

3-2. 창조가치생산성創造價値生産性의 발생좌표發生座標와 풍토

인류언어학적 입장에서 역사적으로 이질적인 생활을 해온 이민

---

20) 『新版體系經營學辭典』, タイヤモンド社, p.498.

족異民族들에 대하여 고려할 경우 은밀도隱密度가 깊은 곳까지 접촉을 하려면 논리적이기 이전에 체험이 필요하다. 문법만 연구한다고 해서 그 나라가 이해되는 것이 아니다.

생명에 관련된 위태로운 입장에서 그리고 감수성이 많을 때에 접촉하는 문제들은 문법적 언어를 통해 이해할 수 없는 부분이 상당히 많고, 그보다 더 깊은 것이 있다.

시대적 사건들과 그것을 통한 이색적인 역사를 가지고 있는 인류끼리의 공간적인 체험, 이런 것들이 체계화되어야 새로운 시대적인 기초를 형성할 수 있다.

사실 정보과학적 측면에서 언어言語는 리듬(가락)이 중요하다. 언어에 있어서 가락은 상대에게 전달하는 정도의 깊이와 편리를 부여한다. 왜냐하면 언어가 유전적으로 닻을 내린 신경기구의 구조와 연관이 있기 때문이다.21) 이러한 점은 하등동물의 대화를 보더라도 잘 알 수 있다.

이런 의미에서 우리나라 말은 대체로 建經의 g에서 유도된 가락과 기호로써 말과 글이 되어 있는데 당, 원, 청, 일, 미의 영향 아래서 우리의 언어의 근원적인 가락이 파괴되어 왔다.

사실상 우리나라의 말은 "이두문吏讀文"에서도 충분히 그 가락을 내포하고 있어서 전달하면 할수록 저변底邊의 연천성然泉性을 발휘하면서 전달할 수 있었고, 또 그렇게 받아들일 수 있었다. 이것은 정보과학의 근원적인 의미로서 의의가 크다.

예컨대 우리나라 사람들의 성姓이나 이름만 하더라도 중국계를 종속적으로 쓰고, 또 발음의 경향도 그렇고, 그런가 하면 일본에 있

---

21) 에리히 얀치 저, 홍동선 역, 『자기조직하는 우주』, 범양사출판부, 1989, p234.

는 말들 가운데 반이 아직도 이두문으로 남아 있고, 그렇게 보면 현재의 우리나라 말 가운데 반은 아직도 고유한 우리나라 말의 가락으로 남아 있다고 보는 것이 지당할 것 같다.

대표적으로 이두문의 '처용가處容歌'를 읽어보면 우리나라 사람들이 가지고 있는 특성과 개성에 알맞은 리듬, 당시로 치면 하늘을 향한 어떤 주문呪文을 외우고 읽다시피 되어 있다는 것을 누구든지 느낄 수 있다.

세계 어느 나라 말에 비해서 하늘의 이끌림을 받는 주문적인 성질을 많이 띠게 되어 있고, 또 그러한 가락을 통해서 기호가 아니라 하더라도, 입으로써 말하지 않고 콧소리로써 전달했다 하더라도 뜻의 대부분이 깊이 전달될 수 있는 가락임에 틀림없다.

그런데 그러한 가락이나 리듬을 파괴시키는 전제하에서 기계적인 작동의 전달만이 있는 듯한 경향을 띠고 있다. 이러한 가락(리듬)이 파괴된 언어로서는 아이디어가 발생할 수 없는 것이다. 또한 글에 있어서도 마찬가지이다.

오늘날 연구개발, 기술개발 혹은 제품개발이라는 용어를 많이 듣는데 이것은 주문을 외우다시피 한 생명의 근원적인 가락을 발생시키면서 표현될 때 대뇌의 전두엽과 후두엽 사이의 뇌수에서 발생하는 호르몬과 산소가 종속적으로 충분히 공급됨으로 해서 결실을 보게 되는 것이다. 그러나 주문의 성격을 띤 특유의 개성에 알맞은 가락을 리듬으로 표현할 수 있는 자연스러움이 없을 때는 그 노력이 엄청나게 커야 할 것이고 크다 하더라도 부분장치를 강조한 나머지 전인적全人的이고 전반적인 시스템을 교란시킬 위험성을 내포하게 된다.

따라서 인적 내생정보_{內生情報}와 관련된 시스템 분석22)은 상태_{狀態}와 외생_{外生}의 모든 측면을 고려할 때 효과적으로 될 수 있다.

이런 입장에서 보면 아열대 지방에서 동해, 서해, 남해를 끼고 대륙에 연결되어 있는 위치에 있으며 또 오늘날 서양이라고 하는 우랄산맥과 메소포타미아에서 출발한 단일민족적 근거에 들어 있는 유전적인 인자가 얼마나 소중한가 하는 것을 느끼게 된다.

물론 현상적인 입장에서는 애쓰는 사람이 어느 정도의 창조성(새로운 것)은 개발할 수 있겠지만, 더 무게 있고 더 넓이가 있고 더 장구성 있는 광·심·구의 기술, 제품, 연구개발은 시련을 겪으면서 걸어온 고도의 단일문화권_{單一文化圈}에서 생존해 온 유전자가 발생시키는 것이 더 쉽고 가치 있다.

현대 풍토의 흐름 속에서 이해관계에 얽혀져 버린 자기 스스로의 해방에 근거한 창조성은 수(修 스스로 닦는 것; 창조적 협력의 상승작용)에서 소생되는데 이것의 중요 인자는 소박_{素朴}, 겸허_{謙虛}, 예지_{叡智}이다. 이 수_修는 성(省 스스로를 방임; 상호 상쇄작용)과 대조적이다. 이러한 성_省의 인자는 허영_{虛榮}, 오만_{傲慢}, 지배욕_{支配慾}이다.

평등과 자유를 현실에 올바로 실현시키기 위해서는 위의 사항이 반드시 이루어져야 한다. 단 여기서의 대원칙은 모든 구성원이 '수_修'에 어느 정도 접근했는가 하는 것이다. 왜냐하면 이것이 생산성과 곧바로 직결하기 때문이다.

여기서 성_省은 잠정적이고 불연속적으로 필요한 것이며, 수_修는 항상적이고 연속적으로 필요한 것이다.

---

22) M. D. Johnson, Life Cycle Management: It's Already Broken, *Journal of System Management*, 1991.2., p.37.

그러나 주의해야 할 점은 성이 반드시 나쁜 것이 아니고, 수가 반드시 좋은 것은 아니라는 것이다. 성이 항상적이고 연속적일 때 문제가 발생하며, 수가 잠정적이고 불연속적일 때 문제가 발생하는 것이다.

예를 들어 케인즈 경제학에서 펌프 프라이밍 효과pump priming(소비는 미덕)는 불연속적일 때 가치가 있는 것이다.23) 즉, 생산 과잉이 세계적 징후로서 나타날 때나 자본 부족으로 인한 침체기에 있어서 생산성의 계기를 유발誘發시키기 위해서는 이러한 것이 잠정적으로 필요한 것이다. 이렇게 볼 때 상쇄작용도 단기적이라면 상승작용으로도 될 수 있다. 단지 그 기간의 정도가 문제시되고 있는데 이는 심리측정心理測定을 통하여 결정해야 한다.

왜곡된 이해는 현실을 도피하거나 비생산적인 비약을 하기가 쉽다. 따라서 비생산적인 비약과 현실도피 등의 장벽을 어떻게 뚫어내는가가 중요한 과제이다. 즉 이러한 장벽을 뚫지 못할 때 오늘날의 급변하고 다양해 가는 생산 여건하에서 생산성의 문제는 해결할 수 없는 것이다.

질質적인 동기動機와 양量적인 사기十氣가 결부(중첩重疊)되어 있는 시스템을 고려해서 어떻게 하면 이러한 상황을 뚫어내는가 하는 문제는 산업심리학만의 문제가 아닌 물리학적 문제, 초자연超自然적인 문제가 되는 것이다.

상향적 관리 피드백을 통한 새로운 생산적 창조를 태두시키는 것이 어렵고, 그 장벽이 두꺼운 이유는 그동안 지나치게 전문화가 강조되어 왔기 때문이다. 즉, 질은 질대로 또는 그 안에 질적인 양,

---

23) 李得熙, 『산업에르고드 - 하얀 핏줄기』, 녹색신문사, 1992, p.184.

양적인 질로 나뉘어 산발되어 연결되지 않았기 때문이다.

많은 사람들과 학자들이 현실에서 종합적이고, 항상恒常인 메커니즘(homeostasis)[24]을 요청하고 있지만, 피상적 요청에 지나지 않는다. 그러한 요청을 본질적으로 달성하기 위해서는 많은 사람들의 자성自省, 판단력判斷力, 종합성綜合性의 교육이 필요하다. 연천然泉에 입각한 새로운 관리피드백에 의해 생산성이 발휘되기 위해서는 체질적 종합화가 뇌리 속에 구조적으로 체계화되어야 한다.

현재성顯在性, 잠재성潛在性, 기재성基在性을 3차원적으로 설명하면 편리하지만, 표현상의 곤란성 때문에 이것의 사영寫影 projection을 통하여 2차원적으로 설명해 보자 <그림 6>. 이들을 각기 노란색, 파란색, 빨간색으로 표시하자. 이때 y축 값을 서로 비교하여 빨간색 > 노란색이면 이것은 극점極點을 나타낸다. 이들의 질적 의미는 다음처럼 나타낼 수 있다.

$$\int (\text{빨강색} > \text{노란색}) = \text{변곡점} \rightarrow \text{동기}$$

$$\int (\text{파랑색} > \text{노란색}) = \text{극점}(極點)$$

다른 측면에서 설명을 해보면, 세계질서가 정상적이라면 기존의 상황을 볼 때 미국의 생산성이 유럽이나 일본보다 앞서는 것이 당연하지만, 일본의 생산성이 미국을 앞지르는 경우는 세계질서에 있어서 새로운 극점極點이 발생하게 된다는 뜻이 된다. 그리고 일본이 유럽을 앞지르고, 유럽이 미국을 앞지르는 상황에서는 새로운 변곡

---

24) W. R. Ashby, *Design for a Brain*, Chapman & Hall LYD, 1954, p.57.

점變曲點이 등장하게 되는 것이다.

극점이나 변곡점의 발생은 구성원의 절실도切實度에 따르게 되는데 극대로 이르면 새로운 극대점極大點이 발생하고, 중간 정도 되면 변곡점으로 되는 것이다.

모든 현상은 잠재성을 매개로 한 수직적 현상과 상태장狀態場을 매개로 한 수평적 현상으로 구분할 수 있는데 최대다수의 최대 절실도를 매개로 한 연천성이 이들의 교점交點을 통과할 때만이 계기와 동기(턱)를 부여하면서 현실성 있는 생산성으로 나타날 수 있다.

여기서 연천성은 실제적 자연성에 부합된 것으로, 다만 자연의 에너지와 기氣를 활용하는 실현성으로서 이를 통해 방대한 자연성의 개발을 이룰 수 있다.

그리고 절실도란 여건통제與件統制의 방법으로서 수직과 수평을 조건으로 한다. 이들을 그림으로 나타내면 <그림 5>와 같다.

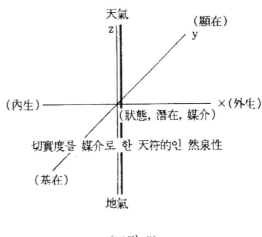

〈그림 5〉

이와 비슷하게 삼태극三太極의 차원변동(좌표변환)을 고려하면 이것은 피타고라스의 정리나 델타(Δ delta)의 원리와도 같게 된다(예로써 고대 무속巫俗에서 땅에 열십자를 그려놓고 그 교점에 칼을 꽂는 행위를 들 수 있다).

이러한 현재성, 잠재성, 기재성의 변화에 따른 변곡점을 수직적·수평적 성질로서 고찰해 보자.

기재성은 진폭振幅이 가장 크고, 파장波長이 가장 짧은 변동이고 잠재성은 진폭과 파장이 중간 정도인 것이며, 현재성은 진폭이 가장 작고, 파장이 가장 큰 변동으로 고려할 수 있다.

위에서 언급했듯이 수직과 수평의 교점을 연천然泉벡터가 통과했을 때에만 실현성이 있게 된다. 즉 이러할 때 지기地氣와 천기天氣의 연결효과가 발생하는 것이다. 천기, 지기의 교차점에서 행동의 표준실현標準實現도 가능하다. 비유컨대 항해 선박에서 양 교점을 중심重心의 벡터가 통과할 때 실현성 있는 안전성이 이루어지는 것과 같다.

직감直感을 고려할 때 위의 <그림 5>는 <표 2>처럼 나타낼 수도 있다.

⟨표 2⟩

	파랑	빨강	노랑
ABC 分析	A	B	C
운림력	금	은	동
인간	適性	知識	學問

➡ ABC 分析은 mode의 移動에 따라 poisson, Beta, 正規分布 등으로 近似시킬 수 있다.

현실성을 전제한 안정성에 대한 이러한 표준구도標準構圖는 심리분석의 기초좌표가 될 것이다. 이를 그림으로 나타내 보면 다음처럼

삼각함수로서 나타낼 수 있다.[25]

시대는 흐르고 지식이 쌓임에 따라, 사람의 늘어가는 탐욕에 맞서 그것을 보완해 줄 수 있는 자연은 파괴되어 가고 있다. 이러한 현실에서 미활용되었던 정통의 **Logos**의 **Algo**적 지력知力을 활용하는 것이 수압需壓에 대한 반항이라고 할 수 있을 것이다. 장구한 역사의 시간적 자원을 어떻게 개발하느냐에 따라 그 장벽을 뚫어낼 수 있느냐의 여부는 판별될 수 있다.

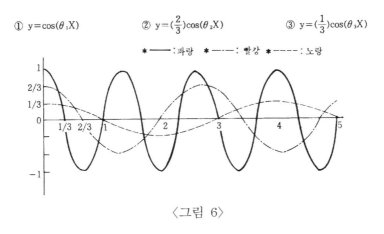

① $y = \cos(\theta_1 X)$　　② $y = (\frac{2}{3})\cos(\theta_2 X)$　　③ $y = (\frac{1}{3})\cos(\theta_3 X)$

＊────：파랑　＊──·──：빨강　＊─────：노랑

〈그림 6〉

---

25) L.クビリセノヴィッチ, 金光不二夫 著, バイオリズム, 講談社現代新書, 1990, p.51.; "바이오리듬에서 인간의 PSI 곡선의 각각의 리듬의 위상도 비슷한 형태의 함수식으로 나타나고 있음을 알 수 있다."

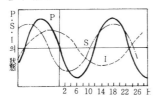

원삼국元三國(마한, 진한, 변한) 민족에게는 태초의 제사혼祭祀魂이 있었다. 이것이 공업의 기초인 금속과 비금속을 만들었던 원시적인 동기가 되기도 한다.

역사에 따른 진화를 거듭하면서 때때로 비합리적인 흔적system violation-perturbation을 남기기도 했는데 그러한 비합리적인 움직임은 창조적 동기가 되기도 했다는 것이다.

여기에 관련된 지역민地域民으로서 만주와 더불어 일본을 고려해 보면, 한국은 비합리적인 원천源泉을 발생시키는 얼에 기초하여 생산활동을 했고, 일본은 합리적 원점지향原點指向적 협동적 생산을 중요시하여 왔다.

그러므로 한국혼韓國魂의 결과로서의 생산과 일본의 협동을 위한 원점지향적 목적을 가진 생산은 대조적이다. 즉,

결과적인 생산성과 목적적인 생산성
비합리적 생산성과 합리적 생산성
원천적 생산성과 지향적 생산성

으로 대응된다.

그러므로 원삼민元三民에서 흘러나온 것은 원천적인 태초의 제물祭物offering이나 고수레thanksgiving에 비유되는 것이 생산성이라 볼 수 있고, 근원이 약한 입장에서는 생산성만을 목적으로 한 수단이 중요시된다.

따라서 넓게 보면, 대체로 퉁구스Tungus족의 범주에서는 메소포타미아적인 목적성, 합리성, 수단과 조작성造作性은 일본이 보다 짙게 가지고 있는 셈이 된다.

태평양 시대를 운운하고 있는 현대의 곧 다쳐올 Industrial Jungle(Koontz)[26]에서는 비합리적인 원천발생의 시스템은 거듭되는 시련을 받기 마련이다. 그러나 달리 보면 비합리라는 것만이 원천적인 창조성과 관련이 깊은 새로운 시대적 체계를 제시할 가능성이 크다. 즉, 현실적인 비합리적 교란 상황에서 원천적인 얼을 발생시킴으로써 현대화된 제사나 고수레의 생산적 개념이 매우 중요하다고 볼 수 있다. 다만 원천력으로써 산란된 시스템을 정합$_{system\ compensation}$시켜 나갈 수 있는 종속적인 지향성이 필요할 뿐이다.

여기에 기$_{氣}$의 개념을 도입하면 원천적 기의 체계가 부활되어 실체로서 현실화되어 가는 가능성을 태초의 제사나 고수레의 혼에서 찾을 수밖에 없다. 이것은 원삼민$_{元三民}$의 혼이 하는 지고$_{至高}$의 생산성 행위라 볼 수 있다.

우리나라의 의학적 사상$_{思想}$으로서 기를 처리할 때 대체로 관념적 구조로서 오장육부$_{五臟六腑}$를 오대양 육대주에 비유하기도 한다. 현대적 해부학에 비유하면 골수$_{骨髓}$ marrow와 뇌수$_{腦髓}$ brain를 연결시키는 교점을 해파톤이라고 하고, 이것을 중심으로 쓸개$_{gall-bladder}$, 간$_{liver}$, 췌장$_{pancreas}$이 연결되어 있다.

여기서 골수를 지기$_{地氣}$, 뇌수를 천기$_{天氣}$에 비유해 볼 수 있다. 고대 원삼국$_{元三國}$을 비유해서 이 장기를 마한, 진한, 변한으로 보면 천기와 지기가 맺혀지는 것을 곧 삼태극$_{三太極}$의 협력장$_{協力場}$ 관계로서 해석할 수도 있다.

즉, 편서풍이 불어오는 지금의 호남지역(마한), 북방과의 방어지

---

26) Harold Koontz, Toward a United Theory of Management, McGraw-Hill Book Co., 1964, pp.xi~xii.

역으로서의 변한, 해 뜨는 진한지역, 이 셋을 고려하면 원칙적으로 마한의 감각感覺과 변한의 의지意志와 패기覇氣, 진한의 영기靈氣와 지성 知性 등으로서 협력적 창조를 이루어 가는 것은 마땅하다.

이러한 삼한三韓이 대립적인 관계가 아니라 원래적 협력적인 관계로 고려하여 각기 대립으로 인한 상쇄작용보다는 원래적 상승적 의미로 고찰하는 것이 창조적 의미가 깊다.

메소포타미아에서 온 합리적·수단적·목적적이면서 폐쇄적인 다수민족의 교차에서 발생하는 산업은 쉽게 그 결과로서 물적신物的神의 제사가 되어 개방적 생산성을 결실하지 못하게 된다. 즉, 개방적 생산성은 정천正天, 정신正神에 부합된 천부天符적인 생산행동을 어떻게 소생시키는가에 달려 있다.

물상과학物象科學으로 말하면 대체로 깁스W. Gibbs의 에르고드Ergod 장에서 스칼라scalar, 벡터vector, 텐서tensor, 스피놀spinor의 과정27)을 고려해 최첨단의 컴퓨터 시스템 과정computer system process에 의한 모델링과 시뮬레이션 기법28)에 원삼민元三民의 제사를 결부시킨다면 정통적인 원삼민의 도혼陶魂을 수리화數理化할 수 있다.

이를 위한 정통적인 인간의 감각을 수리적으로 암시하면서 연천然泉과 과학현상을 포괄하고 있는 천부경天符經에 대한 수리실험數理實驗은 중요한 계기를 준다.

---

27) 벡터(Vector) 심리학(K. Lewin)에서는 심리학적 힘, 힘의 장(field), 긴장(요구; 개체의 내부 영역에서의 요구), 誘發性(목표; 환경 중의 한 영역에 대한) 등의 기본 개념에 바탕을 둔 제 종의 역학적 제 문제가 취급된다. 고전 물리학에서 두 점 간의 거리, 물체의 질량은 스칼라(scalar), 좌표계 변환에 대해 두 개의 벡터성분의 積(3차원 공간에서는 9개의 양)과 같은 변화를 하는 성분을 가진 양을 2階의 텐서(tensor), 3개의 벡터의 성분과 積과 동일변환을 받는 성분을 가진 양의 경우는 3階의 텐서, 그리고 스피놀(spinor)은 더욱 여러 성분으로 된 양이며 이 성분으로 되는 적당한 積은 또한 벡터성분의 성질을 나타내는 양이 된다(양자역학).

28) 李永海·白斗權 共著, 『시스템 시뮬레이션』, 京文社, 1990, p.247.

4. 개방체제실험開放體制實驗과 建經(건국이념-천부경)

원래적 질서는 파란만장한 격랑 속을 누비며 거대한 하늘과 땅의 바이오리듬biorhythm의 과정을 운행해 간다. 파악하고 조성해야 할 대상에 대해서 실험實驗 시뮬레이션simulation에 접근한다는 것은 첫째, 시간과 노력과 비용을 지나치게 낭비하게 되고, 둘째, 성공 확률도 미정이고, 셋째, 성공했다 하더라도 새로운 시뮬레이션의 능률을 위해 큰 도움이 되지 않을 염려가 따른다.

반면, 기존의 실험치나 물리, 심리에서 신뢰성 있게 활동되고 있는 숫자를 建經(建國理念-天符經)에 나타난 숫자들과 연결시켜 함수로서 방정식을 모델화 하는 것은 建經의 장에서 활동하는 질서의 규명이 정신물리학적 실험 데이터와도 관련을 갖게 되므로 아주 효과적인 것이 된다.

이렇게 함으로써 시간, 노력, 비용을 절감할 수 있고, 사전事前의 성공 가능성과 시간, 노력, 비용을 예측할 수 있다는 것이다. 나아가 더욱 중요한 것은 근본적인 Algo를 파악하는 과정이라는 의미로서 넓고 깊고 장구한 근원적인 원리를 파악하고, 부활시켜 창조성의 본래의 바탕을 추구하는 데 도움을 줄 수 있다는 것이다.

분트Wilhelm Wundt[29]는 형이상학 - 형식과학으로서의 수학과 형이하학 - 경험과학으로서의 자연과학, 정신과학을 구분하여 전자의 이론과 후자의 실험과의 교호관계의 중요성을, 그리고 그의 아들 분트Max Wundt[30]가 "세계에 있어서 신의 계시"가 곧 철학이라고 강조한 것은 이른바 Logos의 Algo로서 수학과 실험과학일 경우, 천부경과 실지 현상實地現象이 엄밀한 관계에 있음을 뜻해 준다. 이것은 결국 수징數徵적인 차원에서 초자연超自然을 포함한 인간의 심상을 파악하고 조작할 수 있고, 물상적 현상의 실험을 예측해 나가는 데 더 큰 도움이 될 수 있음을 의미하는 것이다.

장구한 인류사상人類史上의 물상조작物象操作의 역사를 고려하면서 감각질서感覺秩序와 과학현상科學現象과의 관계를 고찰하고자 한다.

4-1. 추리推理와 과학실험科學實驗의 우연성

과학현상과 감각질서에 대한 많은 예들을 통해서 추리推理와 실험實驗과의 관계를 살펴볼 수 있고, 그럼으로써 초자연성超自然性을 내포한 인간심상과 물상과의 관계 또한 살펴볼 수 있다.

이들에 대한 예를 살펴보면 먼저 환상화합물環狀化合物 cyclic compound의 기초가 되는 벤젠의 육각형 구조를 발상한 케쿨레Kekule가 수많은

---

29) 『哲學辭典』, 平凡社, 1962. System der Philosophte 1919, Grundriss der Psychologie, 1922.

30) 『哲學辭典』, 平凡社, 1962. Die deutsche Schulphilosophie im Zeitaltar der Aufklarurg, 1949. Die wurzeln der deutschen Philosophie im Stammu Rasse, 1944.

실험을 거듭한 끝에 여섯 마리의 뱀이 꼬리를 물고 도는 것을 보고 벤젠기(C_6H_6)를 발견했다는 것은 잘 알려진 이야기이다.

그런데 여기서 중요시해야 하는 것은 그가 평소 잠재의식상 뱀에 관심을 갖고 있었다 하더라도 그 후 수많은 실험을 거듭한 결과 세 개의 이중결합을 포함하는 'CH기'가 타당성 있게 된 것은 단지 실험적인 추정에 의해서만 구도된 것으로는 볼 수 없다는 사실이다.

육각형의 모형은 벌꿀의 집에서도 나타나고, 자라의 등에서도 볼 수 있을 뿐만 아니라 유리의 굴절에서 비치는 광선에서도 볼 수 있다.

보어N. Bohr가 태극太極 모양의 음양처럼 회전곡선 모양의 대칭된 두 개의 중심을 보고, 대칭된 두 개의 양회전 전자와 음회전 전자의 궤도를 구상했는데, 이는 오늘날까지도 원자궤도를 설명하는 데 기초적인 개념으로 되어 있을 정도가 된 것으로 수많은 실험을 거듭해서 이루어진 것으로 잘 알려져 있다.

그리스의 데모크리토스가 수천 년 전 6개의 물질의 법칙을 가설로 설명했는데 오늘날 그중 5개는 증명이 되었고, 6번째의 '생명의 원자'에 대해서는 미지의 것으로 남아 있을 따름이다.

여름철의 풍수해를 거듭한 지역에 사는 민가民家에 또다시 풍수해가 되풀이되고 생명의 위험을 경험했던 사람들이 또다시 그 지역에 살고 있는 것을 볼 때 과학적 실험과 경험의 결과에 대한 신뢰도가 실제상은 이론보다는 낮다는 것이 된다.

풍수해를 당한 주민들에 있어서는 반드시 거듭되는 풍수해를 그때만 모면할 수 있을 것으로 믿는 것이 된다. 마치 전투일선에 지원하는 병사가 자기만 우연히 살아남을 수 있다는 기대를 버리지 않는 것과 같다.

반드시 기계적 실험의 결과만으로는 그 벤젠기를 발견할 수 없다는 것이고, 데모크리토스의 이성적 추정은 실험하지 않았지만 2~3천 년 후 실험의 결과를 통해 증명되기도 했다.

살바르산 606(Salvarsan 또는 '화합물606'으로도 알려진 Arsphenamine은 매독과 아프리카 트리파노소마증에 대한 첫 번째 효과적인 치료법으로 1910년대 초에 도입 된 약물. 이 유기 비소 화합물은 최초의 현대 항균제라 한다 - 편저자 주)이라는 약품을 개발했던 경우를 보면, 적어도 틀림없이 성공하리라 믿고 착수했던 실험이 605번째까지도 실패하고 606번째야 거의 우연히 결과를 얻게 되었다는 것이다. 또한 지방fat 탈색을 위한 실험에도 거듭 실패하다가 산성酸性 백토白土 위에 던져져서 탈색되었던 성과도 있었다.

어떠한 실험이나 예측에서도 우연적인 성공을 기대하는 경우가 허다하다. 다시 말하면 실험은 필수적이라 할 수 있지만, 예측 밖의 기적으로 인해 결과가 얻어진 경우도 허다하다. 더욱이 실험을 하지 않았지만 우연히 성공하는 경우도 적지 않다.

논자도 그간 총 5천 번 이상의 실험을 거듭한 체험에서 보면 약 100회의 실험에서 우연으로 얻은 것은 하나뿐인, 즉 전체에서 50개의 작은 발견을 한 경험을 통해 보아 느끼는 것이다.

여러 실험의 결과는 인간의 지식과 날로 동떨어진 것이 되어가고 있음을 확신케 한다.

실제적 자연의 질서에 독립적으로 행동하는 지식은 자연의 질서를 이탈한 프로이트Freud적 이드id(에스Es)에 근거한 리비도libido 발생 결과에 유사시켜 볼 수 있는 것으로 목적과 결과가 파괴를 조장하게 됨을 엿볼 수 있다. 그래서 미래의 사실들에 대해 적중하지 못하리라는 불안이 날로 쌓여가고 있다.

최근의 사회적 변화, 예컨대 자본주의 지역의 산업이 자멸하리라는 카를 마르크스K. Marx의 실험적 추리가 오히려 그 반대의 결과로 나타난 것도 볼 수 있다. 이러한 여러 가지 외계外界 사상事象들에 대한 관측자의 입장에서 실험을 거듭한 역사라는 것이 사실은 우연적인 사실을 실험적인 필연의 사실로 간주해 버린 경우도 있었다는 것을 뜻한다.

날로 미래에 발생할 사실이 과거에 발생했던 사실과 거리를 멀게 하고 있는 현실에서는 좀 더 깊이 있는 요인을 추구할 필요성이 있게 된다. 우리나라의 사회사社會史에 비유해 보면, 임진왜란 때 우리나라를 유지함에 있어서 도요토미 히데요시豊臣秀吉의 죽음에 기인한 바 크고, 우리나라가 해방된 것도 우연한 외세의 도움이고, 한국전쟁(6.25)도 우연한 유엔의 파병으로 끝을 맺었던 것을 볼 수 있다. 공산세계의 몰락도 그러한 맥락에서 우연한 사실로 간주될 수도 있다고 볼 경우 오늘날 생산을 둘러싼 미래시장에 대한 예비도 과학적인 경험과 실험의 과거가 불안을 더해 줄 따름이다.

이렇게 보면 미래를 추정하는 근거와 또한 그에 따르는 예비적인 대책이 충분하지 않다는 사실을 스스로 확인해야 할 것이다. 나아가 최장의 역사의 움직임과 최대의 인류의 현상을 심도 있게 고려한 위에서 지금의 현상을 심도 있게 개척해 나가는 자세가 요구된다.

역사적 사실을 보다 깊이 있게 파악해야 되고, 또한 생활세계生活世界적 인간 행동의 바탕에 동일한 인자因子가 시간, 공간에 일치되게 움직이고 있음을 찾는 데는 팽이의 운동에 있어서 세차운동歲差運動 precession motion[31]을 고려해 봄 직하다. 현재 팽이가 회전하는 양상은 돌면서 도는 근거에 종속되어 있다는 사실을 보여준다.

〈표 3〉

	靜的	動的	사람의 생각, 행동
一次的	4 種類의 成分	팽이의 自轉(1000번)	데이터
二次的	H₂O	팽이의 公轉(100번)	데이터들의 因子
三次的	軌道의 관계	公轉軌道(10번)	데이터적 因子의 因子

오늘날 통계적 추정이 적중되지 않고 과거와 현재의 예측이 날로 빗나가는 것은 팽이의 회전에 비유컨대, 현대인들이 직전의 현상에만 급급하여 서로 경쟁적으로 단정한 것에 대해서만 신뢰도를 높이려 할 따름이고, 보다 근저根柢의 것에 대해서는 소홀히 해가는 경향이 있음을 뜻한다.

토플러A. Toffler가 그의 권력이동勸力移動 Powershift[32]에서 다룬 것은 소프트웨어software의 일반화를 강조했을 따름이다. 오히려 미래적 문제해결이라는 것의 본질을 강조하지 못하고 현재적 지식의 전개에 방임하고 있다. 그러므로 당면한 미래의 위험 앞에서 현실적 산업을 위해서는 좀 더 면밀한 역사운동의 바탕에 깔려 있는 개체들의 행동을 탐구해 볼 필요성이 있게 된다.

전혀 별개의 것으로 보아왔던 구름이라든가, 얼음이라든가, 물이라든가, 눈이라든가 하는 것이 H₂O라는 공통성분으로서 열에 의해서 변형되어 온 사실도 최근에 와서야 알게 된 것 같이, 팽이의 일차적인 모습을 보고 세차운동이라는 제3차, 4차의 근거를 추정하기

---

31) 郭潤根·安成淸, 『工業力學』, 1983, pp.424~429.
32) 앨빈 토플러 저, 李揆行 監譯, 『勸力移動』, 韓國經濟新聞社, 1991.

란 어려웠던 것이다.

이러한 형식의 방향으로써 규칙rule을 알게 되면 현상의 실험이나 경험에서 얻어지는 규칙이 있기 때문에 실험 횟수를 줄이더라도 적중률은 커져간다. 1차, 2차의 규칙에만 머물면 변동(인구, 욕망)의 수습 가능성이 없어진다. 3차 이상의 고차의 규칙에서 고찰해야 제약조건의 규칙이 존재한다.

무한히 실험만을 거듭할 수 있는 현상은 존재하지 않는다. 그 제약조건을 지키지 못하기 때문에 내·외적 갈등이 발생한다. 즉 종적인 것이 없으면 횡적인 것이 입체화되지 못한다. 다시 말해 횡적인 것이 입체화되기 위해서는 종적인 것이 긴요하다.

단순히 눈앞의 찰나적 현상에 현혹되기 쉬운 인간의 감각질서로부터 벗어나 그 현상의 근거를 찾기 위해서는 최장最長의 시간, 최광最廣의 공간에서의 심도 있는 현상 파악이 절실하다고 할 수 있는 것이다.

과학적 경험과 실험이 우연성을 내포하고 있는 만큼 미래에 대한 대비는 과학적 경험과 실험만으로서가 아니라 내생, 외생, 상태의 장을 입체적으로 고려한 개방실험開放實驗을 통해 현상의 근거를 찾아가야 하는 것이다.

4-2. 인간과 물질의 중첩重疊

궁극窮極에 다다른 지역민족 속에서는 궁즉통窮卽通이라는 논리가 보다 먼저 적용되어 시대의 기기機器나 기구器具들을 뚫어낼 수 있는 고유固有 생명성生命性을 선도할 수 있을 것이다.

여러 시공간의 조건 속에 있는 인간에게 있어서는 가장 긴 역사성歷史性과 가장 넓은 인류성人類性이 일치된 방향이 곧 창조적 계기 및 동기가 되는 것이다. 이러한 의미에서 에르고드Ergod는 라플라스P. S. Laplace에서 시작되는 여러 가지 현상의 변환을 통해 연천然泉의 발생좌표를 추적해 현상을 추상하는 데 능률적이다.

사람은 태어나면서부터 시작되는 탄생 초기 ─ 이것은 다윈C. Darwin의 학설과 루소J. J. Rousseau의 에밀Emile을 고려해 봤을 때 ─ 에는 순진한 생활을 하기 때문에 이때에는 인간이 설정한 범죄가 적용되지 않는다. 이때는 교육적인 함축성含蓄性을 가지는 기간으로서 논리적 이성을 발생시키는, 성숙된 인간을 지도할 수 있는 정도의 무게를 지니고 있다고 봐야 한다. 자연법상으로도 이 시기는 최후의 의사표시 능력자의 사회계약이 적용될 수 없는 것으로 간주되어 온 것이다.

잉태 직후의 아동들의 입장에서 보면 복합적 현실에 적용되지 못한다 하더라도 사람의 기본적인 순수성純粹性 ─ 연천성然泉性이 인간과 물질사회의 모체가 된다는 것이다. 성숙된 인간은 법적인 의사표시 능력이라는 것을 과잉 강조하여 어쩌면 오히려 이성으로써 그들이 조작한 자기 위주의 판단적인 잘못을 자칫 아동들에게도 타당시하는 것과 같다.

생명과 물질, 인간과 자연의 괴리 현상은 여기에서 출발하는 것이다. 그러므로 적절한 환경의 지속에서 적절한 연천성의 유지는 시한부 우연이라고 말할 수 있다. 아동이 잉태되어 탄생되던 시점을 고려할 때 그 초기 생명들의 물질과의 관계는 그를 양육하는 여러 환경의 논리적 여건 여부와는 별개로 자연스럽게 커가는 것이다.

진화론의 입장에서 개체발생이 계통발생을 되풀이한다는 사실을 시인한다면 소위 능력자의 의사표시에 얽힌, 토플러가 언급한 바로서의 하드웨어hardware가 소프트웨어software가 되기 위해서는 오히려 유아성幼兒性의 소프트웨어가 하드웨어를 주도해야 할 것이다. 왜냐하면 이성理性과 법률에 서식한다는 것이 이미 시간·공간적으로 타당한 생명성을 거의 상실한 이후의 것이기 때문이다.

그러므로 당면한 문제의 해결은 유아기의 개체발생과 더불어 주어진 자연(물질)과의 순수한 관계, 즉 질이 양을 만들고 또 고차원의 것이 저차원의 것을 만드는 차원변동이 전제가 되지 않으면 안된다. 그러므로 인간과 자연의 고차원적인 것이, 앞에서 팽이의 돌고 도는 세차운동에 비유해 보았듯이 인식의 출발점이 되어야 한다.

역사적인 근원과 인류적 근원의 생리적 관련성을 탐구해 보면 오늘날 실험의 결과로서 나타난 잠정적인 모델들은 단지 그러한 것을 위한 소재가 될 따름임을 발견한다.

이러한 의미에서 창조주創造主의 창조질서 원리를 설명해 주는 우리나라의 건국이념-천부경은 거의 선사시대 이전의 인간본성을 의미하는 것으로서 구전으로 내려오던 것들을 그 후에 수적 상징으로서 체계화시켜 온 것이다. 그 지역민에게 있어서는 연천然泉과 현상의 다양한 소재가 될 수 있어 천만다행이다.

이것을 고려하여 오늘날의 이른바 과학실험 데이터에 비추어 해석하면 실험의 횟수를 줄일 수도 있다. 또한 앞으로 나타날 새로운 컴퓨터에 수록, 활용되어 근원적인 것이 적용되는 시기를 단축할 수도 있는 것이다. 따라서 천부경을 가진 민족의 역사성은 인류의 미래에 대한 근원적인 방향 설정에 도움을 줄 수 있을 것이다.

역사를 되돌아보면 우랄·알타이산맥 아래에는 메소포타미아 문명이 있었다. 잘 아는바 수메르족에 의해서 전달되었다는 최초의 경영체계33)는 오늘날 지중해, 대서양, 태평양을 건너서 스타노보이산맥 아래의 극동지역에 전달되고 있다. 이것이 원래 우랄·알타이산맥을 넘어 따뜻하고 기름진 지역을 등지고 사선死線을 넘어온 유목민이라 일컬어지는 부족이 한반도에 정착함으로써 전달된 것이다.

레비스트로스C. Lévi-strauss의 통시태通時態 diachrony와 공시태共時態 synchrony를 생각해 보면 한민족韓民族은 반드시 그러한 통시태적인 종속만으로는 설명될 수 없다.

성숙된 사람의 지식은 대체로 우랄산맥의 바로 아래, 젖과 꿀이 흐르는 곳에서 집중적으로 모여 살면서, 번영했던 인접한 장소와 교류하며 상호 갈등하면서 살았던 사람들의 문명과는 대조적이다. 좁고, 얇고 짧은(狹, 薄, 短) 곳에서 상승작용한 문명이 스스로 우주의 중심이라고 한다든가, 삼각함수를 동양적 의미의 삼태극三太極으로 고려하여 흡수한다든가, 혹은 지구를 사각형으로 상상하는 것과는 대조적으로 퉁구스족인 한민족은 오히려 우주보다 넓은 삼태극을 고려하여 지구가 둥글다는 것과 회전성回轉性을 전제로 하여 만물을 고찰해 온 것이다.

그러므로 우리나라는 메소포타미아 문명에서 발생한 것을 통시태적으로 받아들이기에는 더욱 어려운 성향을 띠고 있었던 것이라 할 수 있다. 그러한 점은 곧 우랄산맥 아래에 집중적으로 정착한 다수인종이나 우주나 지구를 펼치다시피 한 유목민족적 사고의 바탕과는 대조적인 측면을 갖는 것을 의미한다.

그러나 공시태적인 자연스러운 생명의 출발점과 본질이라는 면에서 보면 역시 전인류全人類적 본질의 극한성極限性이 동일한 것을 전

---

33) Claudes, George. J. R. *The History of Management Thought*, Prentice-Hall, INC, 1972, p.3.

제로 하고 있다. 다만 복합화되어 가는 인식에 갈등이 발생할 따름이다.

메소포타미아 문명과 우리나라의 경우를 고려해 보면 전全인류적인 본질의 극한성이 동일함을 알 수 있다. 메소포타미아 문명을 농축하고 있는 그리스를 중심으로 해서 보면 넓은 의미에서 그 지역의 동쪽에 동천東川(유프라테스강)이 있고 서쪽에는 서천西川(티그리스강)이 있고 그 아래에는 신비스러운 크레타Creta섬이 있다. 그것은 지중해의 기슭에 존재하며 그 땅에는 오늘날 신탁神託의 창조 아이디어를 받았다고 하는 델파이Delphi 신전이 있고, 체력을 상징한 올림포스산이 우리나라의 12선녀와 같은 신탁을 안고 있다.

우랄산맥에서 발생한 생명을 가정하는 듯 우리나라의 배달의 동쪽에는 동해, 서쪽에는 서해, 남쪽은 신비를 지닌 제주도와 섬나라 일본이 태평양 기슭에 있다. 그리고 비록 중국 성씨이지만 경주에는 이, 최, 손, 정, 배, 설을 낳았던 불교 전래 이전의 신탁신전이 있었고, 올림포스산인 양 백두산에는 선녀가 내리기도 했다.

오늘날 서양에서 전설인 양 생각했던 신화들이 실제로 발굴되고 있는 것을 보면 상형문자나 기호 이전의 시기에는 역사가 갖는 원리의 골격이 신화로서 전달되어 왔다는 것을 알 수 있다.

오늘날에 있어서 지중해 － 대서양 － 태평양을 이어 온 통시태적인 흐름을 계기로 진화론적 특수한 환경 속에서 기본적인 생명의 공시태가 연결되고, 이러한 흐름이 극동極東을 중심으로 구조적으로 창조의 사기十氣를 싹트게 한다.

특히 서울올림픽을 기점으로 세계질서의 재편과 물질문명의 극한 상황에서 한반도를 중심으로 일어난 최근의 사건들이 이러한 사실을 설명해 준다.

수만 년 전 천지天地의 소명을 갖고 사경死境과 사선死線을 뚫어 온 유목민의 후예가 농경민으로서 정착한 이후부터는 그 실현성을 농후하게 지니게 되었다. 즉, 동천東川, 서천西川보다는 동해東海, 서해西海로 대륙에 연결되어 지중해보다는 태평양 기슭에서 그리고 크레타 섬에 비유되는 제주도에 그러한 사실들이 태동되는 느낌을 준다.

그러므로 수만 년 전부터 내려왔던 근원적인 이성과 과학을 중첩重疊적으로 발생되게 하는 하늘의 명령서命令書를 가진 오직 하나의 민족에게 있어서는 그 방향에 대한 가능성을 지니게 한다. 그래서 궁극窮極에 다다른 자신의 일이 곧 인류의 일이 되기도 하는 것이다.

4-3. 감각感覺과 천부경수리天符經數理

이 세상은 땅의 기氣와 하늘의 기를 역사적으로 인정해 왔다. 대방무각大方無角, 대성무음大聲無音 등은 기를 은유하고 있다고 보는 것이 유익하다. 우리나라에서는 얼로 표현되는 것이다. 이것이 천, 지, 인 시스템으로 시간에 따른 적응을 거듭하면서 기능을 발휘할 때 시대와 상황을 이끄는 창조성이 도출된다. 기를 질質이라 하면 에너지는 양量이고 또한 에너지를 질이라고 하면 물질은 양이다. 그래서 어떤 시공時空의 그릇eigenvalue은 물질이라는 내생・외생 현상에 속한다.

> 과학과 직관적인 형이상학은 똑같이 정확하고 분명한 것들이거나 또는 그렇게 될 수 있다. 이것들은 모두 실재 그 자체와 관계가 있다. 그러나 각각은 오직 반만을

지니고 있으므로 우리는 그것들에게서 과학의 두 가지
의 세분화된 분야들 또는 형이상학의 두 부분들을 볼 수
있게 된다.[34]

　시공물질時空物質의 그릇boundary을 생각하면 그것은 같은 종류의 기
와 에너지와 질량weight으로 되어 있다. 질인 기의 양은 에너지이다.
다시 말해 질이라는 기의 외부에 에너지가 있고 또한 에너지의 외
부에 질량이라는 중력이 있다. 이 셋은 서로 관련되어 동일한 것을
둘러싼 현상을 일으킨다.
　여러 가지 시공간의 제약 속에서 탄생한 생명은 자연스러움을 조
건으로 한 발생력發生力을 가진다. 기와 에너지와 질량의 이행과정은
변환적이다. 즉 좌표변환으로 표현할 수 있다. 하나가 필요조건이
라면 하나는 충분조건이고 그래서 필요조건은 곧 충분조건이 될 수
있다. 그리고 일정법칙의 변환을 통해서만 질은 양이 될 수 있다.
이렇게 변환시키는 조건이 곧 양, 질의 턱threshold이다. 턱의 전후에
는 두 가지의 터field가 존재한다.
　심장이 멈추면 최후의 생존조건이 없어진다. 그러나 뇌사의 경우
는 그렇지 않다. 뇌는 심장의 활기를 부여하는 조건을 줄 수 있다.
심心과 뇌腦 사이에는 필요충분조건인 기의 길氣路이 연결되어 있는
것이다.
　광범위하게 말하면 거듭되는 질과 양은 하나의 체계를 가진 기능
을 한다. 기는 변환이라는 조건을 매개로 한 체계를 갖고 있다. 그
런데 사람의 창조성과 결부되어 있는 것은 기의 본질이다.
　이 체계는 불연속적인 차분함수差分函數 differential function의 성격을 띠

---

34) 일리아 프리고진・이사벨 스텐저스 저, 신국조 역, 『혼돈으로부터의 질서』, 정음사, 1988, p.137.

고 있다. 이러한 것은 키를리안 사진Kirlian Photography에서 잘 나타나고 있다.35) 포웰A. E. Powell은 인간의 유체有體는 환한 색깔의 오로라로 둘러싸여 있으며, 이것은 물질보다 더 섬세한 것으로 감정, 정열, 욕정, 정서 등을 나타내고 물질적인 두뇌와 사람의 마음 간의 다리, 즉 전달매개체의 역할을 하는데 마음은 한층 더 고도인 매개체, 즉 영체靈體에서 작용한다.

기는 예컨대 천이전자遷移電子 transition electron적으로 이동한다. 전자일 경우에는 한 에너지 준위에 불연속적인 균형 있는 분배를 갖는 동일 수준으로서 각각 4개의 전자가 존재하는 것을 프랙털fractal이론에 비유해서 기의 에너지를 유추해 볼 수 있다. 예컨대 소립자들은 에너지가 어느 한계까지 채워졌을 때 여기상태exite state로 상이相異한 에너지 수준으로 이동하는 것이며 연속적으로 움직이는 것은 아니다.

피타고라스의 직각삼각형과 라이프니츠의 델타(Δ delta)는 프랙털 관계가 있다. 그 사이에는 연속적이지만 불연속적인 여기상태로 되어 다음 에너지 수준으로 이동한다. 피타고라스에서 라이프니츠에 이르는 모나드Monad의 동류성同類性은 프랙털 관계로서 인식할 수 있다.

그러나 이것의 유도가 천부함수天賦函數 "g"에 근거하고 있는 것이므로, 물상의 미적분에 관한 것이 좀 더 근원적으로 심화될 수 있고 나아가 생산행동의 알고리즘Algorithm이 모델model화 될 수 있다. 즉 인간 전체의 조화성장을 가져올 수 있는 것이 "일시무시일一始無始一"에서 구체화되고 체계화된다면 그 활용도는 매우 크다. 물상에서

---

35) Kendall, Johnson 저, 충남대 심령과학연구회 역, 『사진으로 본 비물질세계』, 松山出版社, 1988, pp.7~9.

새로운 현상에 접근하기 위해서 "g"에서 모든 것을 유도하면 인식영역認識領域도 설명할 수 있다.

따라서 우리나라의 삼태극三太極을 고려한 위에서 인식에 있어서의 은유metaphor와 물상에 있어서의 은유로서 "g"를 적용, 분석하여 Logos의 Algo를 체계화시킬 수 있다. 이러한 바탕 위에서 피타고라스나 라이프니츠의 모나드에 대한 전환점이 "g"라고 볼 수 있다.

이러한 입장에서 인간의 연천성然泉性을 전제로 해서 기재의식基在意識으로서 모든 물상을 관찰하는 방향이 긴요하다. 그래서 예컨대 바퀴는 앞으로 가는데 사람의 눈으로는 뒤로 가는 것처럼 보인다거나 혹은 등불이 유리를 통해서 반사될 때 고정된 여러 종류의 모양으로 분류되어 나타난다든가 하는 것은 누구나 다 느끼는 현상들의 근원적 문제에 대해서 탐구할 필요성을 제시한다.

소위 엄밀논리학嚴密論理學이라고 하는 로고스를 풀이하는 입장에서 원래적인 알고리즘으로 본다면, 1, 2, 3, 4, 5, 6, …이라는 자연수를 등차等差적으로 보는 경우와 등비等比적으로 보는 경우에 양量의 관계를 고려해 보면, 여기에는 하늘이 사람을 만들 때 주어졌다고 믿어지는 어떤 규칙이 기재의식 속에 존재한다는 것을 느끼게 된다.

그 규칙을 Logos의 Algo적 입장에서 보면 서양의 메소포타미아 문명에서 유래된 황금분할黃金分割 golden section[36]이라고 하는 0.6180으로서 살펴볼 수 있다. 이 숫자는 대단히 오묘한 측면을 가지고 있다.

즉, 0.6180을 α_0라고 하면, $1/\alpha_0^2 = 1/(1 - \alpha_0)$이고, $1/\alpha_0 = 1 + \alpha_0$인 경우이다. 더욱이 이것은 하늘이 준 숫자라 해서 사람들이 부적符籍으로도 사용하였고,[37] 관련 계산에서도 의미 있는 것을 발견할 수 있다. 즉,

---

36) L.ジッピン 著, 赤 攝也, 川尻信夫, 無限, 河出書房, 1971, p.130.

$1+\alpha_0$는 한 변의 길이가 1인 정오각형의 대각선의 길이이며, 대각선을 모두 그으면 그 안에 별star을 내포하게 된다.

그런데 이 별표는 고대사회 때부터 적의 창살을 피하는 행운을 가져온다 하여 몸에 간직하기도 하였고, 후에는 군인들의 계급표시 상징으로 이용되었다. 그런데 이러한 α_0는 기하학적·대수학적 수치실험을 통해 접근해 보면 建經(건국이념-천부경)에서 말하는바 "g"로부터 유도됨을 알 수 있다. 이 1.111…로 나가는 "g"라는 숫자는 우리나라의 약 몇만 년 전에 우랄산맥을 통해서 가져왔으리라 믿어진다. 초자연超自然적인 지혜로 엮어져서 建經이 되었던 것 같다.

로고스의 알고리듬으로서뿐만 아니라 엄밀논리학의 기초로서 수열을 고려한 측면에서 α_0를 신비스럽게 발견하였고, 즉 α_0로서 지혜가 유도되어 α_0 속에 지혜가 들어 있다고 한다면, 현상에서는 α_0를 경유해서 지혜를 발견했던 것이고, 또 반대로 기재基在에서 현상으로 유도해서 연역과 귀납을 통해 지혜에서 α_0를 유도할 수 있게 되는 것이다.

그리고 α_0를 현재적인 논리로 치면 일반적인 수열이 되어 전자학電子學에서도 사용되고, 수학의 summation 문제에도 사용되는 등 기타 여러 분야에서 이용될 수 있다.

그런가 하면 일본에서 담배의 종류별 판매현황을 조사, 분류해 본 결과, 무의식 가운데 행한 것이지만 α_0의 배수倍數로 소비되었다는 규칙적 사실이 있었고, 또 중국에서는 별자리를 관찰하는데 우

---

37) 계영희, 『수학과 미술』, 전파과학사, 1990, pp.44~48.

연히 각각의 α_0의 배수의 자리에서 새로운 별을 발견할 수 있었다. 그리고 건축을 하는 데 있어서도 일반적으로 아름다운 무늬의 숫자로서 실재 건축물에 사용되었다.[38]

이러한 측면을 아울러 고려해 볼 때 고대 메소포타미아에서 α_0가 어떻게 나왔든지 간에 구명救命을 하는 행운의 부적으로써 이용되었다는 것은 의의가 있다.

더욱이 긍정적인 면은 그 가운데 지혜가 들어 있다고 하는 것이다. 그렇다면 그 지혜를 근거로 하여 또다시 α_0를 경유해서 나오는 여러 현상들을 근원적인 차원에서 그리고 초자연적인 인간의 감각의 바탕에서 새로이 고찰해 볼 필요가 있다.

그렇게 함으로써 오늘날 편법으로 많이 써왔던 여러 가지 수식의 근거에 지혜가 존재했다는 것도 발견할 수 있다. 부분적인 것만을 계속 실험함으로 해서 오히려 역사적이나 시간적 상황이 현대 인류들에게 요구하고 있는 흐름에 그 실험치가 따라가지 못할 정도로 실험의 횟수가 날로 많아져 가고 그 근거가 애매해져 가고 있는데 어차피 새로운 상황의 요구에 부응할 만한 현실의 성과를 얻기에는 날로 멀어져 가고 있는 것도 깨닫게 된다.

즉, 인간의 노력이 잠정적인 이용의 측면에서 보면 만족한 것같이 보이나, 근원적으로 인간이 생존할 수 있는 생명의 존재를 유지할 수 있는 입장에서 보면, 우선 땅속에서는 복합적인 화합물의 원료인 석유, 철광 등등이 고갈되어 가고, 공중에서는 오존층이 파괴되어 가는 등 근원적으로 해결할 수 없는 문제들이 우선 인류의 생

---

38) 계영희, 전게서, pp.70~79.

명을 위협하고 있는데도 여기에 대한 대책은 막연한 것이다.

더욱이 이러한 대책에 대해서 근원적으로 탐구하려고 하는 경향도 약하거니와, 또 그런 경향이 있다 하더라도 사실상 장구한 시간이 요구되어 왔다.

그러므로 적어도 1940년대부터 시작된 현대 과학의 근원적 파괴의 무모성에 대해서 우리는 반성해야 한다. 우선 파괴된 것은 포기한다 하더라도 기타 관련된 여러 문제, 즉 공해문제, 인간사회 내부에 있어서 인간 자신의 생명이 위협받는 소위 윤리적 파괴 등 날로 수습하지 못하는 단계에 이르고 있는 문제에 대해 인간의 인식 출발 자체의 근원적인 측면에서 재검토를 하지 않으면 안 되는 상황이 다가서고 있는 것이다.

이런 시점에서 고대 Logos － Algo의 엄밀논리학의 기초로서 수열數列을 고려해 보면 그 핵에 지혜가 들어 있다는 점을 들지 않을 수 없다. 그런데 우리나라에서는 약 몇만 년 전부터 지혜가 중심이 되어 여러 가지의 수치를 연결시키면서 살아온 과거를 建經을 통해서 발견할 수 있다고 생각한다.

α_0를 통해서 지혜를 발견했지만, 이 지혜에서 반대로 다시 α_0를 유도시켜 새로운 사실들을 발견할 수 있다. 가령 1에서 0까지의 여러 가지 현상들을 추상하고 기술하는 확률분포도 그렇다. βeta(2, 2)에서 X_u 의 Y축 값을 고려하면 $M_e = M_a = M_o$이다. 중점 X_u 의 근원적인 입장에서 α_0를 유도하고 α_0에서 다시 현대적인 분포의 기술 방식을 검토할 수 있다.

표상적인 현상 속에 들어 있는 α_0를 발견하고 이것의 근원을 찾다 보니 g를 찾았다. 그리고 g로부터 다시 천부경天符經 계수係數인 "삼사성환三四成環"도 일어나고 "칠팔구七八九"도 발생하고, 기타 자연현상과 인간현상, 더 나아가 초자연적인 현상에까지 접근해 갈 수 있는 여러 가지 방정식을 유도하는 계수치들을 발견할 수 있다.

인간은 현상적인 이용과 현실성의 노예로 종속된 존재라기보다도 그 이전에 연천然泉의 종속적인 존재라고 볼 수 있는데 그렇다면 사실상 결과와 동기가 전도顚倒되는 것을 발견할 수 있다.

수열을 매개로 하여 현상적인 것을 탐구하다가 α_0를 발견하였고, α_0의 장場을 탐구하다가 g를 발견하게 되었는데, 반대로 모든 근거가 g에서 α_0로, α_0에서 수열로 이어지는 것은 기재성基在性으로부터 잠재성潛在性을 도출하는 심리적 과정과 같은, 즉 논리적으로 말하자면 연역과 귀납의 관계를 발견할 수 있다는 것이다.

이렇게 하여 g, α_0로부터 $E = mc^2$의 c^2의 이론치를 구해 보면 소수점 이하 7위까지 동일하다는 것을[39] 발견하게 되었다. 이론치가 2위까지 맞는 예는 거의 없는데 7위까지 맞는다는 결과는 초절대적인 현상과 관련이 있다고 규정해도 충분하다.

한편 함수로 나타나는 여러 가지를 베버 - 페히너Weber-Fechner법칙으로써[40] 정리해 보면 ζ[41]나 η[42]가 오묘한 규칙적인 상관관계를 가지면서 움직이고 있다. 또 이것은 α_0를 발견했던 등비수열等比數列로 변환되고, 이러한 등비수열식은 경제적인 현상 분석에서도 존재

---

39) 源堂 李得熙, 華甲 論文集, 1991.9.21., p.58.

40) 相良守次, 現代心理學の諸學說, 岩波書店, 1964, pp.288∼289.

41) $\zeta = 1 - \{x(1-x^2)\}$이다. 源堂 李得熙, 華甲 論文集, p.110.

42) $\eta = x + x(1+x^2)$이다. 源堂 李得熙, 華甲 論文集, p.110.

하고 기타 여러 현상들 속에서도 발견된다.

노버트 위너N. Wiener가 실험적인 결과로서 얻은 $4ab$ 방정식(S_m) 도 g에서 간단하게 유도되는 것을 보면 그 방정식이 꼭 뇌파에만 관련된 것이 아니라는 것을 알게 된다. 그렇다면g에서 유도된 것이 이러한 세 가지의 근원적인 요인이 되고, 또한 이들 세 가지의 개념들은 실험으로 유도된 방정식이었다는 데 의의가 있다.

g에서 α_0 를 경유해서 유도된 여러 가지 숫자의 결과가 광속도, 원주율 π, 뇌파방정식腦波方程式, 베버 － 페히너 법칙 등을 유도하는 근거로서 작용된다고 하면, 이 수치는 원래적 Logos의 Algo에서 유도되었다는 사실을 밝힐 수 있을 것이다.

그렇게 유도된 이론치는 실험에 의해 측정된 실험치보다 더 정확성이 있다. 이러한 의미에서 建經(建國理念 － 天符經)을 파고드는 것은 원래적 창조로 이끌어낼 수 있는 원인이 되므로 인류의 미래에 결정적인 역할을 하리라고 믿어진다.

5. 생산성 근원의 수리시스템 설계

Logos의 Algo는 과학적으로 검정檢定되는 문명문화文明文化와 종교교리宗教教理의 기본 알고리듬Algorithm을 생산성生産性을 조건으로 표현되어야 하고, 이것은 얼, 도道의 승화昇華로서 고려되어야 한다.

건국이념 - 천부경이 함축한 정통正統의 얼은 오늘날 산업시장에서 더욱 정화淨化되어야 하는 현실을 맞고 있다. 더욱이 일본에 근접한 한국 산업으로서는 지역산업의 주체력主體力이 중요하다. 이 지역성地域性은 기민한 내생, 외생의 교류로 세련되어야 하는데, 그 승화가 생산성으로 이어지게 된다.

따라서 모든 물리학적·심리학적 실적이나 경제학적 실험들의 공통적인 근거가 Logos의 Algo와 어떤 관계가 있는지 선별하는 것이 중요하다.

그러한 착안을 하기 쉽게 되어 있는 전통傳統을 뚫은 정통正統적 민족성을 갖고 있는 것이 한국 민족이다. 왜냐하면 유프라테스강, 티

그리스강 대신에 동해, 서해가 있고 크레타섬 대신 제주도가 있고 원천적(원래적)으로 봐서 델파이Delphi 신탁신사神託神祠와 같은 곳이 경주에 있고, 행동적인 입장에서 올림포스산과 같은 백두산이 있는 것을 고려해 보면 우리나라에서 원천적인 것이 나올 수 있는 것이다. 그것은 매우 어려운 것이지만 다행히 신념을 주고 있는 것이 천부경의 발견이다.

천부경의 '일시무시일一始無始一'에서 말하는 g는 확률분포상 포아송poisson, 지수exponential, 정규normal분포 등의 발생표준發生標準이 되고, 통계학, 대수학의 발생근거가 된다. 인간 행동과 물상과의 관계에서도 이와 같은 표준과 근거의 표준모함수標本母函數가 된다. 즉, 확률분포, 수학, 물상과 인간 행동의 해解가 g이다.

수리數理를 살펴보면,

$e^{-\lambda T} = \left[\frac{q}{10g}\right]^2$에서 g, q에 의해 $\lambda e^{-\lambda T}$의 지수분포, $\frac{e^{-\lambda T}(\lambda T)^r}{x!}$의 포아송 분포가 도출된다($\lambda$는 대기행렬待機行列 $L = \frac{\rho}{1-\rho}$에서 $\rho = \frac{\lambda}{\mu} = \frac{1-b}{2(1-x)^2}$의 관계식에서 유도한 값이다). 또한 $e^{-\lambda T} = 10 G_p$ 이므로 중력가속도重力加速度의 관계형關係形이 된다.

나아가 정규분포正規分布를 구조적으로 살펴보면 다음과 같다.

$$f(x) = \frac{1}{\sqrt{2\pi_p \sigma^2}} r^{-\frac{(x-u)^2}{2\sigma^2}} = 10^4(1-\tau) = \frac{1}{2\pi_p\left\{\sqrt{10^5(1-\tau)}\right\}} r^{-\frac{\{\sqrt{r}\}^2}{2\cdot10^5\{\sqrt{1-\tau}\}^2}}$$

위의 정규분포 방정식은 기존의 방정식에서 π를 π_p, e를 r로 바

꾼 것이다. 이때 $\pi_p = 3.141477148$, $r = 2.71824859$[43]이다.

이를 이용하여 위의 방정식을 계산하면 다음과 같다.

$$x_1 = r^{-\frac{(x-u)^2}{2\sigma^2}} = r^{-\frac{2.718248591}{2\cdot1.120026252}}$$

$$\frac{1}{\sqrt{2\pi_p\sigma^2}} = 0.376967517 \qquad (\sigma^2 = 10^5(1-\tau))$$

$$\frac{1}{\sqrt{2\pi_p\sigma^2}} r^{-\frac{(x-\overline{x})^2}{2\sigma^2}} = 0.112002626252 = 10^4(1-\tau)$$

또한 인간 행동에 있어서 사이버네틱스cybernetics의 모델을 고찰해 보면, $q^{-2g} = 10\cdot S_m$[44] 등에서 나타나는바 중요한 실험상수實驗常數의 근저根底가 됨을 알 수 있다.

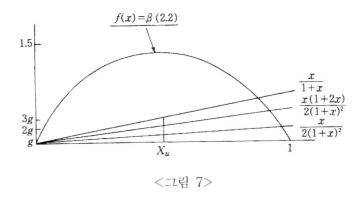

<그림 7>

43) 여기서 사용한 기호 r은 본 책의 1장에서 사용한 σ 와 같은 것이다. 정규분포식에서 주로 사용 하는 표준편차 σ 와 혼동하지 않도록 저자가 r로 표기하였음을 참고 바람(편저자 주).

44) 이 책 제1장 4절 참조.

이러한 사실을 구체적으로 고찰해 보면,

첫째, 포아송poisson 분포류類나 정규분포형의 실제 적응성 있는 분석은 βeta분포를 통해 처리 편법 상, 즉 함수의 처리상 가능한데 이 분포에 있어서 $\alpha = \beta$일 때, 즉 구간 [0, 1]에 있어서 $M_a = M_o = M_e$인 x_u를 고려할 수 있다.

여기서

① $y = x/(1+x)$

② $y = x(1+2x)/2(1+x)^2$

③ $y = x/2(1+x)^2$

에서 순차적 적응을 통해 α_0 와의 관계를 도출할 수 있다. 이러한 관계를 통해 자연수自然數 비례比例를 통한 수학의 발생근거가 제시된다.[45]

둘째, 수열에 의해 α_0 를 유도했으므로 g에서 α_0를 유도한 것이 된다. 등차수열等差數列상 감각적인 관계로서 나타나는 α_0는 그 근거인 등비수열等比數列상에 g가 존재한다.

$$\sum_{n=0}^{\infty} P_n = P_o \frac{1}{1-\rho} = 1 \text{ (여기서 } P_0 = 1 \text{이고 } \rho = 0.1 \text{이면 } \sum P_n = g \text{이다)}$$

이와 같은 경우는 경제모델에서 인간의 소비행태를 설명하고, 승수이론乘數理論에서도 나타나고 있으므로, 인간행동의 단편을 시사하고 있다. 케인즈Keynes,J.M.의 투자승수投資乘數모델[46]에서 국민경제에 있어서 순지출의 총합이라고 하는 의미로 국민소득 Y를 투자지출 I와 소비지출 C의 합으로 표시한다. 즉, $Y = C + I$. 또 소비 C는 국민

45) 李得熙, 倫理經營需壓과 開放體制實驗 Ⅳ, 建大産技研, 第 8 輯, 1983, p.72.

46) 飯尾要, 經濟 サイバネティクス, 日本評論社, 1972, p.163.

소득 Y의 일차함수로 표시된다.

$C=\rho Y$ (ρ는 평균소비성향으로 $0<\rho<1$이다)

따라서 Y는 ρ를 통해 피드백하는 셈이고,

$Y=C+I=I+\rho Y$이다. 그러므로

$$Y=\frac{1}{1-\rho}I\;.$$

여기서 $\dfrac{1}{1-\rho}$가 투자승수이다.

이것 역시 g와 같은 대수학적 무한등비급수無限等比級數의 단면이라 할 수 있다.

셋째, 인간행동에 적용한 바의 분포형은 $b\text{-}a$의 형(포아송 분포형)으로 처리되므로 변형방법에 따라 g에 의해 유도되는 현상을 정규분포, βeta분포를 통해 관리영역에 실제로 응용하고 있다. PERT/CPM, 대기행렬이론 등은 대표적인 예이다. PERT/CPM의 특성치는 βeta분포에 의해 유도된다.[47] 대기행렬에 있어서도 자연수 비례에서 나타나는 x, b를 각각 차원변동시켜 L과 ρ로 치환하면

$L=\rho/(1-\rho)$ (L은 서비스를 받고 있는 것을 포함한 평균 대기수, ρ는 이용률)

를 도출할 수 있다.

여기서 시스템에 n명의 고객이 있을 확률을 P_n이라고 할 때

$$\sum_0^\infty P_n = P_0 \sum_0^\infty (\frac{\lambda}{\mu})^2 = 1$$

(λ는 단위시간당 단위도착율, μ는 단위시간당 단위서비스율,

---

47) M.D. Troutt, On the Generality of the PERT Average Time Formula, *Decision Science*, Vol.20, 1989, p.410.

$\lambda/\mu = \rho < 1$)

은 정상상태steady state의 계열이다.[48] g와 같은 비례식인 무한등비급수의 합의 공식에 의해 $P_0 = 1 - (\lambda/\mu)$ 이 된다. 따라서

$$L = \sum_0^\infty nP_n = \frac{\lambda}{\mu - \lambda} = \frac{\rho}{1-\rho}$$

넷째, 행동과학적인 **PERT/CPM**의 기대치는 인간행동을 설명하고, βeta 분포에서 유도 되는 것이다. 체적體積과 밀접한 관계[49]가 있으므로 체적과 행동과의 엄밀한 관계를 설명해 주고, 나아가 수학과 통계학과도 관련되어 있다. 마찬가지로 이차방정식과 직각삼각형 그리고 이차방정식과 **ANOVA**analysis of variance의 관계도 급내, 급간변동의 설명을 통해 관련을 시사하고 있다. 여기서 급내변동과 급간변동의 설명을 통하여 이를 살펴보자.[50] 어떤 로트(μ, σ^2) 가 있을 때 로트를 가급적 층간의 산포가 커지도록 층별層別 stratify하면, $\sigma_w^2 = \sigma^2 - \sigma_b^2$(여기서 σ_w^2 은 급내변동, σ_b^2 은 급간변동이다)이라는 관계가 성립하므로 σ_w 가 작아지고, 이것으로부터 층별샘플링을 하면 샘플링의 정밀도가 대단히 좋아진다. 이같이 다양한 사실을 통하여 이들이 **Logos**의 **Algo**의 한 측면임을 추론할 수 있다.

이러한 수치체계의 일반화를 위해 부분들의 질서를 구조화해 보면, 다음과 같이 도시해 볼 수 있다(<그림 8~18 참고>). 즉, 물리物理, 섭리攝理, 생리生理의 근간으로서 자연현상을 통해 현시되고 있는 g를 중심으로 α_0, x의 관련방정식을 도출하고, 구조화한 것이다.

---

48) T.L.Satty, *Mathematical Method of Operation Research*, McGraw-Hill, 1959, pp.338~339.

49) R.R. Middlemiss, Differential and Integral, McGraw-Hill, 1940, p.255.

50) 黃義撤, 最新品質管理, 1984, p.291.

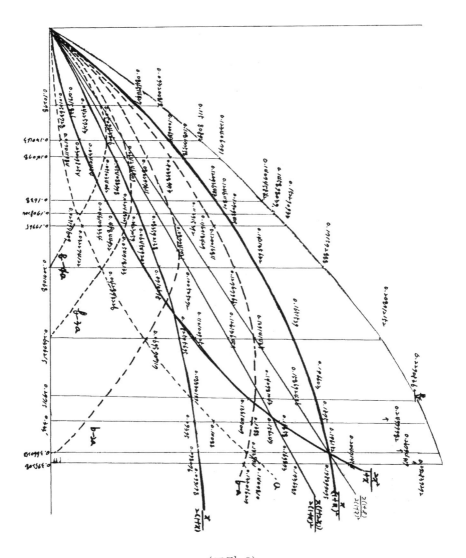

<그림 8>

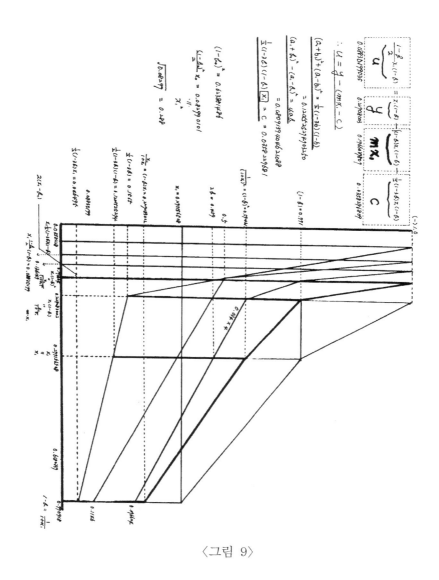

〈그림 9〉

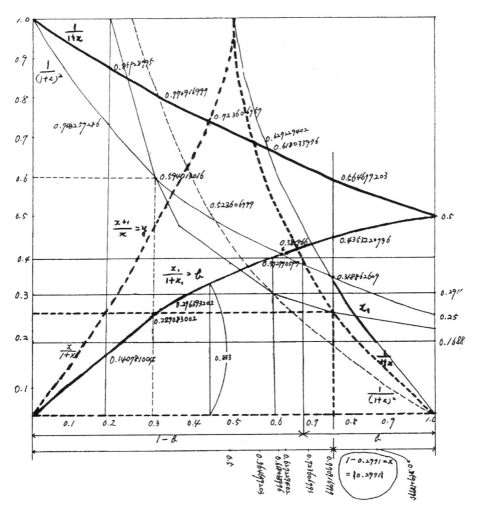

〈그림 10〉

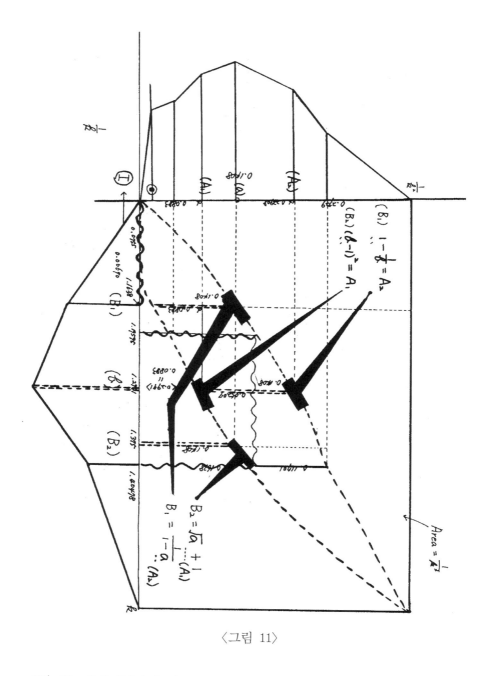

〈그림 11〉

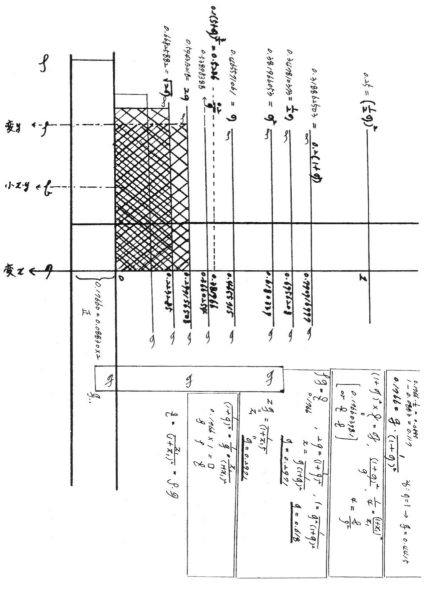

〈그림 12〉

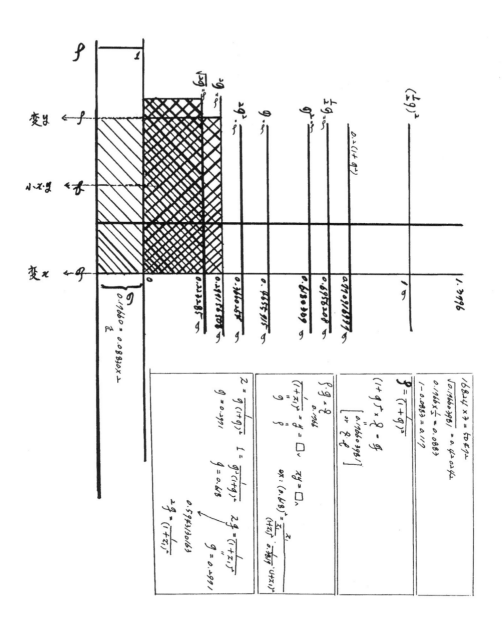

〈그림 13〉

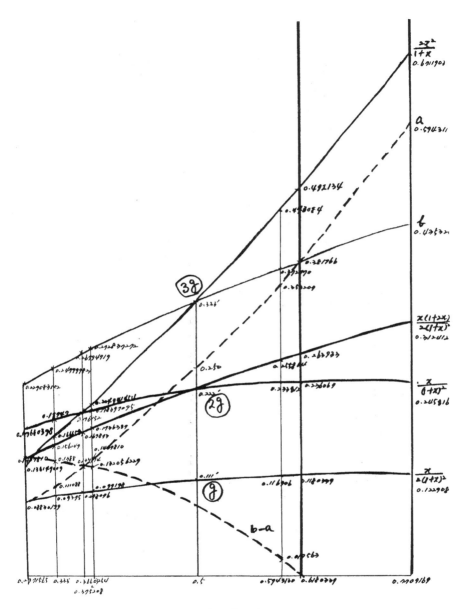

$$\frac{x^2}{1+x}$$
0.671190a

a
0.594311

0.492134
0.478084

b
0.43532

0.381766
0.392090
0.253209

$$\frac{x(1+2x)}{2(1+x)^2}$$
0.372412

0.326

0.128737?a
0.2794919
0.2477990a
0.250

0.263933

0.258b41
0.190904b

$$\frac{x}{(1+x)^2}$$
0.245916

0.244812
0.18342
0.28897-95
0.21452
0.232872
0.226069

0.166449
0.17640398
0.18864
0.167849
0.176k399

0.078790
0.1288
0.140810

0.143814
0.13205229

0.136194009
0.14742

0.111
0.116906
0.118049

$$\frac{x}{2(1+x)^2}$$
0.122908

0.111088
0.99788
0.48096
0.09395

b-a

0.08820/29

0.419563

0.971565
0.375
0.1740714=0
0.375208
0.5
0.574350
0.660349
0.709169

〈그림 14〉

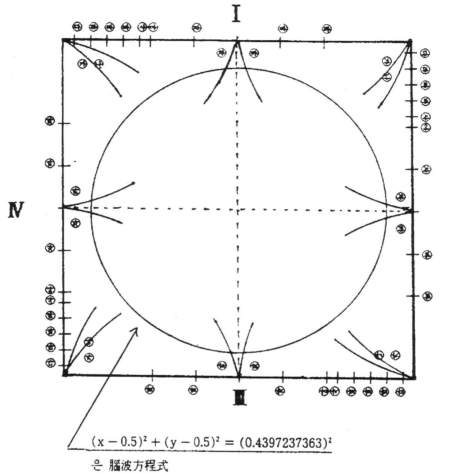

$$(x - 0.5)^2 + (y - 0.5)^2 = (0.4397237363)^2$$

은 腦波方程式

$$S_o = (a + b)^2 + (a - b)^2 = (0.3472067504)^2의$$

한 형태를 나타내는 式이라고 볼 수 있다.

〈그림 15〉

I

㉮ $y = \sqrt{(1-x)}$

㉯ $y = 1-x^2$

㉰ $y = a_1^{3/2}/x$

㉱ $y = a_1/x$

㉲ $y = 4ab^+/x$

㉳ $y = (0.1+a_1)/x$

㉴ $y = b_1/x$

㉵ $y = \sqrt{(1/x)} - 1$

㉶ $y = \dfrac{(4x+1)-\sqrt{-8x+1}}{-4x-4}$

㉷ $y = x/(1-x)$

㉸ $y = (1-x)/x$

㉹ $y = \dfrac{(5-4x)-\sqrt{8x-7}}{4x-8}$

㉺ $y = \sqrt{1/(1-x)} - 1$

III

㉮ $y = 1-\sqrt{(x)}$

㉯ $y = (1-x)^2$

㉰ $y = 1-a_1^{3/2}/(1-x)$

㉱ $y = 1-a_1/(1-x)$

㉲ $y = 1-4ab^+/(1-x)$

㉳ $y = 1-(0.1+a_1)/(1-x)$

㉴ $y = 1-b_1/(1-x)$

㉵ $y = 2-\sqrt{1/(1-x)}$

㉶ $y = \dfrac{(-8x+3)+\sqrt{-8x+9}}{-4x+3}$

㉷ $y = (2x-1)/x$

㉸ $y = (1-2x)/(1-x)$

㉹ $y = \dfrac{(8x-5)+\sqrt{8x+1}}{4(x-1)}$

㉺ $y = 2-\sqrt{1/x}$

II

㉮ $y = x^2$

㉯ $y = 1-\sqrt{(1-x)}$

㉰ $y = 1-a_1^{3/2}/x$

㉱ $y = 1-a_1/x$

㉲ $y = 1-4ab^+/x$

㉳ $y = 1-(0.1+a_1)/x$

㉴ $y = 1-b_1/x$

㉵ $y = 1-1/(1+x)^2$

㉶ $y = \dfrac{4x^2+5x+2}{2(1+x)^2}$

㉷ $y = 1/(1+x)$

㉸ $y = x/(1+x)=b$

㉹ $y = \dfrac{x(1+2x)}{2(1+x)^2}$

㉺ $y = 1/(1+x)^2$

IV

㉮ $y = 1-(1-x)^2$

㉯ $y = \sqrt{x}$

㉰ $y = a_1^{3/2}/(1-x)$

㉱ $y = a_1/(1-x)$

㉲ $y = 4ab^+/(1-x)$

㉳ $y = (0.1+a_1)/(1-x)$

㉴ $y = b_1/(1-x)$

㉵ $y = 1/(x-2)^2$

㉶ $y = \dfrac{(1-x)(3-2x)}{2(2-x)^2}$

㉷ $y = (1-x)/(2-x)$

㉸ $y = -1/(x-2)$

㉹ $y = \dfrac{4x^2-13x+11}{2(2-x)^2}$

㉺ $y = 1-1/(x-2)^2$

* 참고 : 위의 方程式은 〈그림 16〉에서 圖示한 座標에 기초해서 Ⅰ, Ⅱ, Ⅲ, Ⅳ 方向에 대한 각각의 式이다.

(위 방정식 중 일부는 향후 검토가 필요할 수 있음 — 편저자 주)

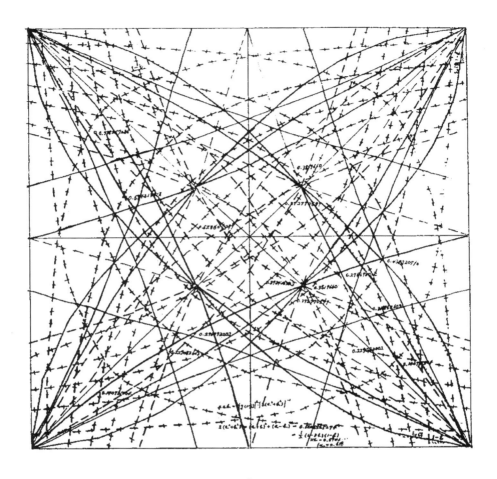

〈그림 16〉

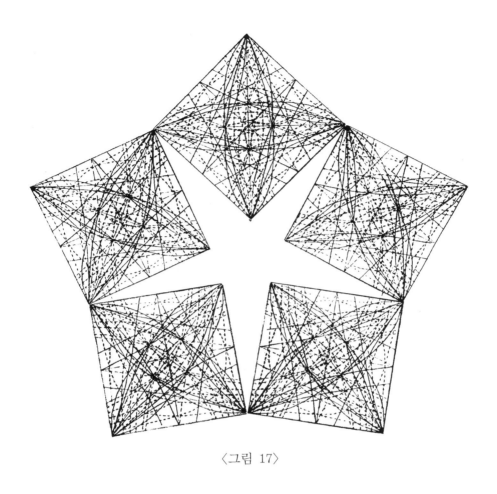

<그림 17>

이 그림은 α_0를 유의해서 〈그림 15〉를 결합하여 작도한 것이다. 다섯 개의 기초좌표가 결합되어 세계의 공통원을 형성하고 있는 것을 알 수 있다.

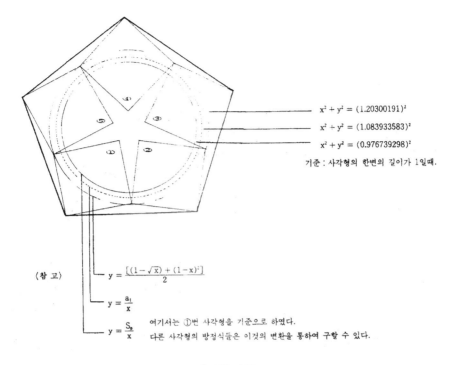

$x^2 + y^2 = (1.20300191)^2$

$x^2 + y^2 = (1.083933583)^2$

$x^2 + y^2 = (0.976739298)^2$

기준 : 사각형의 한변의 길이가 1일때.

〈참 고〉

$y = \dfrac{[(1-\sqrt{x}) + (1-x)^2]}{2}$

$y = \dfrac{a_1}{x}$

$y = \dfrac{S_0}{x}$

여기서는 ①번 사각형을 기준으로 하였다.
다른 사각형의 방정식들은 이것의 변환을 통하여 구할 수 있다.

〈그림 18〉

이와 같은 오각형의 형태는 수학51)과 생물학52) 분야에서도 찾아

---

51) Ivar Ekeland, *Mathematics and Unexpected*, The University of Chicago press, 1984, p.44.
52) 에리히 얀치 저, 홍동선 역, 『자기조직하는 우주』, 범양사, 1989, p.149.

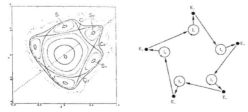

볼 수 있다. 이러한 오각형이 정12면체53)의 한 면인 것은 잘 알려
진 사실이다.

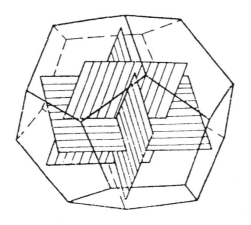

(면의 수 12, 모서리 수 30, 꼭짓점의 수 20)

〈그림 19〉 정12면체

메소포타미아 문명의 사각형은 그것이 수없이 모아졌을 때 원이
된다. 이것은 플라톤, 피타고라스, 라이프니츠에 이르는 큰 삼태극三
太極과 작은 삼태극, 즉 Δx의 개념으로서 고찰하면 수많은 직선이
거듭되어 곡선을 이룬다는 뜻이 된다. 우리나라의 정통의 수리, 예
컨대 대표적으로 천부경을 볼 때 이와 같은 것을 함축하고 있다.
이것은 곧 조각은 지구의 부분이라는 것을 뜻한다(프랙털fractal 관계
로 보면 유용).

수많은 데이터를 연결하는 수리모델이라 하더라도 2차원 좌표의

---

53) L.ジッピン 저, 赤 播也, 川尻信夫, 無限, SMSG, 新數學雙書, 1971, p.153.

원圓에 관련된 종속이다. 또한 그 원은 다섯 개의 2차원 평면을 연결시키는 3종류의 원에 종속된 방정식이다. 이것은 극한 상태에서 영zero에 접근하는 델타(Δ delta) 기호의 연결이 비선형nonlinear을 이루는 것과 대응된 것이라는 것을 발견할 수 있다.

선형이나 비선형만으로서 고려한다는 것은 논리적으로 이들이 종속된 상대성과 초절성超絶性을 간과하는 것이 된다. 그러므로 연천성然泉性을 초절대超絶對 transcendental라 한다면 기재基在, 현재顯在 그리고 내생, 외생의 수직, 수평적 대응은 상대적인 것이 되고 하나의 단위 정보교류는 절대에 해당된다. 그러므로 이 절대와 상대와 초절의 논리적 관계가 삼극三極을 이루게 된다. 이 관계에서 비로소 실현성 있는 유익을 낳은 가치가 논리로서 성립한다.

데이터가 있는 장field, 공간성을 형이하학적physical인 정보장으로 보고 데이터가 없는 장, 시간성을 형이상학적metaphysical인 정보장이라고 볼 때 이것의 관계를 절대성, 상대성으로 간주하여 실현성을 고려하여 초절성과 연결 지을 수 있다.

그러나 부분 데이터를 최대의 확률적 빈도probabilistic frequency로 착각할 때 발생하는 정보는 오류이다. 이러한 의미에서 섭리攝理 providence적 차원을 보면 인간이 해석하는 섭리와 실제로 체험되는 숙명宿命 관계는 거리가 있는 별개의 것으로 현실상 고려된다.

체험된 무수한 데이터는 가능성 있는 절실도切實度가 연천성然泉性을 매개한다.54) 평면상, 즉 2차원의 차원변동장次元變動場에서 그 S_p의 원형圓型을 선형linear, 비선형nonlinear만으로서 고려할 때 그것이 종속된 상대, 초절을 간과한 것이 된다.

---

54) M. Heidegger, Das Nichit ist das von Seiendeher erfahlenne Sein.

이 경우 S_p의 원형과 오각형을 이루는 다섯 개의 차원변동들의 장에서의 원형을 동시에 고려하지 않으면 안 된다. 특히 여기에서 차원변동에 있어서 S_p는 S_m으로 표현되어 사이버네틱스의 실험모델이 되고 천부경의 q^{-2g}와 상관相關한다. 이것은 또한 $E = MC^2$에 있어서 E의 단위unit가 된다.

$\dfrac{x}{b} \cdot \dfrac{1-b}{1+x} = 1 - b$에서 나타나는바 다섯 개의 차원변동에서 나타나는 원은 1-b이고, 이것은 x, y가 관련된 탄력표준彈力標準[55])이다. 탄력성은 'Λ'류類[56])에 속하고, 탄력성 안에 종속탄력성이 오각형을 도는 원으로 추정할 수 있다. 여기서 독립탄력성이 S_m이다. 천부경에서는 삼사성환三四成環에 직접 관련되어 있다.

산림과 문명의 관계를 보면 우리나라에서 벌목을 수반하는 문명은, 신라 때는 홍수가 100년에 한 번 날 정도였고, 고려 때는 10년에 한 번, 조선 때는 매년, 그리고 현대에 와서는 그 이상의 횟수로 홍수의 피해를 받았다고 한다. 그리고 인간의 저변윤리底邊倫理도 그 생기를 소진한 대가로 경제문명을 펼쳐온 것으로 보인다.

근세에 이르러 세이J. B. Say의 판로법칙을 따라 행한 생산의 방임放任은 생산과잉을 가져오게 되었고, 그래서 생활문명의 위기를 느낀 1930년대부터는 인공조림人工造林과 더불어 경제윤리도 반성되어 왔다. 이때부터 윤리적倫理的 경영經營의 바탕을 닦는 여명기가 시작된 것이다.

이에 앞서 카를 멩거Carl Menger 1841~1906는 인간의 본질과 존재론, 그리고 슈몰러Gustav von Schmoller 1837~1917는 사회 당위론當爲論의 입장에서

---

55) Samuel Eilon, Three Price Elasticities of Demand, *OMEGA*, Vol.11, No.5, 1983, p.490.
56) 源堂 李得熙, 前揭書, 1991, p.102.

문명경제하의 윤리부흥을 전개하기 시작했다. 퇴니에스Ferdinand Tonnies 1855~1936는 인간의지의 선천적 자연본질을 게마인샤프트Gemeinschaft 그리고 인간관념의 후천적 인위선택을 게젤샤프트Gesellschaft로 나타내면서 원래적인 상동相同 homology의 바탕에서 Homo-Religious : 신앙성, Homo-Sapiens : 인간성(예지叡智), Homo-Faber : 생산성(기공技工)을 현실과 더불어 키워나가려 했다.

오늘날의 고도 문명하에서는 그를 둘러싼 천공天空도 심각할 정도로 산소층이 파괴되어 가고 있고, 또한 그 그늘에 인간과 사회 그 내부에서 일어나는 알력과 노력의 상쇄작용相殺作用이 겹쳐지고 있다.

그래서 자연과 인간의 한극限極에서의 새로운 경제체제, 그를 위한 새로운 윤리적 경영 '경제윤리'가 본격적으로 요청되고 있다. 이와 더불어 그동안 강조되어 왔던 지식사회Knowledge society, Karl Mannheim 1893~1947와 상관주의相關主義 reciprocalism도 그 내부에서는 순수자연純粹自然 purenaturalism에 입각한 근원적 반성이 절실해지고 있다.

고대의 Rigorism(도덕적 엄격주의 ; "스토아 학파")의 반反Pathos(Pathos Pascheia)(그리스어 ; 편향偏饗: 뇌동雷同, 편중적 유행성偏重的 流行性), 즉 반방임反放任, 반향락, 반쾌락, 반격정으로부터 자유가 되었던 Apartheia(그리스어 ; 초연超然, 무감동無感動)의 본격적인 현실화를 위해 오늘날 세계는 요동하고 있다.

그것은 이타주의altruism를 경유한 이기주의egoism 체계를 갖추기 위해 새 시대의 표준인標準人을 선택, 새로운 창조적 협력을 유발하는 체제를 유도하는 과정에서 더욱 필요해지고 있다.

케인스J. M. Keynes 경제에 나타난 유동성선호流動性選好의 세 가지 동기, 즉 투기적 동기, 예비적 동기, 거래적 동기의 원인이 되는 사회

심리의 유의성有意性이 비생산적인 것에서 생산적인 것으로 전화시킬 계기를 선택하는 과정이 필요하다는 것이다.

정보과학과 정보공학의 입장에서 보면 현실 속에서의 개인의 기저基底와 잠재성 및 현재성이 내생적인 체계를 보완하면서 외생과 실현성 있고 깊이 있는 교호작용 가운데서 효과를 거두어가려 하고 있다.

서양이 고대는 지중해 - 대서양 - 태평양을 경유하여 더 넓고, 더 깊고, 더 장구한(광廣, 심深, 구久) 생산적生産的 윤리倫理가 극동極東에 요청되고 있다. 그러한 윤리경영은 신앙성과 인간성을 수반(메세나Mecenat)하는 생산성이다. 이것은 이른바 창조적 잠재의식으로서 선택된 생산자生産者의 더욱 참다운 길을 제시할 멘토라Mentorat 숙현(熟賢)의 일도 수반하는 것이다.

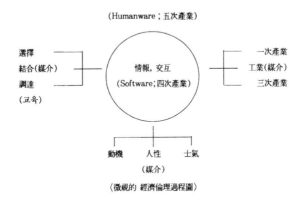

＊＊ 나무에 비유해 보면 ＊＊

五次産業(倫理 "뿌리"),   四次産業(情報 "기둥, 가지"),   三次産業(商業 "잎")

二次産業(工業 "꽃"),   一次産業(農, 水, 鑛 "씨")

〈그림 20〉 제5차 산업으로서의 생산적 윤리

1차, 3차 산업을 매개하는 2차 산업인 공업의 입장에서 4차와 5

차 산업으로 정보와 윤리를 필수 생산요소로서 간주하면 문화와 종교도 생산에 결부된 조건이 된다. 이런 의미에서 광, 심, 구의 표준인성標準人性, 물성物性을 선택, 결합, 조달(교육)하여 개체와 전체의 부흥에 적호適好한 창조적 윤리가 선호된다.

정통적인 얼에서 윤리가 현실화될 때 지구촌의 산업도 수습된다는 어떤 철칙鐵則을 던져준다. 1차에서 5차 산업의 근저 혹은 근원적인 5차 산업으로서 이러한 핵과 질적인 것이 부연되어 윤리가 현실화되지 않으면 안 된다.

정통성(유전자 성격)에 따라 생산적 윤리를 수학화 하면 성격 및 개성의 해석과 그에 따른 협력적 창조 등은 모두 4차 산업으로서 정보공학적 접근을 통해 생산적 인간 행동을 능률케 한다. 5차 산업에서의 윤기倫氣는 GNP, GNW의 결정적 인자이고, 현대에 있어서 희소가치로서 생산체계에 운용되는 것이 요청된다.

즉, 5차 산업에서는 윤기倫氣가 바로 생산生産이 된다.

6. 결론

오늘날 산업이 당면하고 있는 시대적 과제를 극복하기 위해서는 광廣, 심深, 구久의 시간·공간적 에르고드Ergod를 현실 속에서 발생시켜야 한다. 이런 입장에서 노버트 위너N. Wiener, 프로이트S. Freud, 아인슈타인A. Einstein, 마르크스K. Marx의 공로의 장벽에 머문다는 것은 역사의 순응順應, 병진竝進에 장애가 되기도 하기 때문에 이들의 공로를 요용해야 한다.

현실의 당면에 머문 이론이나 기법technique들은 다양, 다변하는 상황하에서 근원적인 것과 관련된 체계를 분석하고 근원인자에 대한 고찰과 구성composition을 통해 새로운 시도가 필요하다.

특히 한국에 있어서 나라 나름의 정통正統의 진眞 traditional genuineness을 개발하고, 이것을 생산적이고 한민족韓民族다운 것으로 표출시키는 데 도움이 되도록 우리나라의 건국이념 - 천부경(建國理念 - 天符經)을 과학science과 공학engineering적 측면에서부터 추구, 적용하고자 하였다.

Logos － Algo로써 우리나라의 천부경을 고려하는 것은 다양 속변해 가는 국내외적 상황 속에서 한민족韓民族 나름의 길을 한민족답게 생산적으로 표출하는 데 물리, 생리, 섭리적 측면에서 핵심적 좌표를 제공하기 때문이다.

구체적으로 논문 구성을 중심으로 내용을 보면 다음과 같다.

첫째, 인간의 생명과 자연현상의 매개시스템으로서 정보체계를 메타볼리즘metabolism 관점에서 고려하여 개인이나 생산체계가 가진 자생적이고 자연스러운 성향이 환경요인과 체계변환을 거듭하여 토착화를 지향하면서 항상성恒常性으로 안정화되어 창조적 결과를 나타낸다는 것을 고찰하였다. 윤리경영으로서 이러한 경향은 기예技藝 art적인 생산, 미美의 창조로서 생산성을 추구하는 프레그넌스Pregnance, 메세나Mecenat와 같은 활동에서도 볼 수 있다.

둘째, 자연스러운 상태에서 생명력의 비약근거飛躍根據를 연천然泉이라 정의하여 근원적으로 원래적인 생명력을 소생시키고, 광·심·구적 생산성을 실현시키기 위한 연천의 발생좌표를 구조화하여 창조가치 생산성의 풍토 형성을 위한 방안을 제시하고자 하였다.

셋째, 생산성, 인간성, 신앙성의 근거에 'g'가 작용한다는 것을 파악하여 개방체제에 있어서 이러한 근원인자가 적용될 수 있는 실험적 사실들, 즉 ① 추리나 과학실험의 우연성, ② 인간과 물질의 중첩重疊의 동시성, ③ 감각과 천부경 수리의 관련요인들을 개괄적으로 분석했다.

넷째, 생산성의 근원으로서 Logos － Algo를 추적하여 산업시장에서 더욱 정화淨化되어야 할 건국이념 － 천부경이 함축한 정통의 얼을 수치실험을 통해 구조·체계화하고자 하였다. 물리학적·심리학적 실험이나 경제학적 실험들의 공통적인 근거가 Logos － Algo에 상관, 회귀되어 중요한 통계적 분석, 대수학적 성질 등의 발생표준과 근거로서 적용될 수 있음을 수리를 통해 증명할 수 있다.

즉, $g \rightarrow \alpha_0 \rightarrow x_1$의 수리체계를 통해 인간 행동이 이루는 근본적 질서의 좌표와 방정식을 부분의 질서와 과정의 질서로서 정립할 수 있게 되었다.

차후의 과제는 근원적으로 정립된 수리방정식을 구체적으로 생산현상과 생리적 현상 그리고 기氣의 문제 등과 결부시켜 심리측정test의 개념체계를 프로그래밍programming화 하고 실제에 응용하는 것이다.

誠 (言→成:創造) ： 信 ・ 義 ・ 業
(廣深久의 焦核)　　　　(敬天)　　(愛人)　　(實地)

참고 문헌

1. 계영희, 『수학과 미술』, 전파과학사, 1990.
2. 高麗大學校硏究所, 『韓國文化史大系(Ⅲ)』, 科學技術史.
3. 郭潤根·安成淸, 『工業力學』, 淸文閣, 1983.
4. 앨빈 토플러 저, 李揆行 監譯, 『權力移動』, 韓國經濟新聞社, 1991.
5. 에리히 얀치 저, 홍동선 역, 『자기조직하는 우주』, 범양사출판부, 1989.
6. 李得熙, 『산업에르고드 - 하얀핏줄기』, 녹색신문사, 1992.
7. 李得熙, 「倫理經營需壓과 開放體制實驗 Ⅰ」, 건대학술지 제12집, 1971.
8. 李得熙, 「倫理經營需壓과 開放體制實驗 Ⅱ」, 건대학술지 제14집, 1972.
9. 李得熙, 「倫理經營需壓과 開放體制實驗 Ⅳ」, 建大産業技術硏究所報, 第8輯, 1983.
10. 源堂 李得熙, 華甲 論文集, 다다미디어, 1991.
11. 李永海·白斗權 共著, 『시스템 시뮬레이션』, 京文社, 1990.
12. 일리야 프리고진·이사벨 스텐저스 저, 신국조 역, 『혼돈으로부터의 질서』, 정음사, 1988.
13. 장만기, 『인간경영학』, 普成社, 1991.
14. 『哲學辭典』, 平凡社, 1962.
15. Kendall, Johnson 저, 충남대 심령과학 연구회 역, 『사진으로 본 비물질 세계』, 松山出版社, 1988.
16. 湯淺泰雄 解說, 朴熙俊 역, 『科學技術과 情報世界』, 범양사 출판사.
17. 하웃즈바르트 저, 김병연·정세열 역, 『자본주의와 진보사상』, IVP, 1989.
18. 하인즈 R. 페이겔스 저, 구현모 외 역, 『이성의 꿈』, 범양사, 1990.
19. 黃義鐵, 『最新品質管理』, 博英社, 1984.
20. 硏究開發ガイドブック編輯委員會編, 『硏究開發ガイドブック』, 日科技連, 1973.
21. 石田武雄 著, 『經營システム工學』, 稅務經理協會, 1971.
22. Ludwig von Bertalanffy, 『一般システム理論』, みすず書房, 1968.
23. 『新版體系經營學辭典』, タイヤモド社.
24. L.クヒリセノウィッチ, 金光不二夫, バイオリズム, 講談社現代新書, 1980.
25. L.ジッビン著, 赤 攝也, 川尻信夫 驛, 無限, 河出書房, 1971.
26. 相良守次, 『現代心理學의 諸學說』, 岩波書店, 1964.
27. 飯尾要, 『經濟サイバネティクス』, 日本評論社, 1972.
28. N. Wiener, *Cybernetics or control and communication in the animal and the machine*, M.I.T. Press, 1961.
29. M. D. Johnson, Life Cycle Management: It's Already Broken, *Journal of System Management*, 1991.2.

30. W. R. Ashby, *Design for a Brain*, Chapman & Hall LTD., 1954.

31. Harold Koontz, *Toward a Unified Theory of Management*, McGraw-Hill Book C0., 1964.

32. M. D. Troutt, On the Generality of the PERT Average Time Formula, *Decision Science*, Vol.20, 1989.

33. T. L. Satty, *Mathematical Method of Operation Research*, McGraw-Hill Com., 1959.

34. R. R. Middlemiss, *Differential and Integral*, McGraw-Hill, 1940.

35. Samuel Eilon, Three Price Elasticities of Demand, *OMEGA*, Vol.11, No.5, 1983.

36. Ivar Ekeland, *Mathematics and Unexpected*, The University of Chicago Press, 1984.

誠 (言→成:創造) : 信 · 義 · 業
(廣深久의 焦核)　　(敬天)　(愛人)　(實地)

부록

1. 원래적 수학의 수리적 감각체계
2. 수식과 수치 관련 참고 자료
3. 현상학現象學 도해圖解
4. 실장實場의 그룹화
5. 자작시(無의 音, 별똥별)

<부록 1> 원래적 수학의 수리적 감각체계

건국이념 천부경의 수치실험해석과 자연수의 비례, 포아송분포poisson distribution, 확률과정stochastic process, 분산분석variance analysis, 푸리에급수Fourier series와의 관계에 관하여

- 원당 이득희 1983.6.3.

현대 수학, 물리학, 화학 등 모든 분야에 걸쳐 항상 문제가 된다고 느껴져 왔던 것이 있다.

예를 들어 원자핵물리학에서 표면장력surface tension이 높은 U_{238}을 표면장력이 낮은 U_{235}로 만들기 위해 사이클로트론cyclotron에서 중성자를 가속시켜 폭발시키게 된다. 이때 폭발된 입자의 날아간 거리를 적분하면 아인슈타인Einstein의 $E = mc^2$ 공식에 의거, 그 적분값은 에너지가 된다.

이 값은 적분integral이란 방법을 써서 계산, 표시하는데 그 실제의 수치는 실측치인 integer를 사용해서 얻는다는 사실이다.

또한 원자핵에 작용하는 쿨롱의 힘, $F = \delta \dfrac{m\,m'}{r^2}$에서 델타($\delta$)값은 integer로써 실측치를 도입한 것이고, 포아송분포poisson distribution에 의존하고 있다. 특히 해밀턴Hamilton방정식을 유도할 때 상수가 포아송분포에 의거하여 계산된다는 사실이다.

그리고 아인슈타인의 공식 $\sqrt{1 - \left(\dfrac{c}{v}\right)^2}$에서 근호($\sqrt{\ }$) 안에 왜 제

곱이 나오는가 하는 문제이다. 그 이유는 허수虛數가 나오기 때문에 교묘하게 제곱을 붙였는데 실상 광속도光速度보다 더 빠른 것이 없다고 고정시킨 후 유도한 것이다. 그 당시 아인슈타인에게는 다행스럽게 광속도보다 빠른 것이 발견되지 않았지만 현재에는 광속도보다 빠른 것이 무수히 발견되고 있으니 자연히 상대성이론의 모순성이 야기되지 않을 수 없는 것이다.

그러나 그 값이 실측치에 근사하게 맞았기 때문에 많은 과학자들이 그러한 오류를 지적하지 못했다. 그 당시 광속도에 가까운 것이 표준이었고 그 공식이 실측치에 가깝기 때문이었으나 그 내면에는 포아송분포가 작용하고 있다는 것을 지금까지 인식하지 못하고 있었기 때문이다.

전자공학에서도 인간의 가청영역可聽領域을 보면 진공관을 통해 음성전류로 전환하는 데 $4\pi\phi$가 작용한다. 필자의 논문에서 $-\,grad\,V$라고 한 것은 V를 $4\pi\phi$로 암시하기 위함인 것이다. $4\pi\phi$는 바로 가우스평면complex number plane을 말하며 허수 i가 작용하기 때문이다. 즉, 전자공학은 i를 사용하고 있다는 것이다. 여기에서 super ray가 나온다는 것이다. 직진만 되는 레이저를 곡선화시키지 못하는 것은 파wave의 표준이 없기 때문이다. 그러나 지수指數에 따라(i의 승수) 표준화시키면 곡선화할 수 있다. 그것이 바로 super ray이다.

또한 현대 수학에서 야기되는 문제점과 적분치는 거의 안 맞는다는 것이다. $y = 2x + 1$을 미분하면 $y' = 2$이며, $y = 2x + 10^{10}$을 미분해도 $y' = 2$가 되어 값이 같다. 적분값을 미분값으로 만들면 근사값을 얻을 수 있지만 미분값으로 적분값을 만들면 그 원래의 원형을 찾기 힘들다. $y = 2$를 적분하면 $\int y dx = 2x + C$ 이다. 이 적분상수 C가 어떤 값이 될 것인가를 알기 힘들다는 것이다.

앞에서 이야기한 핵폭발 시 에너지를 구할 때 파편의 거리를 적분하면 총에너지가 얻어지는바 개념적인 것은 $\int$, integral로 표시하면서 실제 계산은 포아송분포를 사용하고 있는 것이다. 다만 실측치에 가깝다는 이유에서 포아송분포를 사용하고 있는 것이다. integer와 적분치는 거의 관계가 없는데도 거의 모든 중요한 계산 과정에서 형식적이며 개념적으로 $\int$ 을 멋지게 사용하고 실제 계산은 포아송분포를 사용한다는 점이다. 그러므로 앞으로는 도수분포에서 나오는 중앙값median으로 계산하는 것이 발달된 전산기의 이용으로 더욱 정확함을 가져올 수 있으므로 각광을 받게 될 것이다.

왜 항상 integer가 나오면 포아송분포로 대체하는가? 그 이유는 적분상수가 나오면 포아송분포의 영향을 타고 있기 때문이다. 포아송분포 $f(x) = \dfrac{e^{\lambda T}(\lambda T)^x}{x!}$ 에서 살펴보면 원래 모든 현상은 곡선으로 되어 있는데 인간의 인식이 환상적으로 직선적으로 생각하는 것이 아닌가 생각되는 것이다. 즉, 모든 상수constant의 저변에는 분포가 깔려 있다.

여기서 드러커P. F. Drucker가 말하는바 고정비固定費의 상승압上昇壓이라는 것은 실은 상수 C가 변동하기 때문인 것이다. 즉 고정비의 변동은 바로 드러커가 말하는바 고정비 상승압이다.

2차방정식 $ax^2 + bx + c$에서 integer c라는 것도 변동하지 않는 상수가 아니라 변수라는 것이다. 그러므로 c가 종속변수가 되어야 맞지 않는가 생각된다. 일차식을 $y = mx + c + u$ 라고 표시하는 것보다 $y - mx - c$ 로 표현하는 것이 옳지 않은가 본다. 즉, 잔차, 편차인 u의 변동이 모든 것의 변동을 야기시키는 것이다.

또한 드러커가 말하는 고정비 상승압을 미분값이라 보면 갈브레이스J. K. Galbraith의 길항력countervailing power은 적분값이라고 말할 수 있으며, 예컨대 미국인의 길항력을 정확히 계산할 수도 있다.

여기서 고대 바빌론 이후 파르메니데스Parmenides류의 대수학代數學으로부터 출발한 현대 수학의 모순점을 지적, 고찰하고자 한다.

첫째, 자연수의 비례에 모순이 게재되어 있다는 점이다. 1,2,3,4, 5, …와 $\frac{1}{1}, \frac{1}{2}, \frac{1}{3}, \frac{1}{4}, \frac{1}{5}$, … 의 비례가 일정치 않음으로 비례계수를 도입하여 파악되어야 한다.

둘째, 무리수의 비례에 모순이 게재되어 있다는 점이다.

$$\sqrt{0.01} = 0.1, \quad \sqrt{0.1} = 0.316227766,$$
$$\sqrt{1} = 1, \quad \sqrt{10} = 3.16227766, \quad \sqrt{100} = 10, \cdots$$

등으로 비례식이 성립되지 않음으로 이 모순 때문에 허수 i를 만들어야만 한 것이다.

셋째, $\frac{1}{3} = 0.3333\cdots$ 으로 무한히 계속되기 때문에 영원히 답이 나오지 않는다. 그러나 $\frac{1}{4} = 0.25$ 로 답을 얻을 수 있다. 그렇다면 영원히 답이 나오지 않는 것을 상정해서 어떤 값을 얻을 수 있겠는가. limit 상태를 가정하여 무한히 0에 가까이 가나 0은 아니라는 궤변으로 무한한 상태로 유한한 상태를 계산하려는 모순이 내재되어 있는 것이다.

따라서 여기에서 이러한 모순을 극복하기 위해 천부경天符經 계수係數인 $g = 1.111 \cdots (\frac{10}{9})$을 사용하지 않겠는가 보는 것이다. 즉, $\frac{1}{3} = 3g\,(g = 0.111 \cdots)$로 쓰면 편리하기 때문이다.

또한 12가 편리한 것은 12는 4×3으로, 3이 나올 때는 $\frac{12}{4} = 3$으로 쓰면 편하기 때문이며 4는 우수偶數 even number로, 3은 기수奇數 odd number로, 12는 기수와 우수를 포함하고 있고, 또 각 수식에서 3배나 4배가 자주 나오므로 확률적으로 본다 하더라도 사용하기 편리하다는 것이다.

가우스Gauss 평면에서 $4\pi\phi$란 어떤 의미를 갖고 있는가. 왜 여기에 아무런 의미도 없는 의제수擬制數가 들어가는가. 그 이유는 수학 계산의 모순을, 즉 형식적인 외양만을 강화함으로써 허실을 감추기 위함이며 실제로는 12를 만들기 위해서인 것이다. $4\pi = 12.5663761$ 값을 12로 만들기 위한 어떤 ϕ 값을 곱하는 것이다.

성경의 요한계시록을 보면 12진법을 사용하고 있다. 12진법은 우수 4와 기수 3의 최소공배수로 기수행렬과 우수행렬을 동시에 포함하고 있다. 즉, 성경은 절대와 상대를 동시에 포함하고 있다는 관점에서 보아야 한다.

넷째, 허수 i가 왜 나오는가 하는 문제이다. 10^2은 100이나 $100^2 \neq 1{,}000$이며 10,000이 된다. 왜 그렇게 되는가는 10^n으로 하려면 i가 필요하기 때문이다. $\sqrt{\sqrt{0.1}} = 0.562341325$, 100과 10의 관계는 근이 하나면 같아진다. 즉, i와 근과는 직감적으로 관계되어 있다는 것이다. 따라서 허수 i와 근과는 상호 관계를 가지고 있으며 여기서 τ의 지수를 생각한 것이다. τ^{i}로 계속 간다면 결국 동일한 근을 얻을 수 있다는 점이다.

여기서 사상寫像 mapping시키는 이유는 무엇인가. i는 보통 숫자의 근에서 나오는데 0.1 이하의 그래프는 각각 다르게 나타난다. 이것을 위상 전환시키는 것을 사상이라고 한다.

다섯째, 실제로 사인sin, 코사인cosine 곡선같이 표현되는 것이 존재하는가?

예컨대 심장을 보자. 심장의 고동은 심장 전체에 골고루 파동 친다. 이러한 것을 사인, 코사인 곡선으로 표시할 수 있겠는가. 다만 수식으로 기록하여 표현하기에 쉽게 해놓고 자기 자신이 그 기록에 속아 넘어가고 있다는 점이다.

시간의 문제만 보더라도 실존주의는 역사는 흘러간다고 고집한다. 그러나 심장은 어디로 흘러가지 않고 다만 가슴속에서 고동친다. 역사는 공간의 누적함수인 것이다.

그래프에서 사인과 코사인 곡선이 만나는, 즉 인터페이스interface가 발생하는 이유는 무엇인가. 지구는 평평하다고 한 상상하에 $a^2 + b^2 = c^2$이라고 가정하고 자신이 또한 그 가정(환상)에 속아 넘어간 것이다. 피타고라스 정리를 교묘히 이용하여 정원이라는 상상의 원을 가정한 것이다. 동체動體가 굴러갈 때에는 위상각位相角 phase angle을 허용해야만 한다 (예: 사이클로이드cycloid).

인간이 평범한 비선형계획 안에 들어 있는 것이 무엇인가를 조사하고자 할 때 자신의 잘못된 사고방식을 파악하지 않으면 안 되는 것이다.

또한 $ax^2 + bx + c = 0$ 이라는 2차방정식에서 사실상 x^2 앞에는 상수가 붙을 필요가 없는 것이다. $x^2 + \left(\dfrac{b}{a}\right)x + \left(\dfrac{c}{a}\right) = 0$ 으로 놓으면 편리한데 구태여 그렇게 놓는 이유는 일종의 과시적인 면이 내포되어 있다는 것이다. $x^2 + \left(\dfrac{b}{a}\right)x = -\dfrac{c}{a}$ 라 놓으면 $\dfrac{c}{a} = 0$ 일 때 상수가 하나만 있어 편리하며 $x\left(\dfrac{b}{a} + x\right) = 0$ 에서 $\dfrac{b}{a} = 1$ 로 가정한 이유도 원칙은 1은 아니지만 계산하면 0.0005 와 2×0.0005 와 동일시하는 자세를 갖고 있으며 상태가 속이는 것이며 $\dfrac{b}{a}$ 는 대체로 2가 되며 거의 2에 가깝기 때문이다(대체로 $e^x + \dfrac{1}{e^x} = 2$).

상수$_{\text{constant}}$ C의 경우에도, 지구상의 인간이 수십억 년간을 계산한다 하더라도 포아송분포의 값이 정규분포가 되는 것이 없다. 된다고 가정하면 이항분포이며 이항분포에는 포아송분포가 없고 정규분포인데 정규분포는 아무것이나 한번 시행하면 정규분포가 된다고 하는 가정하에서 사용하므로 C의 문제가 야기되는 것이다.

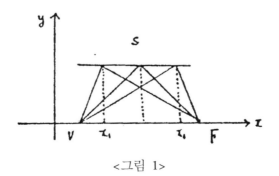

<그림 1>

<그림 1>에서 실제 면적을 고정시키고 이동시킨다면 확률적 모순이 이 안에서 발생된다는 것이다. limit 상태에서 2차방정식으로 유도해서 사용하기란 거의 모순이다. 분산분석도 실은 포아송분포적 실험으로, 현실적 실험치는 포아송분포에 맞으므로 <그림 1>을 사용하면 거의 가깝게 맞을 것이다.

현대 수학은 $a^2 + b^2 = 1^2$이라고 수학을 환상적으로 형성시켜 놓고 실제로는 맞지 않으므로 포아송이 게재된 integer를 사용하고 있다. 즉, integer는 실험치에 의하면 포아송분포에 따른다.

이것은 <그림 1>을 <그림 2>와 같이 좌표 이동시켜 봄으로써 유도된다.

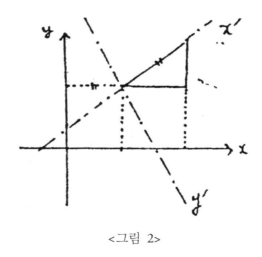

<그림 2>

이상과 같은 5가지 속에 공통적으로 들어 있는 원리가 있다.

첫째는 유한한 사회적 현실과 무한한 인간의 욕망, 즉 환상과 현실 사이에 거리가 있으며 그 거리만큼 모순이 발생한다는 것이다. 사회적으로 이상과 현실, 수학적으로 실험과 함수(수치) 사이에 거리가 발생하는 것이다.

둘째로 수학은 수학적 구조로 푸는 것이 아니라 시적, 음악적인 센스로 푼다는 것이다.

예를 들면 $132673 \div 3322$란 나눗셈을 보자. 무엇을 도입해서 나누어야 되는가를 찾는데 논리적·구조적이기보다는 오히려 센스가 작용한다. 어떻게 도입시키는가 하는 문제는 바로 시와 음악적인 센스에 가깝다는 것이다. 인간의 정상적인 실험의 행동 원칙이 바로 그 속에서 나오는 것이다. 또한 무리수인 루트($\sqrt{\ }$)의 근을 계산한다는 문제는 차라리 감정을 잘 제어하는 사람이 오히려 잘 푼다고 본다. 그러므로 2차, 3차, 4차, … n차로 나간다면 어떻게 풀겠는가. 여기서 센스란 무엇인가가 중요한 것이다. 결국 인간의 행동이나 물리적 행동은 2차방정식이 기초이며 3, 4, 5, … n차는 2차에서 유도되는 것이고 우주에 1차방정식이란 존재하지 않는 것이다.

여기에서 한 가지 희한한 사실은 이러한 규칙rule에 완전히 어긋난 것이 있다는 것이다.

DNA 구조를 보면 실체의 구조인 실체이다. a, b방정식을 볼 때 새끼줄과 같이 되어 있고 한 측면에서 보면 a와 b방정식은 붙어 있지 않고 떨어져 있다. 사실은 사영寫影 projection인데, 우주의 사영으로 나타난 것이 실제로는 움직이는 생명체란 사실이다. 즉 환상적으로 좌표인 줄 알았는데 그러한 생명체가 살아 존재하고 있다 하는 것이다. 수많은 현상 가운데 이러한 형태가 너무나도 많이 존재하고 있다는 사실이다. 어떤 상태를 그래프화 했는데 실제 살아 움직이고 있는 것이다. 왜 a, b방정식의 교점이 α_0이며 수학적인 질서를 갖고 전환되는가. DNA 속에는 동양의 음양陰陽이론이 들어가 있으며 따라서 실체가 존재하므로 π나 정규분포를 가정할 수밖에 없는 이유도 있는 것이다(우주의 **Airporket**을 본다면 정원이 존재하기도 한다).

여기서 인간은 이성과 현실, 실험치와 함수 사이에 갈등하며 모순을 내재하고 있다. 여기서 존재하는 것은 어떤 영상의 사영projection일 수도 있다는 것이다. 인간 세포 속에 어떻게 음양학설이 맞아 들어가는 것은 실체가 존재하고 있기 때문이다. 즉, 인간의 상념 속에 존재하는 것이 상념만은 아니며 실제 존재하므로 영靈의 세계도 실체일 가능성이 있는 것이다.

디오게네스Diogenes가 돌턴Dalton의 원자론原子論을 이야기한 예나 그 밖의 무수한 예를 보더라도 상상인 줄 알았는데 사실상 알고 보니 실체였다는 데 수학의 묘미가 존재하기도 한다. 그러므로 계산되는 것은 무엇이든 유도될 수 있다는 신념을 가질 수 있는 것이다.

우리가 흔히 전산기computer를 사용하므로 그 과정은 생략되고 답만 나오게 된다. 그러나 사실상 계산과정에 자주 나오는 숫자는 실체 중에서 가장 실체라는 점이다. 푸리에가 수열을 썼던 것은 자연수의 비례가 수열로 되어 있다는 것을 알았다는 사실보다는 자주 쓰는 가운데 수열이 잘 맞아들어 갔기 때문이다.

따라서 표준standard과 실측치의 거리는 이것이다. 즉 특수함수를 중심으로 미분, 적분 방정식의 공식을 종합하면 되는 것이다. n차

공간론, Group theory, Topology라는 것은 잘못된 환상적인 것을 합리화한 것에 불과하며 어떤 방정식이라도 2차방정식으로 fitting 시켜 역으로 유도해 낼 수 있다.

여기서 0.3 이상과 이하, 어떤 것은 0.5 이상과 이하에 값이 전혀 달라지는 것이 있는 반면 136147과 147136 혹은 1470136, 1478136과 연관관계를 가진다. 8이 나오면 광속도와 관계가 있는 것이며 1.0472136 = F 값이다. 동일한 것이 계속되는 이유를 찾아 연관관계를 파악, 방정식화 하는 것이다.

$\zeta_1 = x_1 + x_1(1 + x_1)^2 = x_1 + 0.5$이며 $1 - x_1(1 - x_1^2)$은 $0.5 + b_1$이 된다. 좌측 식에서 괄호 안의 것, x_1이 x_1^2이 되며 $-$가 $+$로 변하면 좌측 식의 괄호 밖의 값이 되고 $-$가 $+$가 되며 x_1이 b_1으로 변한다. $2\left(\dfrac{x\zeta}{1 - \eta}\right)^2$에서 만일 $x = x_1$이면 이 값은 정확히 x_1이 된다. 그러나 x_p일 경우에는 $x_1\zeta_1$이 된다. 정확하게 $2x^2$이 되는 것은 존재하지 않는다. 그러나 거의 정확하게 정규분포에 가까운 포아송분포형이다. 따라서 물질의 계획을 실험계획적이라 말할 수 있다.

포아송 $\rightarrow k_0 \rightarrow$ 수의 비례로, 원래 비례적인데 직선으로 착각한 데서 온 것이다. 인간 자신은 포아송분포적으로 되어 있는데 자기 상상의 생각을 자연에 강요한 것이라 볼 수 있다. 이는 실實의 장場 Real field과 Ideal field의 차이이며 기존의 수학과의 차가 발생함을 나타내 주고 있다. 앵글로족은 1, 2, 3, 4, 5, …의 차이는 1밖에 없다고 보는 데 비해 퉁구스족은 포아송적으로 되어 있다고 보는 것이다.

- 센스의 확률, 영감으로 얻어진 숫자를 가지고 예컨대 log를 영점 이하 승수로 변화시키면 공식을 얻을 수 있다.
- 중간에 0이 나오면 한 자리 이동시키면 값을 얻을 가능성이 크다.
- 88은 어떤 복잡한 수와 단순한 수의 곱이다.
- 22는 -1 값을 해준다.
- 33은 역수값을 취해 보아야 한다.
- 77이 나오면 포기한다.

이상과 같은 나름의 직관이 있다.

또한 표준과 실제값과의 차이값$= x(1 \pm x)$로 놓고 2차방정식으로 나타내 보기도 한다. 즉, 사이클로트론에 중성자를 넣을 때 어떤 표준값으로 어떻게 넣어야 하는가가 결정될 것이며, k_0의 경우 포아송 모델이 변형되어 별자리에 나타나는 것은 이 값이 원점의 좌표이기 때문이다.

특히 동양에서 3자를 쓰면 행운이 따라 성공하는 것이나 통계학에서 0.3이 나오는 것은 $x_1 = 0.2971565082$인 것이 들어 있기 때문일 것이며 3이나 0.3은 $\sqrt{0.1}$ 이나 $\sqrt{10}$ 과 같은 관계에 속한다고 볼 수 있기 때문이다.

$inVex$ 라 놓은 이유는 숫자법칙에서 무질서의 배열은 이항분포로 처리될 수 있기 때문이다. 즉 자연의 실상과 그래프상의 실상은 동일하며 포아송형이 여러 가지 물리적 현상에 나오는 것은 포아송형이 정상이고 정규분포형이 비정상이라고 볼 수 있다(교차론).

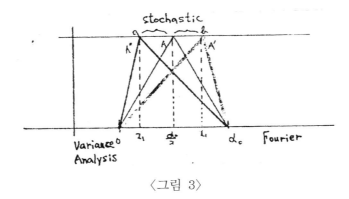

〈그림 3〉

<그림 3>에서 A에서 A''로 가는 것은 A에서 A'로 가는 것과 같다. A에서 중심을 반대로 가는 것이 된다. Z축에서 보면 좌표전환이 되는 것이다. 왼발이 아프면 오른쪽 머리가 아픈 현상은 자연적인 입장에서 보면 정상인데 인간이 고대 바빌론사회 이후 상상해 온 것과는 정반대인 것이다. 같은 길에 두 번 나타나는 것은 사실상 다른 길을 한 번 갔다 온 것이다.

- 수학은 무한대(∞)와 영(0) 사이에 벌어지는 현상이다.

- $\sqrt{1-\left(\dfrac{c}{v}\right)^2}$ 은 생각하는 사고의 구애를 주고 있다. 즉 어떠한 것도 광속도보다 크지 않다는 전제가 있으나 입자의 속도가 광속도보다 빠른 것이 없다는 전제가 있은 후 발표해야 함에도 아인슈타인의 논문 속에는 그러한 것이 나타나 있지 않다.

- 일반적인 수학적 해解와 자연스러운 인간의 행동과 실험치가 맞지 않는 것은 인간의 사고 속에 잘못된 것을 가지고 있기 때

문이다. 수학의 경계치domain를 지울 때 조건condition이 주어져야 하나 조건을 주려면 말세까지 살아봐야 한다는 점이다. 그러나 전통적으로 수억 년 동안 내려온 인간의 사고는 맞는 것이다.

- <그림 3>에서 $\int_0^{a_0} (b-a)dx$ 로 $b-a$의 면적을 정하고 이 면적을 constant로 하고 이동시켜 봄으로써 모델의 선형linear적인 성격의 방향을 결정할 수 있다. 그럼으로써 선형계획법Linear programming의 원천을 찾아낼 수 있다. 또한 누적분포를 만들어 중앙값median을 찾아낼 수 있다. 즉 중앙값은 y대에 있어서 변곡점이 되어 이 중앙값이 선형적인 문제를 가져온다. 2차방정식으로 처리함으로써 2차미분방정식의 integer를 결정할 수 있다. 즉, 부정적분을 정적분화 시킬 수 있다.

- 각각의 타원방정식을 만든다.

- 동일한 면적하에서 행해지는 여러 규칙rule, 동일 면적하에서 포아송분포는 3종으로 변하므로 어떤 조건으로 변하는가를 조사한다.

<부록 2> 수식과 수치 관련 참고 자료

①

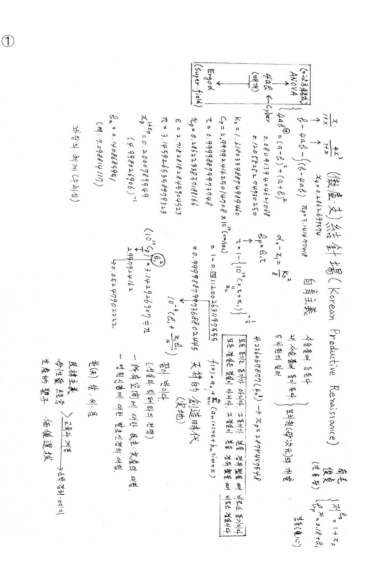

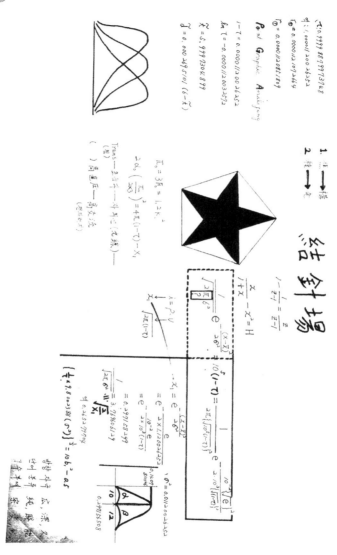

③

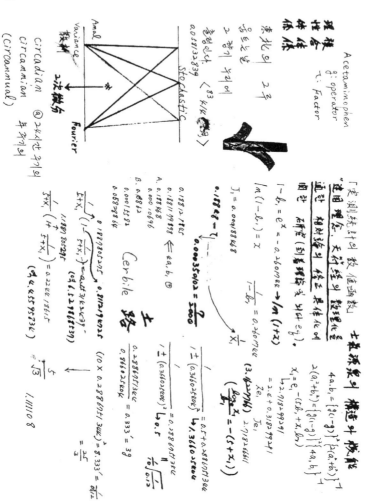

④

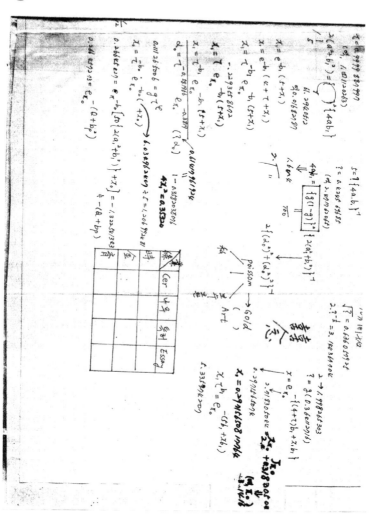

⑤

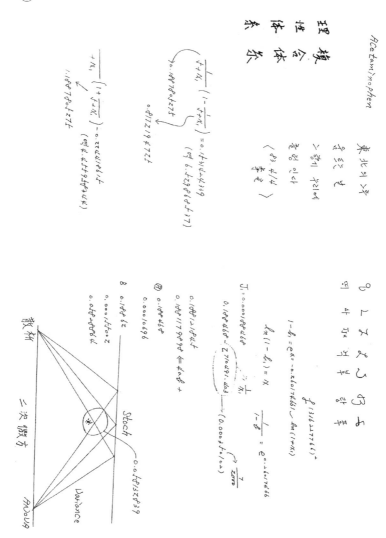

⑦

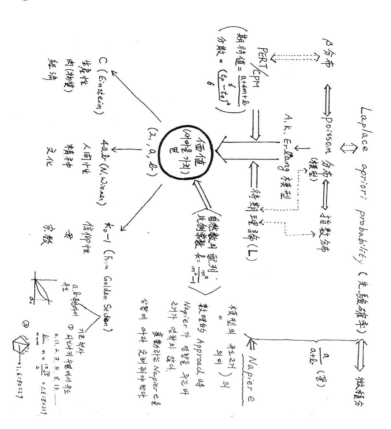

Laplace apriori probability (先驗的確率)

β 分布

PERT/CPM

期待値 $= \dfrac{a+4m+b}{6}$

分散 $= \left(\dfrac{b-a}{6}\right)^2$

Poisson 分布 (模型)

A.K. Erlang 模型

價値
(세상을 가치)
평
$(x, 1, 0, \ell-)$

C (Einstein)
生産性
物的
經濟

40.2-(N.Wiener)
人間性
精神的
文化

k_0-1 (from Golden Section)
信仰性
�
宗教

待期論 (L)

構造分析

$\dfrac{a}{a+b}$ (경)

Napier e

〈自然數의 原理〉 比例常數 $k = \dfrac{n^2}{n-1}$

模型의 우르기의 위의

數理的인 Approach時
Napier가 吸水될 경우
2개가 아울치 않고
變動하는 Napier로
6항이 아라 定理해야 한다.

○ 1.618027?

부록 299

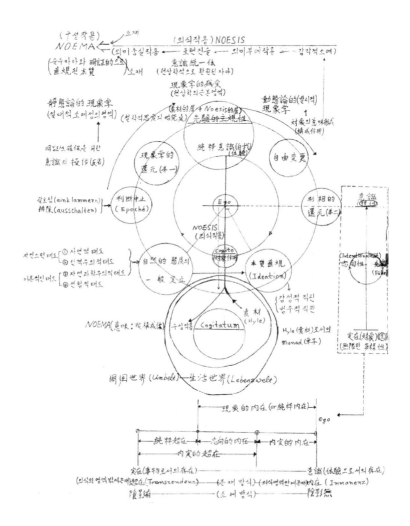

<부록 4> 실장實場의 그룹화

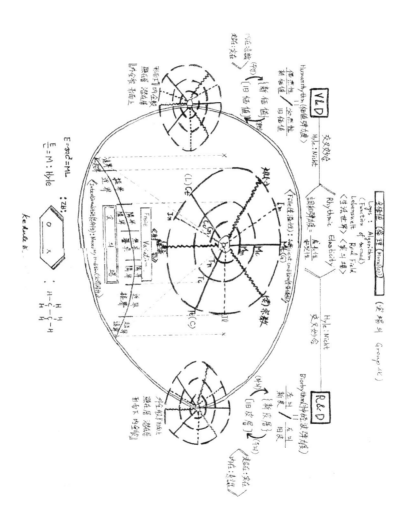

<부록 5> 자작시(無의 흡, 별똥별)

無의 흡

보슬비가 연못을 적신다.
새들은 조용하다.
날이 갠다.
빛들이 구른다.
기다리면 밀치듯
달려오는 것은
숲들에 깃들인
싱그러운 말들

고요가 무겁다.
누리는 고개를 숙인다.
하늘은 그늘로 흐르고
바람은 웃음을 전한다.
자지러지는 노랑 파랑 잎들

두 팔을 연다.
새들은 파닥인다.
바람은 하늘하늘
시집을 뒤적이는데
어쩌면 수줍어지는
흙과 마음, 별들.(物·心·靈)

1986. 6. 22. 밤
일감호에서

별 똥 별

별들이 빛나든 가을 하늘
그 까만 하늘로
파랑별이 흐르는 밤은
누나가 어리고 할머니는 살아 계셨지
나는 천진한 어린이 행복이 졸졸흘러 저무는 들마루엔
홀홀 어딘지 귀뚜라미 울었다.
할머니 담배대는 길단하고
그 파란 담배 연기에는
견우 직녀 슬픈 얘기 흔들리고
반짝 반짝 반딧불이 서산을 가면
나는 할머니 무릎에 잠이든다.
"아가야 가자가자 초롱불 들고
떨어진 아기 별을 찾으러 가자"
그 아리따운 때의 먼 노래
지금은 그리움으로해 슬픈 하다.

— 6.25해 봄, 천체교실에서 —

誠 (言→成:創造) : 信 · 義 · 業
(廣深久의 焦核)　　　(敬天)　　(愛人)　　(實地)

찾아보기

ㄱ

가감작용 53
가락 12, 24, 214, 215
갈릴레이 73
개방 38
개방윤리 9, 202
개방체제실험 34, 65, 66, 82, 88,
      91, 93, 225
개체발생 51, 232, 233
계통발생 51, 232
建經(建國理念-天符經) 30
건국이념-천부경 37, 41, 43, 134, 193,
      225, 233, 240
게마인샤프트 266
게젤샤프트 266
경륜 38, 41, 63
경제윤리 265, 266
고대수학 21
고수레(thanksgiving) 222, 223
고유정통성 192
고정비 상승압 209, 281, 282
공간의 평균 35
공명 12, 30, 33, 34, 38, 52, 53, 55,
    63, 66, 72
공시태 204, 206, 234, 235
공자 29, 38
공장본능 210
공집합성 34
공통인자 206
괘 21, 27, 64
구조주의 71, 207
극점 27, 209, 218, 219
극한역 22
기공성-생산성 203
기재성 34, 191, 192, 202, 208, 218,
    220, 243

기재의식 10, 239
깁스(Gibbs) 44, 65, 224
깁스의 통계집단 120

ㄴ

내생현상 20, 198
네이피어 59
노드(Node) 27
노버트 위너 9, 74, 244, 269
노버트 위너의 자기상관 124
노에마(Noema) 40
노에시스(Noesis) 40
뇌력 209
뇌성(腦性) 54
뇌심(腦心) 41
뇌파방정식 244
뇌파현상 20

ㄷ

다윈 232
단군 20, 38
단자(單子) 27
단파 23, 26, 34, 52, 56
대방무각(大方無角) 236
대성무음(大聲無音) 236
데모크리토스 27~29, 227, 228
데카르트 41
도혼(陶魂) 224
동기유발자 200
동시성 198, 270
드러커 195, 209, 281, 282

ㄹ

Logos 4, 7, 19, 20, 21, 27, 35~38,
          40, 47, 57~61, 63, 72, 203,
          212, 221, 226, 239, 242, 244,
          245, 250, 270, 271
Logos의 Algo 8, 10, 11, 35, 38, 40,
          59, 60, 72, 239, 245
Reverberation 24, 30, 33, 34, 43,
          53, 66
라이프니츠 26~29, 238, 239, 263
라플라스 변환 35
레비스트로스 71, 72, 234
레스리스버거 213
로가리듬 54, 55, 59
로고스 7, 12, 239, 240
루소 232
리비도 228

ㅁ

마디 21, 22, 56
마르크스 229, 269
마이컬슨-몰리 73
막스 플랑크 21
메세나 41, 199, 204, 267, 270
메소포타미아 10, 36, 37, 203, 204, 206,
          216, 222, 224, 233~235,
          239, 241, 263
메이요 213
메타볼리즘 9, 191, 192, 197, 198,
          199, 202, 207, 270
멘토라 41, 199, 204, 267
모건(C.Lois,Morgan) 204
무속 27, 64, 220
무속성-신앙성 203
무한대 50, 291

무한소(無限小) 50
물상(物象) 10, 19, 21, 22, 238,
          239, 246
모나드 238, 239
무한등비급수 249, 250

ㅂ

바이오리듬 28, 63, 221, 225
반향정위 30
배달 7, 20, 36~38, 43, 71,
          72, 235
배달민족 20, 37, 43, 72
베버-페히너 법칙 9, 11
베타분포 64
변곡점 49, 59, 209, 219, 220, 292
보어 227
분트 226

ㅅ

10진법 43
12진법 43, 283
Superposition 24, 43
System violation 24
사이버네틱스 65, 74, 247, 265
사주(四柱) 64
삼사성환(三四成環) 243, 265
삼위일체 64
삼태극 26, 29, 51, 220, 223, 234,
          239, 263
상관계수 116
상대성이론 58, 280
상도(常道) 44, 45
상동(homology) 204, 266
상명(常名) 44, 45
상태장 24, 208, 219

상태현상 20
상학적 은유 22
생기 27, 33, 34, 72, 200, 265
생명의 원자 27, 227
생산적 윤리 267, 268
사르트르 71
석가 38, 40
석연(釋然) 9, 46, 51, 60, 61, 64
선악과 72
선험성 206
설총 21
성현(聖賢) 38, 47, 54
세이(J.B.Say) 265
소박 겸허 예지 216
수메르족 233
수압(需壓) 19, 36, 194, 221
수징문자(數徵文字) 38
슈몰러 265
슈퍼에고 207
승수이론 248
승수작용 53
시간의 평균 35
시간표준 107
시뮬레이션 63, 65, 224, 225
신 4, 6, 11, 13, 22, 25, 34, 35, 47,
    50, 226
신경세포 30, 31
신경회로작용 31
신과 칼과 얼 47
실존적 자아 207
실험상수 247
심감(心感) 22, 23, 24, 25, 50, 51,
    52, 58, 61
심리측정 217, 271
심상(心象) 21, 22, 63, 226
심성측정기 193

십자형의 피 29

ㅇ

0차원 21, 22, 28, 35, 52, 57,
    58, 65
5차 산업 267, 268
5차원 21, 22, 28, 29, 52, 57, 58,
    60, 61, 65
Algo 7, 8, 11, 19, 20, 24, 27, 29,
    34~38, 40, 42, 43, 45, 47,
    55, 57~61, 63, 72, 74, 203,
    212, 221, 226, 239, 242, 244,
    245, 250, 270, 271
ANOVA 250
Echolocation 30, 33, 34, 43, 53, 55,
    63, 66, 72
illumination 22
imagination 22
industrial jungle 223
inspiration 22
아담 스미스 194
아인슈타인 29, 73, 269, 279,
    280, 291
양성자 34, 43, 44, 52, 71
얼 8, 12, 24, 26, 36~38, 43~47,
    52, 53, 57, 59, 63, 71, 72, 213,
    222, 223, 236, 245, 268
엄밀논리학 206, 239, 240, 242
에르고드(Ergod) 9, 35, 44, 52, 53,
    65, 224, 232, 269
에포케 39, 40
에포크 61
앨빈 토플러 198
역작용(閾作用) 30, 31
연천 10, 202, 204, 205, 207~209, 218,
    220, 224, 232, 233, 243, 270

연천력 191, 193

영감 22~25, 41, 50, 51, 52, 58, 61, 290

영계(靈界) 22

예감 51

예수 38, 40

오감(五感) 22, 50

오성 40

외생현상 20, 193, 198

우랄산맥 27, 37, 53, 216, 234, 235, 240

우연성 10, 226, 231, 270

원삼국혼 205

원주율 11, 244

원천력 192, 223

원효 21, 45

유도함수체 58

유동성선호 266

유전성 8, 21, 24, 35, 38, 51

육·정·영 23

육감 23, 24, 50~52, 58, 61

윤기(倫氣) 268

윤리경영 198, 267, 270

음양 28, 50, 227, 288

음자(陰子) 52

의신(擬神) 207

의제(擬制) 171

이두문 21, 214, 215

이드(id) 207, 228

이산분포 192

인간의 근원적 헤아림 38

인간혼-인간성 203

인성측정기 201

일시무시일 9, 10, 44, 64, 238, 246

일종무종일 44

ㅈ

Z변환 9, 107

자기상관과 마이컬슨 실험 125

자기상관함수 116

자연수 비례 249

잔차 282

잠재력 208, 209

장파 23, 52, 56, 57

전통적인 유전인자 34

정보과학 8, 10, 41, 45, 53, 59, 74, 194, 197, 201, 202, 207, 210, 214, 267

정보처리학 20

제3의 기 71

조화진동 26

주역 64

중간자 34, 43, 44, 57

중력가속도 59, 74, 246

중성자 34, 43, 44, 52, 71, 279, 290

중용 44, 57

중첩 24, 30, 33, 34, 52, 53, 55, 61, 66, 217, 231, 236, 270

중첩장 24, 53, 72

중파 23, 24, 52

지력(知力) 192, 221

지수작용 53

직교비례 26

ㅊ

차분함수 237

창조성 23~25, 35, 37, 38, 54, 55, 57, 63, 191, 203, 207, 208, 211, 216, 223, 226, 236, 237

처용가 215

천(天)의 섭리 57

천기(天氣) 38, 208, 220, 223
천부경수리 236
천부함수(天符函數) 10, 238
청교도 37, 41, 204
체감 22, 50
체계변환 9, 198, 270
초Active의 세계 60
초Passive의 세계 29
초감각 20
초단파 8, 24, 34, 52, 53, 58
초연(超然) 8, 40, 43, 46, 60,
            65, 266
초영감 51
초음양 61
초자연 7, 8, 19, 20~22, 26, 28, 39,
        45, 53, 61~64, 71, 212, 217,
        226, 240, 241, 243
초자연의 장 19, 22
초절대성 39
초차원(超次元) 58
최치원 20, 38, 193

ㅋ

카를 멩거 265
케인즈 217, 248
케쿨레 226
키를리안 사진 238

ㅌ

탄력표준 265
태극 28, 227
터 9, 21, 48, 50, 51, 76, 211, 237
턱 9, 21, 23, 28, 48~51, 55~58, 61,
    65, 66, 76, 200, 205, 219, 237

테일러 41, 42
토마스 아퀴나스 59
토플러 198, 230, 232
통시태 204, 206, 207, 234, 235
퇴니에스 266
퉁구스 205, 222, 289

ㅍ

Perception 311
PERT/CPM 249, 250
Perturbation 24, 30, 33, 34, 43,
              53, 66
PNS(Predetermined
Number Standard) 64
파동 23, 24, 26, 52, 58, 61,
      65, 284
파르메니데스 29, 282
파스칼 41
펌프 프라이밍 효과 217
페욜 41
평균이익곡선 88
포아송분포 246, 279~281, 285, 286,
            289, 292
푸리에변환 9
프랙털 238, 263
프레그넌스 42, 197, 199, 204, 270
플라톤 28, 29, 263
피타고라스 26, 28, 29, 220, 238,
            239, 263, 284
피투(被投) 22
피투성(Geworfenheit) 60

ㅎ

하늘의 창조성 37
하학적 직유 22

합리주의 27, 28
항상성 9, 198, 270
해돋는 곳 36
허영 오만 지배욕 216
현격(懸隔) 51
현재성 34, 191, 202, 208, 218,
220, 267
현존(Seiende) 39
황금분할 10, 64, 65, 239
황금평균 84
회귀방정식 91
휴먼웨어 192
흑체복사 21, 26

원당 이득희(源堂 李得熙)
(1931.9.21. ~ 2000.11.13)

-1931년 9월 21일 경상남도 울산시 의왕동 출생

- **학력** 1949 부산상업중학교 졸/ 1953 연대 화학과 졸/ 1953 연대 대학원 물리학 전공/ 1961 국민대 경제, 법학과 졸

- **경력** 1950 미8군 통역관(중국어)/ 1953 동래, 동성고 교사(불어, 독어)/ 1953 부산 공과대학 강사(수학)/ 1954 국립공업연구소 식품과 연구원/ 1956 한일고무공업사 공장장/ 1957 대한발명협회 연구개발위원/ 1957 동방화학공업사 고문 및 공장장/ 1963 태화고무, 대동화학공업(주) 고문 및 공장장/ 1964 대한발명협회 이사/ 1964 건국대 축산대학 강사(경영학)/ 1968 건국대 공과대학 교수(산업공학과)/ 건국대학 교 명예교수 역임

- **연구논문** 윤리경영수압(需壓)과 개방체제실험(Ⅰ~ Ⅷ)/건국이념-천부경의 수치실험해석(Ⅰ~ Ⅳ)/창조적 고유탄력성에 관한 연구(Ⅰ~Ⅱ) 외

- **저서** 유물경제비판/기업이념연구/기업체제연구(1,2)/산업-Ergod:하얀핏줄기(녹색신문사刊)/「誠 : 信·義·業」(녹색신문사刊)/찌꿈(身焦)의 희열(囍涅) 올터(土核)의 영채(映彩) (청운출판사) /윤리경영수압과 개방체제실험(한국학술정보(주)刊) 2020 외

- **발명특허** 1958 스태아린산 칼슘제조/1958 고무신 또는 합성수지고무 이물도장료제조방법/1959 실내용 합성수지「타이루」제조방법/1959 수용성강력접착제의 제조방법/1959 불휘발성접착제의 제조방법/1959 관휘가소물착의 제조방법/1959 합성고무신 주원료예비처리법/1960 접착제 예비도료제 제조법/1960 가소물성의 착색표면보호가류법/1961 고무배합물의 기화증착피복법/1974 박피혁(薄皮革)과 직포를 일체로 접착시키는 방법/1979 강인접합물 제조방법

- **실용신안** 1958 착색고무신 1964 고무신/1974 2중 투명수지흑판

- **상표등록** 1974 'GK' 마크/1979 '금지게 GK'

- **발명성취품(특허外)** 〈50년~60년대 연구개발품 내역(최초)〉/고내마모성 정미(精米)로울러/고내유성 패킹/스폰지 종류 및 훌라후프 종류/토산재(土産在) 이용 어스타일 및 합성기와/토질(土質)콜로이드化(고무플라스틱 강장제)/폐기피혁(廢棄皮革) 합포재생/합포타이어 제조(최초 흥아타이어)/흑당분 간장 및 제당(제일제당)/적외선 제화(製靴) 자동기/석탄산 수지단추/전자회로기판(금성사 납품)/미사일용 부품(美 KPA 납품)

윤리경영수압과
倫 理 經 營 水 壓

개방체제실험
開 放 體 制 實 驗

<건국이념-천부경의 수치실험해석>

초판인쇄 2021년 12월 18일
초판발행 2021년 12월 18일

지은이 이득희
펴낸이 채종준
펴낸곳 한국학술정보㈜
주소 경기도 파주시 회동길 230(문발동)
전화 031-908-3181(대표)
팩스 031-908-3189
홈페이지 http://ebook.kstudy.com
E-mail 출판사업부 publish@kstudy.com
출판신고 2003년 9월 25일 제406-2003-000012호

ISBN 979-11-6801-236-3 93320